Franz Pleschak

Management in Technologieunternehmen

Franz Pleschak

Management in Technologieunternehmen

Wie Führungskräfte erfolgsorientiert entscheiden

GABLER

Die Deutsche Bibliothek – CIP-Einheitsaufnahme
Ein Titeldatensatz für diese Publikation ist bei
Der Deutschen Bibliothek erhältlich

1. Auflage 2001

Alle Rechte vorbehalten

© Springer Fachmedien Wiesbaden 2001
Ursprünglich erschienen bei Betriebswirtschaftlicher Verlag Dr. Th. Gabler GmbH,
Wiesbaden 2001.
Lektorat: Ulrike M. Vetter

www.gabler.de

Höchste inhaltliche und technische Qualität unserer Produkte ist unser Ziel. Bei der Produktion
und Verbreitung unserer Bücher wollen wir die Umwelt schonen. Dieses Buch ist deshalb auf säure-
freiem und chlorfrei gebleichtem Papier gedruckt. Die Einschweißfolie besteht aus Polyäthylen und
damit aus organischen Grundstoffen, die weder bei der Herstellung noch bei der Verbrennung
Schadstoffe freisetzen.

Die Wiedergabe von Gebrauchsnamen, Handelsnamen, Warenbezeichnungen usw. in diesem
Werk berechtigt auch ohne besondere Kennzeichnung nicht zu der Annahme, dass solche Namen
im Sinne der Warenzeichen- und Markenschutz-Gesetzgebung als frei zu betrachten wären und
daher von jedermann benutzt werden dürften.

ISBN 978-3-409-11688-6   ISBN 978-3-663-10712-5 (eBook)
DOI 10.1007/978-3-663-10712-5

Vorwort

Technologieunternehmen verfügen mit ihren neuen Produkten und Verfahren über bedeutende Wachstumspotenziale. In den Alleinstellungsmerkmalen der Technologien, dem Zeitvorsprung gegenüber Wettbewerbern, der hohen Leistungsfähigkeit der Unternehmenspotenziale und der internationalen Orientierung liegen für Technologieunternehmen Quellen einer erfolgreichen wirtschaftlichen Entwicklung. Innovationserfolg und darauf beruhendes Unternehmenswachstum stellen sich jedoch nicht im Selbstlauf ein. Strategische Orientierung an den Markt- und Kundenanforderungen sowie den international technologischen Trends bilden genau so die Voraussetzung für eine erfolgreiche Unternehmensentwicklung wie ein zielgerichtetes Management der Innovationsprojekte und eine bewusste Gestaltung und Ausnutzung der Erfolgsfaktoren von Technologieunternehmen. Das ist auch deshalb so bedeutsam, weil mit dem Wachstum von Technologieunternehmen auch Risiken verbunden sind. Diese treten vor allem bei der Forschung und Entwicklung, beim Markteintritt und bei der Finanzierung auf. Das Finden fundierter Finanzierungskonzepte ist unter diesen Bedingungen ein wesentlicher Faktor für eine erfolgreiche Unternehmensentwicklung.

Das Buch greift diese Fragestellungen auf und gibt Führungskräften von Technologieunternehmen eine praxisorientierte Anleitung für erfolgreiches Management. Anknüpfend an die Bewertungs- und Entscheidungssituationen bei der Strategienbildung, beim Innovationsmanagement, bei der Finanzierung und bei der Ausgestaltung von Unternehmensfunktionen werden die Vor- und Nachteile von Handlungsoptionen sowie die Kriterien und Einflussfaktoren der Entscheidungsfindung behandelt. Im Mittelpunkt aller Überlegungen stehen Hinweise und Empfehlungen für ein auf Erfolg und auf Wachstum orientiertes Management. Die im Buch gegebenen Ratschläge richten sich nicht nur an Führungskräfte und Mitarbeiter bestehender innovativer Unternehmen, sondern auch an Gründer von Technologieunternehmen, Berater, Manager von Technologie- und Gründerzentren sowie an Studenten und Mitarbeiter aus Universitäten und Forschungseinrichtungen, die eine technologieorientierte Unternehmensgründung erwägen. Das Buch zeigt Gründungswilligen, welche Anforderungen beim Management auf sie zukommen und wie diese zu bewältigen sind.

Der Leser erfährt in diesem Buch – ausgehend von den Merkmalen von Technologieunternehmen –, welche Strategien für diesen Unternehmenstyp charakteristisch und welche Untersuchungen für eine Strategienbildung erforderlich sind. Die darauf aufbauenden Ausführungen zum Management der Innovationsprojekte in Technologieunternehmen beziehen sich auf den gesamten Innovationsprozess, reichen also von der Forschung und Entwicklung über den Fertigungsaufbau bis hin zur Markteinführung und -bewährung. Im Mittelpunkt der Finanzierungsüberlegungen stehen die Beteiligungsfinanzierung sowie die unternehmerischen Entscheidungen bei der Erarbeitung und Umsetzung von Finanzierungskonzepten mit Beteiligungskapital. Abschließend erfährt der Leser, was die Erfolgsfaktoren und Ursachen des Scheiterns in Technologieunternehmen sind. Dem

Buch liegen umfangreiche empirische Untersuchungen zur Gründung und Entwicklung von Technologieunternehmen in Deutschland zugrunde. Sie entstanden im Rahmen von Begleitforschungen des Fraunhofer-Instituts für Systemtechnik und Innovationsforschung zur Förderung technologieorientierter Unternehmensgründungen, im Zusammenhang mit Analysen zur Wirksamkeit der Beteiligungsfinanzierung und bei Untersuchungen zum Wachstum und zum Scheitern von Technologieunternehmen. Die empirischen Aussagen sind nicht Gegenstand dieser Arbeit. Sie liegen in anderen Publikationen veröffentlicht vor (siehe Literaturverzeichnis). Den Auftraggebern dieser Untersuchungen wie dem Bundesministerium für Wirtschaft und Technologie, der Technologie-Beteiligungs-Gesellschaft mbH der Deutschen Ausgleichsbank, dem Sächsischen Staatsministerium für Wirtschaft und Arbeit sowie dem Business Development Center Sachsen sei dafür herzlich gedankt. Dank gilt ebenso den Geschäftsführern von Technologieunternehmen, die in zahlreichen Gesprächen ihre Strategien und Erfahrungen vermittelten, und dem Fraunhofer-Institut für Systemtechnik und Innovationsforschung, insbesondere Herrn Dr. Koschatzky, für die Unterstützung bei der Erarbeitung des Buches.

Franz Pleschak

Inhalt

1   Technologieunternehmen im Innovationsprozess

1.1   Merkmale von Technologieunternehmen

Technologieunternehmen sind innovativ tätig. Als Unternehmen mit hohem Innovationsniveau führen sie dauerhaft Forschung und Entwicklung (FuE) für neue Produkte, Verfahren oder Software durch, bauen dafür – sofern notwendig – eine Fertigung auf, erschließen neue Märkte und bringen die Ergebnisse ihrer FuE und Fertigung auf den Markt. Technologieunternehmen mit niedrigem Innovationsniveau beschränken sich dagegen auf kunden- und auftragsgebundene Anpassungs- bzw. Weiterentwicklungen. Ihre Ingenieurarbeit dient der Einsatzvorbereitung und Betreuung technischer Lösungen, sie sind Multiplikatoren von Technologien, ohne dass sie dafür selbst FuE durchführen. Tabelle 1 veranschaulicht die unterschiedliche Merkmalsausprägung dieser beiden Gruppen von Technologieunternehmen. Zwischen beiden Grundtypen existieren zahlreiche Mischformen (Geschka 1999). So bearbeiten beispielsweise technologieorientierte Dienstleister, die kundenorientiert Konstruktions-, Entwurfs-, Mess- und Prüfleistungen erbringen, oft auch FuE-Projekte, um auf diesem Wege ihre Kompetenz und ihr Know-how zu erweitern.

Tabelle 1:   Merkmalsausprägung unterschiedlicher Typen von Technologieunternehmen

Merkmale	Technologieunternehmen	
	Mit hohem Innovationsniveau	Mit niedrigem Innovationsniveau
FuE-Gegenstand	Neuentwicklungen	Anpassungsentwicklungen, Einsatzvorbereitung, Auftragsbezogene Ingenieurleistungen
Anteil der FuE-Beschäftigten	Hoch	Gering
FuE-Umsatzintensität	Hoch	Gering
Patentergiebigkeit	Hoch	Gering
Risiko	Hoch	Gering
Kapitalbedarf für FuE, Fertigung und Marketing	Sehr hoch, nicht auftragsbezogen finanzierbar	Niedrig, oft auftragsbezogen finanzierbar
Wachstumspotenziale	Hoch	Weniger hoch
Zielmarkt	Weltmarkt	Regionale Märkte
Wettbewerbsvorteil	Alleinstellungsmerkmale der Produkte und Verfahren	Kundennähe

Für die *gesamtwirtschaftliche Entwicklung* sind vor allem diejenigen Technologieunternehmen bedeutungsvoll, die neue Produkte und Verfahren entwickeln und vermarkten, sich also auf hohem Innovationsniveau bewegen. Diese Unternehmen

- tragen zum Strukturwandel bei, beleben den Innovationswettbewerb und stärken die Exportkraft,
- schaffen neue Arbeitsplätze, von denen aufgrund der Exportorientierung der Unternehmen und des innovativen Charakters der Geschäftsfelder in geringem Ausmaß Verdrängungseffekte auf bestehende Arbeitsplätze ausgehen und die mit ihren zukunftsorientierten Produkten dem Rückgang in konventionellen Wirtschaftszweigen langfristig ein Gegengewicht setzen,
- unterstützen die Herausbildung innovativer regionaler Strukturen, z. B. durch komplementäres Zusammenwirken mit anderen Unternehmen,
- stärken die Innovationspotenziale durch Kooperation mit Einrichtungen der Grundlagen- und angewandten Forschung,
- tragen durch ihr Wachstum zur Erhöhung der Leistungskraft der Volkswirtschaft bei.

Allerdings unterliegen diese Unternehmen auch Risiken. So ist die FuE eines jeden neuen Produkts und Verfahrens mit Risiken verbunden. Es existieren aufgrund der unsicheren Kenntnisse über das Wettbewerbs- und Kundenverhalten aber auch Marktrisiken. FuE- sowie Marktrisiken und der hohe Kapitalbedarf führen zu Finanzierungsrisiken. Überhaupt bereitet die Deckung des Kapitalbedarfs oft Probleme, da der Rückfluss des in den Innovationsprojekten eingesetzten Kapitals erst nach erfolgreicher Vermarktung beginnt und in den frühen Phasen der Unternehmensentwicklung die Selbstfinanzierungskraft gering ist.

Die Entwicklung von Technologieunternehmen ist eng mit den *Lebenszyklen* der Produkte und Verfahren verzahnt. Die Gründung eines Technologieunternehmens erfolgt meist zum Zeitpunkt des Übergangs von einer Produktgeneration zur nächsten. Gründer von Technologieunternehmen verfügen im Allgemeinen über den erforderlichen Forschungsvorlauf, der neue Prinzipien, Effekte oder Lösungsverfahren für Produkte ermöglicht und Alleinstellungsmerkmale gegenüber Wettbewerbern begründet. Derartige Neuentwicklungen stellen den Ausgangspunkt für eine längere Marktperiode und laufende Weiterentwicklungen der Produkte dar, bis die Grenzen der Vervollkommnung erreicht sind und wiederum eine neue Produktgeneration möglich und notwendig wird. Technologieunternehmen sind angehalten, dauerhaft in Zyklen Forschung und Entwicklung für Neu- und Weiterentwicklungen zu betreiben, um auf dem Markt als Unternehmen mit hohem Innovationsniveau bestehen zu können. Aber auch Technologieunternehmen mit niedrigem Innovationsniveau folgen in ihrer Entwicklung den Lebenszyklen der Technologien, denn nur wenn sie über das Know-how im Umgang und in der Handhabung von Neuerungen verfügen, können sie auf dem Markt bestehen.

So wie Technologien durchlaufen Technologieunternehmen demnach mehrere *Lebensphasen*, von ihrer Entstehung über die FuE-Phase der Produkte und Verfahren, den Fertigungsaufbau und die Markteinführung bis hin zum Wachstum. Für jede Lebensphase eines Technologieunternehmens sind bestimmte Managementaufgaben, Aktivitäten und Entwicklungsprobleme charakteristisch. Die *Schwerpunkte der Unternehmensführung* verlagern sich entsprechend dem sich wandelnden Unternehmenscharakter. Ist das Unternehmen noch jung, dann stehen die Probleme der Markteinführung der neuen Produkte im Mittelpunkt des Managements, ebenso die Innovationsfinanzierung. Entwickelt sich das Unternehmen erfolgreich, rücken die Wachstumsentscheidungen in den Blickpunkt. Das Management kann die Unternehmensentwicklung umso nachhaltiger auf Erfolg ausrichten, je bewusster es Entscheidungen über die Ausgestaltung der Unternehmensfunktionen in den Lebensphasen wahrnimmt und fundiert trifft.

Wie sich die Managementschwerpunkte in Abhängigkeit vom Lebensalter der Unternehmen wandeln, zeigte eine Befragung von Geschäftsführern. Im zweiten Geschäftsjahr lagen die Managementschwerpunkte auf folgenden Gebieten (die Reihenfolge entspricht der Rangfolge der Bewertung der Wichtigkeit):
- Markteinführungsaktivitäten für die erste Produktgeneration,
- Erprobung/Test der ersten Produktgeneration,
- Anpassung der Entwicklungsergebnisse an Kundenwünsche,
- Beschaffung von Kapital für die Markteinführung.

Im fünften Geschäftsjahr sah die Rangfolge der Managementschwerpunkte dagegen wie folgt aus:
- Entwicklung der nächsten Produktgeneration,
- Erschließen internationaler Märkte,
- Beschaffung von Wachstumskapital,
- Einstellung von qualifiziertem Managementpersonal,
- Anpassung der Entwicklungsergebnisse der ersten Produktgeneration an Kundenwünsche,
- Organisationsentwicklung.

Die Dynamik im Leben eines Technologieunternehmens zwingt dazu, sich in bestimmten Zeitabständen die Frage vorzulegen, ob die konzeptionellen Vorstellungen für die Unternehmensentwicklung noch richtig sind oder einer Veränderung bedürfen. Die *Unternehmenskonzeption* (der Businessplan) enthält die zeitraumbezogenen Ziele des Unternehmens und die daraus abgeleiteten Strategien aller Unternehmensbereiche. Sie ist unternehmensintern
- die Richtschnur für die Arbeit des Managements und der Mitarbeiter,
- die Grundlage für die Festlegung von Aufgaben,
- das Kontrollinstrument für den Soll-Ist-Vergleich,
- die Grundlage für die einheitliche Orientierung aller Beschäftigten auf die Unternehmensziele,

- die Koordinierungsgrundlage zwischen den einzelnen Teilbereichen und -funktionen eines Unternehmens

und unternehmensextern

- die Voraussetzung für Verhandlungen mit Kapitalgebern,
- die Grundlage für die Einwerbung von Beteiligungspartnern,
- die Verhandlungsgrundlage mit Managern von Technologie- und Gründerzentren, Beratern, Kooperationspartnern, regionalen Netzwerkakteuren und Projektträgern für Fördermittel.

Unternehmenskonzeptionen stellen die entscheidenden Weichen für einen künftigen Erfolg oder Misserfolg des Unternehmens. Die in den nachfolgenden Kapiteln dargestellten Bewertungen und Entscheidungen sind Bestandteil dieser konzeptionellen Arbeit. Allerdings dienen sie nicht allein der Ausarbeitung der Unternehmenskonzeption, sondern betreffen auch aus der Konzeption abgeleitete Entscheidungen zur Umsetzung von Zielen in der täglichen Arbeit.

Zum *Inhalt der Unternehmenskonzeption* eines Technologieunternehmens gehören sowohl zusammenfassende Aussagen über die Unternehmensziele als auch detaillierte Ausführungen über diejenigen Unternehmensbereiche, die die Entwicklung des Unternehmens maßgeblich beeinflussen. Die tbg Technologie-Beteiligungs-Gesellschaft mbH der Deutschen Ausgleichsbank gibt auf der Grundlage von Erfahrungen der Techno Venture Management GmbH München folgende Bestandteile einer Unternehmenskonzeption an (tbg 1999):

- Management-Übersicht (Ziele des Geschäftsplanes, Unternehmensgegenstand, Management, Kurzbeschreibung der Produkte und Märkte, finanzielle Zielgrößen, Kapitalbedarf),
- Geschichte und Status (Name, Anschrift, Besitzverhältnisse, Finanzierungsstruktur, Firmenchronologie, bestehende Produkte bzw. Dienstleistungen, Erfolgsfaktoren, Umsätze, Ergebnisse, Auftragsbestand),
- Unternehmensziel und Strategien (Unternehmensgrundsätze, langfristige Unternehmensziele, Führungsstil, Wettbewerbspolitik, kritische Erfolgsfaktoren, Stärken und Schwächen),
- Management und Organisation (Schlüsselpersonen, Personalstruktur, Organigramm, Personalkosten, Motivationssystem, Personalbedarf),
- Technologien und Produkte (Kundennutzen, Problemlösungen, Technologien, Verfahren, Patente, konkurrierende Technologien, künftige Entwicklungen),
- Markt und Wettbewerb (Marktsegmentierung, Erfolgskriterien im Marktsegment, Marktwachstum, Marktanteile, Ziel- und Kundengruppendefinition, Wettbewerbsanalyse),

– Absatz und Vertrieb (Vertriebskonzept, Vertriebskanäle, Preis- und Konditionenpolitik, Produktservice und Kundendienst, verkaufsunterstützende Maßnahmen),

– Produktion und Logistik (Fertigungstiefe, Fertigungskosten, Lieferantenanalyse, Kapazitäten, Qualitätssicherung),

– Finanzielle Anlagen und Finanzierungsbedarf (Gewinn- und Verlustrechnung, Bilanz, Finanzplan, Finanzierungsbedarf).

Für die Ausarbeitung von Unternehmenskonzeptionen kann das Management auf zahlreiche Unterstützungsmöglichkeiten zurück greifen. Dazu zählen Gründer- und Business-Plan-Wettbewerbe, Planungsempfehlungen, Anleitungen von Venture-Capital-Gesellschaften, Handbücher, Coaching- und Beratungsgremien (Hofmeister 1996; Ossola-Haring 1996; ifex 1999; Pleschak 2000).

In Technologieunternehmen, die sich auf hohem Innovationsniveau bewegen, wird die Unternehmenskonzeption maßgeblich durch die FuE-Projekte geprägt. Die Neuheit und Komplexität der FuE-Projekte sowie ihr Risiko beeinflussen maßgeblich die anderen Unternehmensbereiche. Wie es gelingt, diese Verflechtungen von der Idee für die FuE bis hin zur Marktdiffusion der neuen Produkte bei der konzeptionellen Arbeit zu erfassen, das prägt die Aussagekraft einer Unternehmenskonzeption. Die tragende Rolle der FuE für die Unternehmensentwicklung führt dazu, dass das Management von Technologieunternehmen dem Innovationsmanagement gleicht (Pleschak/Sabisch 1996; ISI/DB 1996; Hauschildt 1997; Tintelnot/Meißner/Steinmeier 1999).

1.2   Wachstumspotenziale

Technologieunternehmen mit hohem Innovationsniveau verfügen über günstige Ausgangsbedingungen für wirtschaftliches *Wachstum*. Wichtige Quellen des Wachstums sind:

• *Die Alleinstellungsmerkmale der Produkte und Verfahren.* Sie drücken sich aus in neuen oder verbesserten Funktionen, Eigenschaften und Parametern der Produkte, die über dem bisher erreichten internationalen Stand liegen sowie in höherem Kundennutzen und vorteilhafteren Einsatzbedingungen. Die Alleinstellungsmerkmale führen zu Wettbewerbsvorteilen und zur Erschließung neuer bzw. Festigung bestehender Märkte.

• *Der zeitlich frühere Markteintritt der neuen Produkte und Verfahren gegenüber Wettbewerbsprodukten.* Den Vorlauf, den Technologieunternehmen aus industrieller Grundlagenforschung schöpfen, pflanzen sie im Prozess der FuE, des Fertigungsaufbaus und der Markteinführung fort, was bei konzentriertem Einsatz des Innovationspotenzials und straffem Management der Innovationsprojekte zu Pioniergewinnen beim Verkauf führt.

15

- *Das Auftreten auf internationalen Märkten.* Qualitäts- und Zeitführerschaft ermöglichen den Zugang zum Weltmarkt.

- *Das FuE-Know-how der Beschäftigten.* Es gestattet Arbeiten von der industriellen Grundlagenforschung bis zur Entwicklung und sichert die Aufnahmefähigkeit für externes Wissen, die Ausnutzung der Vorteile der FuE-Kooperation und die Mitarbeit in Netzwerken.

- *Die Orientierung auf Zukunftstechnologien.* Dies sichert künftige Märkte und breite Anwendungsfelder.

In welchem Maße sich Technologieunternehmen wirtschaftlich entwickeln, veranschaulicht eine *Analyse der Beschäftigten- und der Umsatzentwicklung* von solchen Technologieunternehmen, deren Gründung im Rahmen des Modellversuchs Förderung technologieorientierter Unternehmensgründungen in den neuen Bundesländern (TOU-NBL) gefördert wurde (Pleschak/Werner 1999).

Im Durchschnitt verfügen die betrachteten Unternehmen im ersten Geschäftsjahr über 7,8 Beschäftigte, der Median liegt bei 7 Beschäftigten. Nach Erfahrungen des Zentrums für Europäische Wirtschaftsforschung (ZEW) Mannheim liegt der Durchschnitt der Beschäftigten aller Gründungen in den neuen Bundesländern im Jahre 1995 bei 3,3. Das zeigt, dass die betrachteten Technologieunternehmen mit einer verhältnismäßig großen Beschäftigtenzahl starten. Der hohe Anteil von Teamgründungen dürfte hierfür ebenso eine Ursache sein wie der relativ hohe Anteil von Ausgründungen. Wie in Tabelle 2 dargestellt ist, steigt die durchschnittliche Beschäftigtenzahl von 7,8 im ersten auf 17,6 Mitarbeiter im sechsten Geschäftsjahr. Für das siebte Geschäftsjahr planen die Unternehmen mit 18,6 Beschäftigten. Durchschnittlich 4,4 der 7,8 Mitarbeiter sind von Beginn an schwerpunktmäßig mit FuE-Arbeiten beschäftigt. Während die durchschnittliche jährliche Beschäftigtenzahl über die ersten sechs Jahre um den Faktor 2,3 wächst, steigt im gleichen Zeitraum die Zahl der FuE-Beschäftigten um den Faktor 1,2.

Tabelle 2: Entwicklung der Beschäftigtenzahlen geförderter Technologieunternehmen[1]

Geschäftsjahre	Mittelwert	Median
1. Jahr	7,8	7
2. Jahr	8,8	7
3. Jahr	9,8	8
4. Jahr	11,7	9
5. Jahr	12,9	11
6. Jahr	17,6	16
7. Jahr (Plan)	18,6	16

[1] Da die Unternehmen zu verschiedenen Zeitpunkten die Förderung erhielten und somit unterschiedlich alt sind, verringert sich die der Auswertung zugrunde liegende Datenbasis mit zunehmendem Betrachtungszeitraum wie folgt: 1. Jahr (n=148); 2. Jahr (n=139); 3. Jahr (n=112); 4. Jahr (n=85); 5. Jahr (n=50); 6. und 7. Jahr (n=21).

Verglichen mit anderen Gründungskohorten gehen von den Technologieunternehmen stärkere *Beschäftigungseffekte* aus. Ziegler/Kiefl/Preisendörfer (1990) geben in der Münchner Gründerstudie für das fünfte Geschäftsjahr im Durchschnitt 5,4 Beschäftigte je Unternehmen an. Heil (1997) nennt für junge Unternehmen, die von der Deutschen Ausgleichsbank (DtA) Eigenkapitalhilfe erhielten, für den gleichen Zeitpunkt 9,2 Beschäftigte. Dagegen stehen für das fünfte Geschäftsjahr bei den geförderten ostdeutschen Technologieunternehmen im Durchschnitt 12,9 Beschäftigte. Berücksichtigt man noch die geringere Ausfallrate dieser Unternehmen, dann ergibt sich ein deutlich größerer Beschäftigungseffekt. Zu diesem Wachstum tragen nicht alle Unternehmen in gleichem Maße bei. Die Erhöhung der durchschnittlichen Beschäftigtenzahl kommt vor allem durch eine relativ kleine Gruppe besonders expansiver Unternehmen zustande. Von einem Drittel aller Unternehmen gehen dagegen geringe oder im Einzelfall sogar negative Beschäftigungseffekte aus.

Tabelle 3 gibt die Mittelwert- und Medianentwicklung des *Umsatzes* der geförderten Technologieunternehmen für die ersten sechs Geschäftsjahre an. Für die jeweils noch bestehenden Unternehmen steigt das durchschnittliche jährliche Umsatzvolumen von 533 TDM im ersten auf 2 461 TDM im sechsten Geschäftsjahr. Für das siebte Geschäftsjahr planen die Unternehmen mit einem durchschnittlichen Umsatz von 3 022 TDM. Damit erhöht sich der Umsatz der jeweils noch bestehenden Unternehmen über die ersten sechs Jahre um den Faktor 4,6. Der Median des Jahresumsatzes liegt deutlich unter dem Mittelwert. Das bedeutet, dass es unter diesen Unternehmen einige starke Ausreißer nach oben gibt, während die Mehrheit der Unternehmen niedrigere Umsatzverläufe aufweist.

Tabelle 3: Entwicklung des durchschnittlichen Jahresumsatzes geförderter Technologieunternehmen in TDM[1]

Geschäftsjahre	Mittelwert	Median
1. Jahr	533	280
2. Jahr	795	481
3. Jahr	1 095	650
4. Jahr	1 431	800
5. Jahr	1 596	1 100
6. Jahr	2 461	2 100
7. Jahr (Plan)	3 022	2 400

[1] Da die Unternehmen zu verschiedenen Zeitpunkten die Förderung erhielten und somit unterschiedlich alt sind, verringert sich die der Auswertung zugrunde liegende Datenbasis mit zunehmendem Betrachtungszeitraum wie folgt: 1. Jahr (n=148); 2. Jahr (n=139); 3. Jahr (n=112); 4. Jahr (n=85); 5 Jahr (n=50); 6. und 7. Jahr (n=21).

Im Vergleich zur Umsatzentwicklung der Unternehmen der Münchener Gründerstudie (Ziegler/Kiefl/Preisendörfer 1990) und den von der DtA mit Eigenkapitalhilfe geförderten Unternehmen fällt auf, dass diese im ersten Geschäftsjahr auf einem höheren Umsatzniveau starten als die geförderten Technologieunternehmen. Erst ab dem fünften Geschäftsjahr liegen die Umsätze auf einem vergleichbaren Niveau. Das erklärt sich daraus, dass sich die geförderten Technologieunternehmen in den ersten beiden Geschäftsjahren – dem Förderzeitraum – auf die FuE konzentrieren und danach erst voll mit ihren neuen Produkten auf den Markt treten sowie noch eine gewisse Zeit bis zur Marktetablierung benötigen. Es ist zu erwarten, dass die Umsatzentwicklung ab dem fünften Geschäftsjahr wesentlich dynamischer erfolgt. Die Untersuchungsergebnisse für das sechste Geschäftsjahr bestätigen dies auch. Die beiden anderen Unternehmensgruppen müssen sich dagegen von Anfang an voll auf dem Markt beweisen.

Teilt man die betrachteten Technologieunternehmen in vier gleich große Gruppen (Quartile) unterschiedlichen Umsatzwachstums ein, so zeigt sich für das sechste Geschäftsjahr folgendes Ergebnis: Das vierte Quartil enthält Unternehmen mit einem durchschnittlichen jährlichen Umsatzwachstum von mehr als 65 Prozent. Der durchschnittliche Umsatz dieser Gruppe liegt bei 3,4 Mio. DM. Das erste Quartil enthält Unternehmen mit einem durchschnittlichen jährlichen Umsatzwachstum von weniger als oder gleich 13 Prozent. Der durchschnittliche Umsatz liegt nur bei 1,6 Mio. DM.

Stellt man sich der Frage, welche Faktoren ein besonders schnelles Wachstum begründen, so ist es erforderlich, tiefer in die Unternehmen und die Persönlichkeitsmerkmale der Unternehmer einzudringen. Im Rahmen der vorgenannten Analyse geschah dies. Mit Hilfe multivariater Analysen ermittelte Werner (2000) für die im Modellversuch TOU in den neuen Bundesländern geförderte Unternehmen den Zusammenhang von Erfolg (Beschäftigten- und Umsatzzuwachs, Überleben des Unternehmens) und 29 Einflussfaktoren auf den Erfolg. Als *signifikant für den Erfolg* erwiesen sich folgende fünf Faktoren:

Wachstumshaltung der Unternehmer

Unternehmer, die wachsen wollen, weisen auch tatsächlich höhere Erfolgskennziffern auf. Unternehmer, die das Ziel verfolgen, ein „kleines Unternehmen aufzubauen" oder solche Unternehmer, die Risiken scheuen, gehen dagegen nicht wachstumsorientiert an die Unternehmensentwicklung heran.

Offene Haltung zur Erweiterung des Gesellschafterkreises

Die Bereitschaft, den Gesellschafterkreis gegen Überlassung von Geschäftsanteilen zu erweitern, ist wachstumsförderlich. Das zeigt sich nicht nur bei der Unternehmensfinanzierung über Beteiligungskapital, sondern betrifft auch die Einbindung von FuE-Knowhow, Managementerfahrungen sowie Vertriebs- und Kooperationspartnern in das Unternehmen.

Komplexität des Innovationsvorhabens

Komplexe Vorhaben sind charakterisiert durch mehrere innovative Elemente und durch Verflechtungen zwischen ihnen. Typisch sind dafür interdisziplinäre, von der Grundlagenforschung bis zur Markteinführung reichende Vorhaben, die breite Nutzungsmöglichkeiten der FuE-Ergebnisse erschließen. Unternehmen profitieren von dem mit steigender Komplexität zunehmenden Imitationsschutz und von der Möglichkeit, durch den modularen Aufbau komplexer Lösungen auf unterschiedliche Anwenderforderungen flexibel zu reagieren und Teillösungen zu vermarkten.

Kundennähe

Intensive Kundenkontakte sind für Technologieunternehmen nicht nur Voraussetzung für eine marktorientierte Festlegung der FuE-Ziele, sondern auch für eine auf hohen Kundennutzen ausgerichtete Entwicklungsarbeit. Unternehmen, die dies beherzigen, haben mehr Erfolg.

Beginn der Vertriebsaktivitäten

Zu später Vertriebsaufbau führt zu Verzögerungen beim Markteintritt. Dagegen können Unternehmen, die schon im frühen Entwicklungsstadium der Produkte Vertriebsaktivitäten einleiten, auf Erfolg verweisen. Vertriebspartner müssen rechtzeitig befähigt werden, die Produkte den Kunden überzeugend zu erklären. Das gelingt, wenn sie die FuE begleiten können. Bei Aufbau eines eigenen Vertriebs ist ein frühzeitiger Beginn unerlässlich, um Markteintrittsbarrieren entgegenzuwirken.

Die Untersuchungen belegen, dass stets mehrere Faktoren im Zusammenhang das *Wachstum* begründen. Zu dem gleichen Ergebnis kommt auch das VDI/VDE-Technologiezentrum Informationstechnik GmbH (VDI/VDE-IT) Teltow, eine Gesellschaft des Vereins Deutscher Ingenieure (VDI) und des Verbandes Deutscher Elektrotechniker (VDE). Für kleine Unternehmen in der Wachstumsphase wird danach das Zusammenwirken von Innovationsfähigkeit, strukturell-organisatorischen Voraussetzungen und mentaler Bereitschaft der Unternehmer als wichtig herausgestellt (Wilke u. a. 1997). Vor allem Teamgründungen haben nach dieser Untersuchung eine höhere und kontinuierlichere Wachstumsperspektive als Einzelgründungen. Eine Analyse der wirtschaftlichen Entwicklung von geförderten Technologieunternehmen in den alten Bundesländern kommt zur gleichen Aussage (Kulicke u. a. 1993). Die VDI/VDE-Untersuchung bestätigte die Existenz von *Wachstumsschwellen*, die bei Einzelgründungen bereits bei 10 Mitarbeitern und bei Teamgründungen bei etwa 20 Beschäftigten liegt. Beim Überschreiten dieser Schwelle benötigen Unternehmen gezielt Unterstützung.

Im Einzelfall wirken immer zahlreiche fördernde oder hemmende *Faktoren des Wachstums* in Abhängigkeit von den Unternehmensmerkmalen, den FuE-Projekten und den Bedingungen beim Aufbau und der Entwicklung der Unternehmen. Es ist Ausdruck des schöpferischen Wirkens jedes Unternehmers, die gerade für sein Unternehmen günstigste Konstellation aller Faktoren zu finden und bei der Führung des Unternehmens umzusetzen. Technologieorientierte Unternehmen geben in ihren frühen Lebensphasen oft das Ziel an, als kleine überschaubare Einheit bestehen zu bleiben. Als Gründe führen sie an: Überschaubare Strukturen, geringer Kommunikationsaufwand, flexible Arbeitsweise, geringe Gemeinkosten, hohe Mitarbeitermotivation. Auf vielen Technologiegebieten müssen Unternehmen aber wachsen, um wirtschaftlich erfolgreich zu sein. Das international hohe Innovationstempo verlangt dauerhafte, kostenintensive FuE; die Lebenszyklen der Produkte verringern sich, was die Unternehmen zwingt, sich ständig neuen Marketingaufgaben zu stellen, gleichzeitig bedingen sich Produkt- und Prozessinnovationen immer häufiger. Fertigungs- und Vertriebskapazitäten sind zu erweitern, um der steigenden Nachfrage Rechnung tragen zu können. Das alles führt zu hohem Kapitalbedarf, den nur wachsende Unternehmen decken können.

1.3   Unterstützungsleistungen für Technologieunternehmen

Unterstützungsbedarf für Technologieunternehmen besteht vor allem in folgenden zwei Richtungen:

- Technologieunternehmen benötigen für ihren Aufbau und ihre Entwicklung relativ viel *Kapital*. Zwar ist der Kapitalbedarf im Einzelfall von mehreren Faktoren abhängig (vgl. Abschnitt 4.1) und es existieren auch kapitalsparende Wege des Unternehmensaufbaus, dennoch stellen dauerhafte FuE, Marketing, Fertigungsaufbau und Wachstum hohe Anforderungen an die Finanzierungskraft. Das Erschließen von Finanzierungsquellen bereitet insbesondere in den frühen Phasen des Unternehmensaufbaus Probleme. Als junge Technologieunternehmen verfügen sie noch nicht über die notwendige Selbstfinanzierungskraft. Da Eigenkapital für die Unternehmen aber erforderlich ist, benötigen die Unternehmen in dieser Hinsicht *Unterstützung bei der Unternehmensfinanzierung*.

- Das Management von Technologieunternehmen ist technisch hoch qualifiziert. Viele Gründer von Technologieunternehmen erlangten vor der Unternehmensgründung eine Promotion auf naturwissenschaftlich-technischem Gebiet, von 950 ostdeutschen Gründern technologieorientierter Unternehmen betrifft dies rund 40 Prozent. Dagegen sind betriebswirtschaftliche Kenntnisse, Managementerfahrungen, Marktkontakte und Zugang zu Netzwerken nur in geringer Häufigkeit gegeben. Da dies für eine erfolgreiche Unternehmensentwicklung wichtige Voraussetzung ist, besteht häufig *Bedarf nach Beratung, Coaching und Unterstützung bei der Einbindung in Netzwerke*.

Dass es Technologieunternehmen insbesondere in den frühen Lebensphasen schwer fällt, ihren Kapitalbedarf zu decken, hat mehrere Gründe: Die FuE-Projekte sind mit technischen und mit Marktrisiken behaftet, die wirtschaftlichen Erwartungen sind noch unsicher. Das Kapital ist relativ lange gebunden, die Ein- und Auszahlungen fallen zeitlich auseinander. Zwischen Unternehmern und Kapitalgebern treten Informationsdefizite auf, u. U. hat der Kapitalgeber nicht ausreichend Kompetenz für die Bewertung der Innovationsprojekte und die technisch orientierten Unternehmer können ihre langfristigen Unternehmensstrategien nicht überzeugend gegenüber den Kapitalgebern präsentieren. Hinzu kommen fehlende dingliche Sicherheiten. Vor allem aber fehlt es den Gründern an Eigenkapital.

Eigenkapital ist nicht nur für Finanzierungen mit größeren Wagnissen und längerem Zeithorizont unabdingbar, sondern es übernimmt auch Haftungs- und Garantiefunktionen – diese ermöglichen es erst, dass Fremdkapitalgeber bereit sind, ihr Kapital einem Unternehmen zu überlassen – und Existenzsicherungsfunktionen. Gegebenes Eigenkapital erleichtert den Zugang zu weiteren Finanzierungsquellen, es begründet den Anspruch auf Entscheidungs-, Überwachungs- und Kontrollrechte, gibt den Unternehmen positives Image und Zukunftssicherheit und vermittelt Anreize für eine positive Unternehmensentwicklung.

Eigenkapital wird vor allem über die Einbehaltung von *Gewinnen* gebildet. Jungen Technologieunternehmen steht aber Gewinn in der erforderlichen Höhe nicht gleich zur Verfügung. Sie benötigen eine gewisse Zeit, bis sie mit ihren neuen Produkten auf den Markt treten und dort erfolgreich sind. Deshalb muss Eigenkapital in erster Linie über *Beteiligungsfinanzierung* von außen in die Unternehmen eingebracht werden. Obwohl ein breites Beteiligungskapitalangebot existiert, führt bei jungen Unternehmen das hohe Risiko, der hohe Betreuungsaufwand und anfangs kleine Investitionsvolumina zur Zurückhaltung von Beteiligungsgebern. Um dennoch Beteiligungsgeber anzuregen, sich diesen Unternehmen zuzuwenden, greift der Staat unterstützend ein, indem er für die Beteiligungsgeber das Risiko der Engagements vermindert (Programm Beteiligungskapital für kleine Technologieunternehmen – BTU). Kapitel 4 geht näher auf die Managemententscheidungen bei Beteiligungsfinanzierung ein.

In Ostdeutschland besteht noch Nachholbedarf an technologieorientierten Gründungen, insbesondere sind für die wirtschaftliche Entwicklung industrielle Gründungen auf Hightech-Gebieten wichtig. Da auch das Innovationspotenzial in Ostdeutschland im Interesse des Wirtschaftswachstums zu stärken ist und sich der Beteiligungskapitalmarkt Mitte der 90er Jahre noch in der Entstehung befand, war es unausbleiblich, ein spezielles *Förderprogramm für die Unterstützung technologieorientierter Gründungen* (FUTOUR) in der Nachfolge des Modellversuchs TOU-NBL des Bundesministeriums für Bildung und Forschung (BMBF) zu etablieren. Die FUTOUR-Förderung des Bundesministeriums für Wirtschaft und Technologie (BMWi) verbindet nicht rückzuzahlende Zuschüsse mit stillen Beteiligungen und eigenen Mitteln. Außerdem ist eine betriebswirtschaftliche und technische Betreuung, Unterstützung und Weiterbildung der Gründer Bestandteil der Förderung.

Die gründungs- und wachstumsunterstützende Förderung junger innovativer Unternehmen über die Programme FUTOUR und BTU wird durch weitere wirtschaftspolitische Maßnahmen flankiert (BMWi 1999a). Das sind:
- das Beteiligungsprogramm der Deutschen Ausgleichsbank,
- das Innovationsprogramm des European Recovery Programs (ERP-Innovationsprogramm) der Kreditanstalt für Wiederaufbau (KfW),
- die FuE-Projektförderung für kleine und mittlere Unternehmen (KMU) und gemeinnützige externe Forschungseinrichtungen sowie die FuE-Personalförderungen für KMU (beides nur in den neuen Bundesländern),
- die Programme zur Förderung der Forschungskooperation,

– die Förderung der technologischen Beratung zur Erhöhung der Kompetenz des Mittelstandes.

Neben diesen auf Innovationen zugeschnittenen finanziellen Förderungen stehen jedem Unternehmen die allgemein üblichen Förderprogramme und öffentlichen Darlehen offen, sofern die dafür gültigen Zugangsvoraussetzungen zutreffen (BMWi 1999b).

Der Aufbau eines Technologieunternehmens ist ein *entscheidungsintensiver Prozess*. Angesichts der Neuheit, Interdisziplinarität und Komplexität der Problemstellungen finden auch gestandene Unternehmer in Bewertungs- und Entscheidungssituationen unternehmensintern nicht immer sichere Lösungen. Gründe können dafür sein: Fehlende eigene Erfahrungen, nicht ausreichende Informationen und Kenntnisse, eigene Voreingenommenheit, nicht gegebene Neutralität der in den Entscheidungsprozess einbezogenen Mitarbeiter. Oft stehen die Unternehmer unter Zeitdruck, da sie Entwickler und Manager zugleich sind. Unter diesen Umständen besteht ein Bedürfnis nach *Beratung*. Das Betätigungsfeld von Beratern liegt dabei sowohl auf der strategischen Ebene der Unternehmensentwicklung, als auch im Bereich der operativen Lösung ausgewählter Einzelfragen der Unternehmenstätigkeit. Es betrifft vor allem folgende Gebiete: Konzeptionelle Arbeit, Marketing, Finanzierung, Controlling.

Am vorteilhaftesten verknüpfen sich die finanzielle Unterstützung und die Beratung von Technologieunternehmen bei direkten Beteiligungen von Venture-Capital-Gesellschaften. Im Interesse eines langfristigen hohen Unternehmenswertzuwachses gewähren diese Gesellschaften ihren Unternehmen finanzielle und nicht-finanzielle Unterstützungsleistungen. Auch bei einigen Förderprogrammen nehmen die Projektträger Beratungsfunktionen wahr. Daneben besteht die Möglichkeit, geförderte Beratungsleistungen in Anspruch zu nehmen und das innovative Umfeld, wie die Manager von Technologie- und Gründerzentren, die Technologie- und Innovationsagenturen, die Industrie- und Handelskammern und das Rationalisierungskuratorium der Wirtschaft (RKW), wie auch die privatwirtschaftlich tätigen Berater für die Entscheidungsvorbereitung zu nutzen. Auf diesem Wege können verallgemeinerte „Best Practices" des Managements von Technologieunternehmen in die Arbeit des einzelnen Unternehmens einfließen.

Für das Management von Technologieunternehmen ist es besonders wertvoll, das Knowhow externer Wachstumsmanager zu nutzen. Sie sollen helfen, die mehr auf Forschung und Entwicklung konzentrierte Arbeitsweise der Unternehmen hin zu unternehmerischem Verhalten zu führen. Wachstumsmanager injizieren strategisches und visionäres Denken, markt- und liquiditätsorientierte Arbeit, das Eingehen vertretbarer Risiken und Offenheit gegenüber dem innovativen Umfeld der Unternehmen.

Technologieunternehmen benötigen viele Kontakte und Beziehungen, um den Anforderungen an die Innovationstätigkeit gerecht zu werden. *Netzwerke* als spezielle Ausprägung der Kooperation tragen dazu bei, komplementäre Ressourcen und arbeitsteilig aufeinander bezogene Aktivitäten im Innovationsprozess zu bündeln. Netzwerke lösen Lernprozesse aus, die aus der Erfahrungsübermittlung mit Rückkopplung auf das eigene Unternehmen entstehen. Durch Vernetzung mit innovationsrelevanten Umfeldakteuren erhöhen sich für das einzelne Unternehmen die Erfolgschancen der Geschäftsbeziehungen. Technologieunternehmen erfahren durch *Netzwerkeinbindung*

- Know-how- und Kompetenzgewinn,
- Synergieeffekte auf den Gebieten FuE, Marketing, Fertigung und Informationen,
- kapazitätsmäßige Ergänzungen,
- Risikoteilung und Risikoreduzierung,
- Entwicklung langfristiger Geschäftsbeziehungen,
- Verringerung der Transaktionskosten,
- Flexibilitätsvorteile.

Für Technologieunternehmen sind folgende Netzwerke relevant:

Unternehmensnetzwerke

Im Innovationsprozess verfügen große und kleine Unternehmen über spezifische Stärken, aber auch Schwächen. Die Arbeitsteilung zwischen großen und kleinen Unternehmen leitet sich aus der Marktgröße, der Investitionsintensität, den Technologiegebieten u.a.m. ab. Zwischen beiden Unternehmensgruppen bestehen komplementäre Beziehungen. Diese sind für beide Seiten attraktiv, besonders dann, wenn die etablierten Unternehmen die innovativen Impulse der jungen Unternehmen aufnehmen und die jungen Unternehmen auf bestehende Vertriebsnetze, Verbundforschungsprojekte und abgegrenzte kleine Marktsegmente zugreifen können.

Regionale innovative Netzwerke

Regionale innovative Netzwerke mit Forschungseinrichtungen, Hochschulen, großen und kleinen Unternehmen sowie Einrichtungen der innovativen Infrastruktur (Technologiezentren, Innovationsagenturen, Wirtschaftsfördereinrichtungen, Seed-Capital-Fonds) schaffen ein innovatives Milieu und ein günstiges Umfeld für interdisziplinäre FuE. Sie sind vorteilhaft für die erfolgreiche Entwicklung traditionsreicher Firmen wie auch die Ansiedlung innovativer Unternehmen. In diesem Umfeld entwickeln sich der Erfahrungsaustausch und es entstehen gemeinsame FuE-Projekte, die von der Grundlagenforschung bis zur Markteinführung reichen.

Netzwerke in Technologie- und Gründerzentren

Technologieunternehmen erfahren in Technologie- und Gründerzentren nicht nur Unterstützung bei der Ausarbeitung ihrer Unternehmenskonzeption, sondern es entwickeln sich in den Zentren oft auch intensive Kontakte mit anderen Unternehmen des Zentrums, die zur FuE-, Fertigungs- und Vertriebskooperation führen. Darüber hinaus unterstützt das Management der TGZ die Unternehmen bei der Kontaktaufnahme zu anderen Unternehmen in der Region und bei der Einbindung in regionale Netzwerke.

Netzwerke von Kapitalgebern

Kapitalgeber – angefangen bei der Hausbank – verfügen über umfangreiche Kontakte zu öffentlichen Kapitalgebern, Kapitalbeteiligungsgesellschaften, Business-Angels-Netzwerken und Fördermittelgebern. Diese selbst sind wieder Träger eigener Netzwerke. Technologieunternehmen sollten sich in diese Netzwerke einbringen und die daraus entstehenden Vorteile nützen.

Netzwerke von Verbänden, Selbsthilfeeinrichtungen, Transfer- und Beratungsstellen

Über sie ergeben sich für Technologieunternehmer Informationsmöglichkeiten, Diskussionsforen, Zugang zu Kooperationsbörsen, Erfahrungsaustausch, Beratung und Coaching bis hin zu Patenschaften. Sie ermöglichen den Zugang zu Datenbanken und organisieren Messe- und Besuchsprogramme.

Solche Netzwerke geben oft *wachstumsfördernde Impulse* für Technologieunternehmen, weil

- die Nähe zu universitären und außeruniversitären Forschungseinrichtungen den Zugang zu dem erforderlichen wissenschaftlichen Vorlauf für neue Produkte und Verfahren sichert und die Chancen für die Gewinnung qualifizierten Personals erhöht,

- aus Standortgemeinschaften Kunden- und Zulieferkontakte entstehen,

- die Möglichkeiten der Kooperation günstige Voraussetzungen schaffen, bestimmte Nachteile kleiner und mittlerer Unternehmen auszugleichen,

- Wissen über Märkte, technologische Entwicklungen, regionale Förderungen, Ziele und Begrenzungen schneller zugänglich wird.

2 Innovationsstrategien von Technologieunternehmen

2.1 Gegenstand der Strategienbildung

In Technologieunternehmen vollziehen sich *Innovationsprozesse* in ihrer Gesamtheit. Sie beginnen bei der Idee für neue Produkte oder Verfahren, verlangen zur technischen Umsetzung dieser Idee industrielle Grundlagenforschung, angewandte Forschung, Entwicklung sowie Fertigungsgestaltung und reichen bis zur Markteinführung und breiten Marktdurchdringung. Die Innovationsprozesse sind auf Neues gerichtet. Ihnen liegen ungelöste Probleme zugrunde, die technische, wirtschaftliche, soziale und organisatorische Aspekte beinhalten. Innovationen sind durch Komplexität gekennzeichnet, nicht nur aus der Sicht der Verflechtung von Produkt- und Prozessinnovationen, sondern auch hinsichtlich der Interdisziplinarität, der Bewertung und Entscheidungsfindung, der Wissensgenerierung und der Technologien. In Innovationssystemen vertieft sich die Arbeitsteilung, es bilden sich zunehmend spezialisierte Einrichtungen heraus, die sich über Kooperationen gegenseitig ergänzen.

Innovationsprojekte beruhen auf *Unternehmensstrategien*. Sie sind darauf gerichtet, Unternehmensziele zu verwirklichen und auf diesem Wege die Wettbewerbs- und Leistungsfähigkeit der Unternehmen zu erhöhen. Bei aller Neuheit, Einmaligkeit, Komplexität und Risikobehaftung besteht das entscheidende Merkmal von Innovationsprojekten darin, Unternehmensziele wie Gewinnerwirtschaftung, Rentabilität, Qualität und Kundennutzen, Marktbehauptung und -erweiterung zu erfüllen. Deshalb verlangt Innovationserfolg marktorientiertes Arbeiten in allen Phasen eines Innovationsprozesses. Der Innovationsdruck auf Technologieunternehmen geht von den Märkten aus, z. B. hinsichtlich kurzer Innovationszyklen, einer deutlichen Differenzierung im Wettbewerb, des Spielraums bei den Kosten und Preisen, des Erzielens von Vorteilen im Wettbewerb. Innovationen betreffen alle Unternehmensbereiche. Sie erfordern auf das Unternehmen als Ganzes bezogene, bereichsübergreifende Denkhaltungen und Entscheidungen und die Interaktion mit Kunden, Zulieferern, Vertriebspartnern und anderen Umfeldakteuren.

Von diesen Merkmalen von Innovationsprozessen und -projekten ausgehend ergeben sich für Technologieunternehmen folgende *strategische Fragestellungen*:

- Mit welchem Produkt bzw. mit welchem Produkt- und Leistungsprogramm bestehen die vorteilhaftesten Marktchancen?
- Welche Markt- und Wettbewerbsstrategie verspricht den größten Unternehmenserfolg?
- Welche Potenziale verlangt die vorgesehene Produkt- und Marktstrategie?
- Welche Arbeitsteilung und Kooperation ist erforderlich, um Produkt- und Potenzialstrategie verwirklichen zu können?

Aus der Beantwortung dieser strategischen Fragen ergibt sich, welche Innovationsprojekte ein Technologieunternehmen angeht, welche Ziele die Pflichtenhefte für die Forschung und Entwicklung vorgeben, mit welcher Intensität FuE betrieben wird, welcher Kapitalbedarf entsteht und wie dieser gedeckt werden kann.

Voraussetzung für strategische Untersuchungen ist die *Analyse der Ausgangssituation* im Unternehmen und in seinem Umfeld. Dem dienen Potenzialanalysen, Umfeldanalysen, die Gegenüberstellung von Stärken und Schwächen sowie der Chancen und Risiken.

Potenzialanalysen veranschaulichen die gegenwärtig und künftig im Unternehmen verfügbaren Ressourcen. Folgende Potenzialfaktoren sind für die Strategienbildung wichtig: Die Mitarbeiter in FuE, deren Erfahrungswissen, Kreativität und wissenschaftlicher Vorlauf, das Know-how in Form von Datenbanken, Expertenwissen, beherrschbaren Prozessen, Patenten und Mustern, die technische Ausstattung in Form von Laborgeräten, Hard- und Software und Testanlagen, die Vernetzung mit der Wissenschaft und externen Forschungseinrichtungen, die verfügbare Fertigungstechnik, vorhandenes Marktwissen und der gegebene Marktzugang, unternehmerische Erfahrungen und Managementwissen. Wenn das gegebene Potenzial nicht den Anforderungen entspricht, dann sind u. U. neue Potenziale aufzubauen, was allerdings zeit- und kostenintensiv ist. Erweist sich dies als nicht möglich, dann sind die angedachten Strategien nicht realisierbar.

Umfeldanalysen untersuchen die technischen, wirtschaftlichen und gesellschaftlichen Entwicklungen sowohl allgemein, als auch spezifisch in einer Branche oder Region. Daran wird deutlich, ob Kooperationspartner und Netzwerke existieren, ob Pilot- und Referenzkunden verfügbar sind, welche Erfahrungsträger als Partner gewonnen werden können, ob ein innovationsfreundliches Klima herrscht und welche regionalen Entwicklungen das Umfeld des Unternehmens prägen.

Stärken-Schwächen-Analysen stellen die in der Potenzialanalyse ermittelten Ausprägungen der einzelnen Faktoren denjenigen der Hauptbewerber gegenüber. Damit sind die Vor- und Nachteile im Wettbewerb erkennbar. Stärken können ausgebaut und Schwächen verringert werden. Stärken sind besonders wichtig bezüglich der technologischen Kompetenz, des FuE-Erfahrungswissens und des Vorlaufs, um die Alleinstellungsmerkmale der Produkte zu erreichen sowie bezüglich der Marketingaktivitäten, um Markteintrittsbarrieren zu überwinden und die Kunden auf die Innovation vorzubereiten. Fallen Stärken des Unternehmens mit positiven Umfeldfaktoren zusammen, wie die Entwicklung neuer Technologien mit der Existenz regionaler Pilot- und Referenzkunden, ergeben sich daraus Chancen für das Unternehmen, im negativen Fall Risiken.

Inwieweit ein Technologieunternehmen fähig ist, Innovationsstrategien zu erarbeiten und umzusetzen, hängt davon ab, wie die *Innovationsfähigkeit und Innovationskultur* entwickelt sind. In Tabelle 4 sind wichtige Elemente von Innovationsfähigkeit und -kultur angegeben. Technologieunternehmen sollten prüfen, ob sie über diese Voraussetzungen für das Hervorbringen von Innovationen verfügen und welche Elemente einer weiteren Verbesserung bedürfen.

Tabelle 4: Elemente und Ausprägungen der Innovationsfähigkeit und der Innovationskultur

Elemente	Ausprägungen
Kundenorientierung	Kundenprobleme, -bedürfnisse und -zufriedenheit erkennen
	Kundennutzen den FuE-Zielen zugrunde legen
	Kunden in die FuE integrieren
	Kundenverhalten feststellen
	Kaufentscheidungen bei Kunden analysieren
	Partnerschaft mit Kunden entwickeln
Wachstumsorientierung	Orientierung auf Alleinstellungsmerkmale der Produkte und Verfahren
	Denken in strategischen Wettbewerbsvorteilen
	Entwicklung unternehmerischer Verhaltensweisen
	Erfolgsdenken
	Dauerhaftigkeit von FuE
	Bereitschaft zu Allianzen und zum Aufbau globaler Positionen
	Offene Haltung zu Finanzierungsoptionen
Mitarbeiterorientierung	Entwicklung des Interesses der Mitarbeiter an der Unternehmensentwicklung
	Identifizierung mit dem Unternehmen
	Mitarbeiterbeteiligungen
	Aktienoptionen
	Anreizsysteme
	Qualitätszirkel, Gesprächskreise, Meetings
	Partnerschaftliche zwischenmenschliche Beziehungen
Innovationsorientierung	Kreativität der Mitarbeiter und des Managements
	Risikobereitschaft
	Zugeständnis von Fehlschlägen
	Realistische Bewertung des Ist-Standes und der Anforderungen
	Setzen anspruchsvoller Innovationsziele
	Bereitschaft zur interdisziplinären FuE
	Bereitschaft zur Kooperation und zum Technologietransfer
Lernhaltung	Abhebung und Weitergabe von Erfahrungswissen
	Qualifizierungsbedürfnisse
	Setzen von Maßstäben
	Benchmarking
	Offenheit für Neues

Fortsetzung Tabelle 4

Elemente	Ausprägungen
Menschliche Verhaltensweisen	Engagement, Energie und Enthusiasmus für Innovationen
	Vertrauen und Glaubwürdigkeit
	Offenheit und Ehrlichkeit
	Initiativfähigkeit
	Mobilität
	Integrationsfähigkeit in Teams bei Loyalität gegenüber Partnern im Team
	Überzeugungs- und Durchsetzungskraft für Neues
	Geschick in Konfliktsituationen
Flexible Organisations- strukturen	Flache Hierarchien, dezentralisierte Strukturen
	Netzartige, offene Kommunikationssysteme
	Geringer Formalisierungsgrad von Abläufen und Strukturen
	Sicherung von Informiertheit
	Reaktionsfähigkeit aus sich wandelnden Aufgaben
	Freiräume für die Mitarbeiter bei Orientierung an den Unternehmenszielen

2.2 Produktstrategien in Technologieunternehmen

2.2.1 Produktinnovationen

Produktinnovationen werden ausgelöst durch:

- *Neue Kundenbedürfnisse und -probleme.* Diese treten auf, wenn bisherige Funktionsstrukturen und Produktmerkmale entweder nicht mehr den funktionsbedingten Anforderungen und Einsatzbedingungen entsprechen oder sie in ihren technischen und wirtschaftlichen Merkmalen für den Kunden nicht mehr akzeptabel sind. Unzufriedenheit der Kunden, Kundenreklamationen und Auftragsrückgang sind Anzeichen einer veränderten Situation beim Kunden.

- *Neue technologische Erkenntnisse.* Technologische Verfahren, Prinzipien und Effekte erreichen im Zeitablauf der technischen Entwicklung die Grenzen ihrer Weiterentwicklung und Vervollkommnung. Parallel dazu entstehen Forschungsergebnisse, die den Übergang zu einer neuen Produktgeneration auf der Basis völlig neuer Verfahren und Prinzipien ermöglichen. Im Lebenszyklus vollzieht sich dadurch ein qualitativer Umschlag, auf dessen Grundlage Möglichkeiten künftiger Weiterentwicklung und Vervollkommnung erwachsen. Technologieunternehmen, die ihre

Produktinnovation als eine solche völlige Neuentwicklung durchführen, eröffnen sich damit eine lange Produktlebensdauer.

Praktisch verbinden sich beide Quellen für Produktinnovationen. In iterativer Schrittfolge prüfen die Unternehmen, ob für neue Kundenprobleme neue technologische Lösungsmöglichkeiten bestehen und umgekehrt, welcher Forschungsvorlauf wie kundenbezogen in Produkten eingesetzt werden kann. Mit einem solchen iterativen Vorgehen besteht die Möglichkeit, sowohl Marktrisiken als auch FuE-Risiken einzuschränken.

Technologieunternehmen konzentrieren sich auf solche Produktinnovationen, mit denen sie aufgrund ihrer technologischen Kompetenz und der Kenntnis der Kundenprobleme Alleinstellungsmerkmale gegenüber Wettbewerbern erreichen. *Alleinstellungsmerkmale* können sein:

– Höhere Leistungsfähigkeit,

– höhere Zuverlässigkeit und Lebensdauer,

– geringerer Energieverbrauch,

– bessere Reparatur- und Wertungsfreundlichkeit,

– neue Produktfunktionen,

– neue Dienstleistungen für das Produkt,

– umweltfreundliche, recyclinggerechte Lösungen,

– modernes Design.

Aus den Alleinstellungsmerkmalen resultiert für den Kunden im Vergleich zu anderen Produkten oder zum Ist-Zustand *Kundennutzen*, der als Kaufmotiv wirkt. Kundennutzen wirkt für Technologieunternehmen verkaufsfördernd und gewinnbringend. Gewinn entsteht nicht nur durch die Vorteile des Produktes beim Kunden, sondern auch durch rationelle Herstellung, fertigungsgerechte Gestaltung, schwere Imitierbarkeit und flexible Anpassungsfähigkeit der Produkte an einzelne Kundenwünsche. Je nach Ausprägung der Alleinstellungsmerkmale nimmt der Lebenszyklus einen unterschiedlichen Verlauf. Entweder haben Produkte ein schnelles Umsatzwachstum mit einer langen Reifephase oder nur einen kurzen, abgerissenen Lebenszyklus, wenn der Umsatz wegbricht. Produkte können sich auch von Anfang an als Flop erweisen, wenn die Alleinstellungsmerkmale nur scheinbar existieren.

Um zu strategischen Aussagen zu kommen, welche Produkte erfolgversprechende wirtschaftliche Aussichten haben, bedarf es einer kontinuierlichen *Marktforschung* und der *Analyse und Prognose der technischen Entwicklung*. Zur Marktforschung gehören die Kunden- und die Wettbewerbsanalyse. Letztere ist von Bedeutung, um die Alleinstellungsmerkmale der neuen Produkte und Verfahren im Vergleich zu den Wettbewerbern begründen zu können. Die Analyse und Prognose der technischen Entwicklung macht sichtbar, ob neue technologische Prinzipien entstehen, die Neuentwicklungen ermöglichen oder ob in der Weiterentwicklung bestehender Prinzipien noch ausreichendes Effizienzpotenzial liegt.

Im Mittelpunkt der *Kundenanalyse* stehen folgende Untersuchungen (Pleschak/Sabisch/Wupperfeld 1994):

- Ermittlung der bereits vorhandenen Kunden bzw. der potenziellen Kunden für die neuen Produkte oder Verfahren. Dazu empfiehlt es sich, eine ausführliche Kundendatei mit allen notwendigen Angaben anzulegen und ständig zu aktualisieren.

- Bewertung der Kunden und ihres Verhaltens. Die einzelnen Kunden weisen ein differenziertes Kauf- und Partnerschaftsverhalten auf und sind für das Unternehmen von unterschiedlicher Bedeutung. Auch ist es häufig unmöglich, zu einer großen Zahl von Kunden gleichzeitig Beziehungen aufzubauen, so dass eine Konzentration auf eine begrenzte Zahl von Kontakten notwendig wird. Die Kunden sind deshalb bezüglich ihrer Bedeutung für das Unternehmen zu bewerten. Bei Investitionsgütern stehen vor allem folgende Fragen im Vordergrund:

  - Umfang des Bedarfs für das neue Produkt bzw. Verfahren,

  - zu erwartende Umsätze,

  - wirtschaftliche Stärke des Kundenunternehmens (Unternehmensgröße, Rentabilität, Umsatzentwicklung, erwartete Investitionen),

  - Aufgeschlossenheit gegenüber Innovationen,

  - Bereitschaft zur Kooperation,

  - bereits vorhandene Beziehungen zu anderen Wettbewerbern.

  Im Ergebnis der Kundenbewertung sollten die für Unternehmen wichtigsten Kunden, sogenannte *Schlüsselkunden*, ermittelt werden. Für Technologieunternehmen spielt die Beurteilung der Innovations- und Kooperationsbereitschaft eine besondere Rolle. Es empfiehlt sich, rechtzeitig geeignete Firmen als *Pilotkunden* für die Erstanwendung der neuen Lösung sowie als *Referenzkunden* für den Nachweis der Funktionsfähigkeit und des Nutzens der Innovation zu gewinnen.

- Analyse der Kundenbedürfnisse und Kundenprobleme. Optimale Problemlösungen sind nur möglich, wenn die Bedürfnisse des betreffenden Kunden genau bekannt sind. Für Innovationen ist es besonders wichtig, die noch ungelösten Kundenprobleme zu kennen, die dem Kunden selbst nicht voll bewusst sein müssen, sondern erst in gemeinsamen Problemdiskussionen sichtbar werden.

- Ergründung des Entscheidungsprozesses beim Kunden für den Kauf eines neuen Erzeugnisses oder Verfahrens. Bei Investitionsgütern handelt es sich in der Regel – im Unterschied zu einfachen Konsumgütern – um mehrstufige und zeitaufwendige Prozesse, in die unterschiedliche Verantwortungsträger einbezogen sind (Vorbereitung der Kaufentscheidung durch Angebotseinholung und -bewertung, technische Beurteilung, Beratung des Managements durch Experten, Vorbereitung einer Investitionsentscheidung durch kaufmännische Experten und Entscheidungsfindung durch die Unternehmensführung, Kontaktaufnahme mit evtl. Referenzkunden oder anderen Nutzern, Produkttests usw.).

- Bewertung der Kundennähe des Unternehmens. Sie ist eine grundlegende Bedingung für den Erfolg junger Technologieunternehmen. Kundennähe drückt sich in der Kenntnis der Kunden und ihrer Probleme sowie in der Fähigkeit, spezifische Kundenwünsche zu befriedigen und dem Kunden Problemlösungen anzubieten, aus. Auch Produktservice und Betreuung des Kunden, Kundendienst, schnelle Lieferfähigkeit und intensive Kundenkontakte sind Ausdrucksformen kundenorientierter Arbeit eines Technologieunternehmens.

Die Kundenanalysen verdeutlichen die unterschiedlichen Anforderungen der einzelnen Kunden und ermöglichen Schlussfolgerungen hinsichtlich der Abstufung von Produktparametern, der Entwicklung von Produktfamilien und des Angebots von Systemlösungen.

Wettbewerbsanalysen zeigen, welche Strategien die Wettbewerber verfolgen und welche Auswirkungen sich daraus auf die eigene Produktstrategie ergeben. Durch Vergleich der angestrebten Produktfunktionen, -merkmale und -parameter mit denen von Konkurrenzprodukten ergeben sich Aussagen über Marktchancen, ansprechbare Kundengruppen und notwendige Markteintrittstermine, aber auch Schlussfolgerungen für die Zielfestlegung in den Pflichtenheften für die Innovationsprojekte. Tabelle 5 charakterisiert den Inhalt von Wettbewerbsanalysen.

Tabelle 5:   Inhalt von Wettbewerbsanalysen

Wie viele Wettbewerber bieten das gleiche Produkt auf dem internationalen Markt/deutschen Markt/Regionalmarkt an?
Wie viele Wettbewerber bieten Produkte für die Befriedigung des gleichen Bedürfnisses an?
Wer sind die Hauptwettbewerber Ihres Unternehmens und welchen Marktanteil haben sie?
Wer ist Marktführer in der Branche? Wer übt die Rolle eines Qualitätsführers/Technologieführers/Kostenführers in der Branche aus?
Welche Konkurrenten werden in Zukunft den Markt dominieren?
Über welche Potenziale in FuE, Fertigung und Vertrieb verfügen die hauptsächlichen Wettbewerber?
Welcher Wettbewerber weist die erfolgreichste Entwicklung in den letzten Jahren auf?
Welche Strategien verfolgen die Hauptwettbewerber?
Bei welchen Konkurrenten sind besondere Innovationen zu erwarten?
Welche Marketinginstrumente setzen die Wettbewerber mit besonderem Erfolg ein?
Welche Technologien werden von wichtigen Wettbewerbern angewendet und durch FuE-Arbeiten vorangetrieben? Bei welchen Wettbewerbern sind Technologiesprünge zu erwarten?
Welche Kundengruppenstruktur weisen die Hauptwettbewerber auf?
Welches Image besitzen wichtige Wettbewerber bei den Kunden/bei bestimmten Kundengruppen?
Welche Markteintrittsbarrieren wurden durch welche Wettbewerber errichtet? Wie können sie überwunden werden?

Kunden- und Wettbewerbsanalysen verdeutlichen, ob

- mit den vorhandenen Produkten neue Märkte erreichbar sind,
- durch Variation, Differenzierung oder Anpassung von Produkten neue Kunden und Anwendungsmöglichkeiten zugänglich werden,
- für die gegebenen Märkte neue Produkte erforderlich sind oder
- neue Märkte und neue Produkte die Voraussetzung für weiteres Unternehmenswachstum darstellen.

2.2.2   Technologiestrategien

Die Analyse und Prognose der technischen Entwicklung knüpft am Verlauf des *Lebenszyklus* der Produkte und an den Wachstumspotenzialen der Produkttechnologien an. Befinden sich diese Technologien bereits in der Reifephase, dann erreichen sie die Grenzen ihrer Weiterentwicklung und es sind kaum neue Alleinstellungsmerkmale erreichbar. Entstehen durch Grundlagen- und angewandte Forschung neue Technologien, die sich als Schrittmacher für die künftige Entwicklung erweisen, dann können aus ihnen Wettbewerbsvorteile hervorgehen, die längere Zeit anhalten. Die Erforschung naturwissenschaftlich-technischer Gesetzmäßigkeiten und die materiell-technische Umsetzung der neuen Erkenntnisse in Produkte und Verfahren haben eine Schlüsselfunktion für eine erfolgreiche, lang anhaltende wirtschaftliche Entwicklung. *Analysen und Prognosen* verfolgen das Ziel, technische Entwicklungstrends zu erkennen und daraus Schlussfolgerungen für das Einleiten erfolgversprechender Innovationsprojekte zu ziehen.

Die technische Vorausschau ermöglicht es, mit Unterstützung von Kreativitätstechniken und Methoden der Ideengenerierung solche Forschungsaufgaben zu identifizieren, die zum erforderlichen Vorlauf für Produktinnovationen auf Basis neuer Technologien führen. Ob ein Unternehmen in der Lage ist, diese FuE selbst durchzuführen, hängt von folgenden Faktoren ab:

- Wissen und Erfahrungen der FuE-Mitarbeiter,
- FuE-Potenziale,
- FuE-Kooperation mit universitären und außeruniversitären Forschungseinrichtungen,
- Bedarf an finanziellen Mitteln und Finanzierungskraft.

Typisch für Technologieunternehmen ist die Strategie der *technologischen Führerschaft*. Hohe technologische Kompetenz, ausreichend verfügbare finanzielle und personelle Ressourcen, dauerhafte Forschung und Entwicklung und enge Verzahnung von Marketing und FuE sind Voraussetzung dafür. Diese Strategie ermöglicht u. U. das Abschöpfen von Pioniergewinnen. In Tabelle 6 sind die möglichen Technologiestrategien in ihrer Bedeutung und bezüglich den Voraussetzungen ihrer Verwirklichung gegenübergestellt.

Tabelle 6:   Mögliche Technologiestrategien von Technologieunternehmen

Merkmale	Technologiestrategie		
	Technologieführerschaft	Technologiefolger	Nischenstrategie
Bedeutung	Aufbau und Verteidigung einer führenden Position bei der Entwicklung und Anwendung von Technologien Alleinstellungsmerkmale gegenüber Wettbewerbern Möglichkeiten einer Produktdifferenzierung auf der Grundlage der Führerschaft	Anstreben einer gesicherten technologischen Position, ohne selbst Technologieführer zu sein (empfiehlt sich, wenn Weiterentwicklungspotenzial einer Technologie ausgeschöpft ist und nicht die Voraussetzung für eine Führerschaft besteht.)	Konzentration des Unternehmens auf eines oder mehrere abgegrenzte, nicht unmittelbar im Wettbewerb stehende Technologiegebiete (Marktnische)
Voraussetzungen	Hohe technologische Kompetenz des Unternehmens Deutliche und dauerhafte Vorteile gegenüber der Konkurrenz Verfügbarkeit ausreichender Ressourcen in allen Unternehmensbereichen für die langfristige Durchsetzung der Strategie Enge Verzahnung von technologischer Entwicklung, Anwendungsentwicklung und Markteinführung Zusammenarbeit mit universitären und außeruniversitären Forschungseinrichtungen	Aktive Technologiepolitik mit eigener FuE (z. B. Anpassungsentwicklung, Lizenznahmen) Beobachtung der Konkurrenz Technologiebeobachtung	Zielgerichteter Einsatz von FuE in den eingegrenzten Technologiegebieten Technologische Präsenz auf bestimmten Querschnittsgebieten
Kostenvorteil	Einfluss auf Preisgestaltung am Markt Realisierung von Pioniergewinnen Erster beim Durchlaufen der Lernkurve	Senkung der Kosten durch Lernen aus der Erfahrung des Technologieführers Vermeiden von FuE-Kosten durch Nachahmung	

2.2.3 Produkt- und Leistungsprogramm

Für Technologieunternehmen ist charakteristisch, dass neben dem Produkt, das aus der Innovation entspringt, weitere Produkte oder Dienstleistungen im Programm sind. Das strategische Problem besteht darin, eine solch günstige *Zusammensetzung des gesamten Produkt- und Leistungsprogramms* zu finden, dass

– die Ergebnisse von FuE nicht nur für das neue Produkt, sondern für die ganze Produktpalette nutzbar sind,

– die Fertigungstechnik für alle Bestandteile des Programms einsetzbar ist,

– die Erfahrungen aus dem Vertrieb des gesamten Programms in die FuE für das neue Produkt einfließen,

– der vorhandene Kundenkreis und die bestehenden Kundenkontakte für alle Bestandteile des Produkt- und Leistungsprogramms wichtig sind,

– im Portfolio die neuen Produkte mit künftig wachsenden Marktanteilen und die etablierten Produkte und Leistungen mit niedrigem Marktwachstum und abnehmenden Marktanteilen sich wirtschaftlich ergänzen.

Die Existenz eines Produktprogramms ist vorteilhaft, wenn das Risiko besteht, für die Neuprodukte längere Entwicklungs- und Markteinführungszeiten zu benötigen als geplant. Dann können die bereits etablierten Produkte und Leistungen die wirtschaftliche Situation des Unternehmens einigermaßen stabil halten und eventuelle Umsatzverluste beim neuen Produkt ausgleichen. Das stabilisiert die Liquidität und mindert die Gefahr von Finanzierungsengpässen. Für junge Unternehmen ist bedeutungsvoll, dass es schneller möglich wird, ein Unternehmensimage aufzubauen sowie Kooperations- und Zulieferbeziehungen zu entwickeln. Entscheidend dafür ist jedoch, dass bei Entwicklung, Fertigung und Vertrieb zwischen allen Bestandteilen des Produkt- und Leistungsprogramms Synergien bestehen.

Ausdruck der Kundennähe von Technologieunternehmen ist das Angebot von *Problem-* bzw. *Systemlösungen*. Das bezieht sich nicht nur auf den Einsatz mehrerer technischer Systemkomponenten beim Kunden, sondern schließt auch Dienstleistungen ein, die die Einsatzvorbereitung und den Gebrauch technischer Systeme betreffen. Kunden benötigen aufgrund der zunehmenden Komplexität und Kompliziertheit von Produkten folgende Leistungen: Organisatorische Einsatzvorbereitung und Prozessanpassung, Qualifizierung, kundenspezifische Softwareerarbeitung, technische Betreuung, Wartung, Instandhaltung und Qualitätssicherung, Beratung. Dies alles soll nach Möglichkeit aus einer Hand für Kunden bereitgestellt werden, um möglichst wenig Schnittstellen im Innovationsprozess zu haben. Die Kopplung von Produkt und Dienstleistungen ist für Technologieunternehmen ein Weg, um den Angebotsumfang zu erhöhen und neue Kunden zu gewinnen.

Methodische Hilfsmittel für die *Bewertung von Produkt- und Leistungsprogrammen* sind die Portfoliodarstellungen. Das Marktanteil-Marktwachstum-Portfolio verbindet das aus dem Lebenszyklus der Produkte resultierende Wachstumspotenzial mit den tatsächlichen Marktanteilen der Produkte. Die Produkte sind so zu kombinieren, dass Risiken gestreut und Unternehmensziele stabil erfüllt werden. Neue Produkte, die ihren Lebenszyklus erst beginnen und die Rentabilität tragende Produkte müssen sich sinnvoll ergänzen. Das Marktattraktivitäts-Wettbewerbsvorteils-Portfolio veranschaulicht die Erfolgschancen der Produkte. Für den Unternehmenserfolg sind solche Produkte maßgeblich, die zugleich marktattraktiv sind und über Wettbewerbsvorteile verfügen.

2.3   Marktstrategien

2.3.1   Zeitstrategien

Alleinstellungsmerkmale bei Produkten entstehen nur, wenn sich das Produkt gegenüber Wettbewerbsprodukten abhebt. Dies ist daran geknüpft, als Erster, d. h. als Pionier, auf den Markt zu kommen. Technologieführerschaft, hohe technologische Kompetenz und deutlicher Zeitvorsprung vor der Konkurrenz charakterisieren den Pionier. Die *Pionierstrategie* ist für viele Technologieunternehmen, die sich auf hohem Innovationsniveau bewegen, die typische Zeitstrategie. Wie Tabelle 7 zeigt, ist sie gegenüber der frühen oder späten Folgerstrategie mit wirtschaftlichen Chancen, aber auch mit Risiken verbunden.

Die Pionierstrategie ist an ein bewusstes *Zeitmanagement* gebunden. Dieses ist darauf gerichtet, die wirtschaftlichen Chancen kurzer Entwicklungs- und Markteinführungszeiten auszunutzen und *Innovationsprozesse zu beschleunigen*. Das geschieht durch

- Erhöhung der Parallelität zwischen den Bestandteilen des Innovationsprozesses,

- Integration von Funktionen im Innovationsprozess,

- Abstimmung und Koordinierung der Teilaufgaben,

- Nutzung des Projektmanagements, Kontrolle und Einflussnahme auf den Projektablauf,

- Termin- und Kapazitätsplanung,

- Kooperation,

- Schnittstellenmanagement an Übergabepunkten von Arbeitsergebnissen im arbeitsteiligen Innovationsprozess,

- Beschleunigung von Projektarbeiten durch Einsatz rationeller Arbeitstechniken und Organisationslösungen,

- Konzentration der Potenziale auf die für das Unternehmenswachstum entscheidenden Schwerpunkte.

Tabelle 7:   Zeitstrategien von Technologieunternehmen

Strategietyp	Inhalt	Chancen	Risiken
Pionier	Als Erster eine neue Technologie in den Markt einführen oder ein neues Produkt anbieten Voraussetzung ist eine technisch ausgereifte neue Problemlösung Schafft Möglichkeit der Monopolstellung Vorteilhaft bei bedeutendem Technologievorsprung, hoher Marktdynamik und Technologieführerschaft	Anfangs kein direkter Konkurrenzeinfluss Spielraum bei Preisgestaltung Abschöpfung von Pioniergewinnen Vorsprung auf Erfahrungskurve mit Kostenvorteilen Längste Verweildauer im Markt Erster beim Aufbau von Kundenkontakten, Lieferantenkontakten Imagevorteile Aufbau von Markteintrittsbarrieren	Ungewissheit über weitere Marktentwicklung Gefahr von Technologiesprüngen Hohe Markterschließungskosten Gefahr von Fehlinvestitionen Hoher Überzeugungsaufwand beim Kunden Gefahr der Nachahmung durch andere Anbieter mit Preisnachteilen Hohe eigene FuE-Aufwendungen
Früher Folger	Auftreten auf dem Markt kurz nach dem Pionier Orientierung an den Absatzergebnissen und Erfahrungen des Erstanbieters Wettbewerbsvorteile aus dem Zeitvorsprung gegenüber späteren Folgern Vorteilhaft bei einem aufnahmefähigen, schnell wachsenden Teilmarkt, wenn Kundennutzen im Vergleich zum Pionier noch größer wird und die Erfahrungen des Pioniers nutzbar sind	Geringeres Risiko als beim Pionier, da erster Überblick über Marktentwicklung vorliegt Möglichkeiten zur Etablierung eines eigenen Standards Geringe Markteintrittskosten – Marktpositionen sind noch nicht verteilt	Markteintrittsbarrieren des Pioniers Strategieausrichtung am Pionier erforderlich Neuheit allein ist kein Wettbewerbsvorteil Schnelle Reaktion notwendig Baldiger Markteintritt weiterer Konkurrenten
Später Folger	Entscheidung für den Markteintritt erst, wenn Marktentwicklung und Käuferverhalten abschätzbar und wenn Stärken und Schwächen der neuen Problemlösung bekannt sind Vorteilhaft in aufnahmefähigen Märkten mit hohen Wachstumspotenzialen, keine umfangreiche FuE erforderlich, aber hohe Flexibilität bei der Anpassung von Lösungen an spezifische Kundenwünsche, wenn gegenüber Pionier und frühem Folger Kostenvorteile gegeben sind	Kein Risiko hinsichtlich Produkt- oder Verfahrensneuheit Vorteile gegenüber Konkurrenten durch niedrigere Preise und Kosten sowie durch Differenzierung von Produktmerkmalen Geringe Forschungs- und Entwicklungskosten, Anlehnung an bereits vorhandene Standards	Relativ starker Wettbewerb in dem betreffenden Marktsegment Marktanteile sind vergeben Leistungsfähiges Marketing notwendig Hohe Flexibilität bei Anpassung an Kundenwünsche erforderlich

2.3.2 Wettbewerbsstrategien

Technologieunternehmen stehen im Wettbewerb mit anderen innovativen Unternehmen, die unter Umständen bereits gewachsen sind und über größere Potenziale verfügen. Wettbewerber sind auch neu gegründete technologieorientierte Unternehmen, die als Ausgründung aus Hochschulen und Forschungseinrichtungen über neueste Forschungsergebnisse verfügen. Kunden und Zulieferer spielen unter Umständen gegenüber Technologieunternehmen ihre Verhandlungsmacht aus, wenn sie etabliert sind. Wettbewerbsgefahren drohen, wenn aufgrund zu enger kooperativer Bindungen Technologieunternehmen in Abhängigkeit geraten. Diesen Wettbewerbskräften müssen Technologieunternehmen eine eigene *Wettbewerbsstrategie* entgegen setzen.

Typische Wettbewerbsstrategie von Technologieunternehmen ist die der *Differenzierung*. Wettbewerbsvorteile werden bei dieser Strategie über marktrelevante Produktvorteile realisiert. Chancen für eine Differenzierung ergeben sich beispielsweise in folgenden Richtungen:

- Erhöhung der Produktqualität (Qualitätsführerschaft),
- Erfüllung von Kundenwünschen und Einsatzbedingungen,
- Angebot komplexer Problemlösungen,
- Erfüllung neuer Produktfunktionen,
- Angebot herausragender Serviceleistungen,
- Entwicklung umweltverträglicher Produkte.

Die Strategie der Differenzierung führt zu einem positiven Unternehmensimage, bindet die Kunden an das Unternehmen und schafft Markteintrittsbarrieren gegenüber Wettbewerbern, weil diese die „Einzigartigkeit" des Produkts überwinden müssen. Allerdings setzt sie voraus, dass die Kunden bereit sind, die höheren Preise zu bezahlen. Produktdifferenzierungen werden zunehmend schwieriger, weil sich im internationalen Maßstab „Standardqualitäten" herausbilden, deren Einhaltung Voraussetzung für einen Absatz ist.

Eine *Konzentrationsstrategie* kann für junge Technologieunternehmen bezogen auf Marktnischen vorteilhaft sein. Nischen können für Mitwettbewerber zu klein sein, so dass sich zum Beispiel für Großunternehmen der Aufwand für die Erfüllung spezieller Kundenwünsche nicht lohnt und Standardprodukte nicht in der Lage sind, die spezifischen Kundenanforderungen zu erfüllen. Kleine Unternehmen können gegenüber Großunternehmen dann Vorteile in Bezug auf Flexibilität und Kundenorientierung zur Geltung bringen. Diese Strategie ist darauf gerichtet, ein begrenztes Ziel wirkungsvoller und effizienter zu erfüllen als solche Wettbewerber, die sich auf breiten Märkten bewegen. Allerdings stehen die Unternehmen im Spannungsfeld zwischen einem aus Rentabilitätsgründen erforderlichen Umsatz und dem sich aus der Nische ergebenden begrenzten möglichen Umsatz. Oft beginnen Technologieunternehmen in einer Nische und gehen dann, wenn die Kapazität in der Fertigung und beim Vertrieb wächst, in breitere Marktsegmente. Nischen können aber auch selbst entwicklungsfähig sein. Für die Bewertung von Marktnischen kommen folgende Kriterien in Betracht:

- Größe und Stabilität der Marktnische,

- zukünftige Entwicklung der Nische,

- Wettbewerber in der Nische,

- Kontakte zu den Kunden,

- Stärken und Schwächen im Vergleich zu Wettbewerbern,

- Rentabilität der Bearbeitung der Marktnische.

Die Konzentration auf Nischen führt zur Gefahr, sich in Einzellösungen zu verzetteln. Ein Erfolg in der Nische lockt andere Anbieter an.

Für eine Strategie der *umfassenden Kostenführerschaft* sind die Voraussetzungen in jungen Technologieunternehmen im Allgemeinen nicht gegeben. Diese Strategie erfordert den Einsatz von Fertigungstechnik in effizienter Größe, die Ausnutzung der Gesetzmäßigkeit der Kostendegression mit wachsendem Produktionsmaßstab und ein strenges Kostencontrolling bei Ausnutzung aller Möglichkeiten der Kostenersparnis. Zwar ist es auf diesen Wegen möglich, eine überdurchschnittliche Rentabilität in der Branche zu erzielen, den Spielraum bei der Preisfestlegung zu erweitern und für andere Unternehmen Marktbarrieren zu errichten, aber dem steht entgegen, dass Technologieunternehmen in frühen Lebensphasen aufgrund ihrer kundenspezifischen technischen Lösungen und der ständigen Produkterneuerung kaum zu solchen Produktionsmaßstäben kommen, dass sich spezielle Fertigungsinvestitionen lohnen. Allerdings sind in der Wachstumsphase bei hohen Marktanteilen und großen Produktionsvolumina die Strategien der Kostenführerschaft durchaus möglich.

In Tabelle 8 sind Merkmale der unterschiedlichen Wettbewerbsstrategien von Technologieunternehmen zusammengestellt. Tabelle 9 gibt die Informationen an, die für die Charakterisierung der Wettbewerbssituation und die Begründung einer Wettbewerbsstrategie wichtig sind.

Die eigene *Wettbewerbsstrategie* ist immer darauf gerichtet, Abstand zu den Wettbewerbern zu schaffen. Das kann geschehen, indem man

- dauerhaft am Innovationsfortschritt arbeitet, schneller mit Neuheiten auf dem Markt ist,

- die entscheidenden Kunden an sich bindet und Konkurrenten den Marktzugang durch Eintrittsbarrieren erschwert,

- Imitatoren hohe Nachahmungskosten aufzwingt und die eigenen Entwicklungsergebnisse patentrechtlich schützt,

- Größenvorteile für das eigene Unternehmen sichert.

Mit solchen Strategien kann man auch mögliche Gegenreaktionen der Wettbewerber ausgleichen. Diese können, um eigene Vorteile zu erreichen, Preiszugeständnisse machen, Zusatzleistungen anbieten oder eine Kommunikationsoffensive starten.

Tabelle 8:   Wettbewerbsstrategien von Technologieunternehmen

Strategietypen	Erforderliche Mittel und Fähigkeiten	Organisatorische Anforderungen
Differenzierung	Stärken in Grundlagenforschung Kreativität Image auf den Gebieten Qualität und Technologie Lange Branchentradition oder erstmalige Kombination von Fähigkeiten, die aus anderen Branchen stammen Gute Marketingfähigkeiten	Koordination von Tätigkeiten in den Bereichen FuE, Produktentwicklung und Marketing Qualifizierte Arbeitskräfte (Wissenschaftler, kreative Menschen)
Umfassende Kostenführerschaft	Hohe Investitionen, Zugang zu Kapital Prozessinnovationen Fertigungsgerechte Produkte Kostengünstiger Vertrieb	Intensive, detaillierte Kostenkontrolle Klar gegliederte Organisation und Verantwortlichkeiten
Konzentration auf Schwerpunkte	Kombination der oben genannten Maßnahmen, gerichtet auf die Erfüllung eines begrenzten Ziels, z. B. in einer Nische	Auswahl der Nische

Tabelle 9:   Informationsbedarf zur Bewertung der Wettbewerbssituation

Anzahl, Leistungsfähigkeit und Innovationskraft der Wettbewerber
Kundengruppenstruktur der Wettbewerber
Marktanteile des Marktführers und anderer Wettbewerber
Parameter der Konkurrenzprodukte und -verfahren
Wettbewerbsstrategien der Konkurrenz zur Erringung von Marktvorteilen
Markteintrittsbarrieren, die durch Wettbewerber errichtet werden
Image der Wettbewerber
Preispolitik der Wettbewerber
Reaktionsvermögen der Wettbewerber

2.3.3 Marktsegmentierungsstrategie

Die grundsätzliche Wettbewerbsstrategie erfährt eine Konkretisierung durch die *Marktsegmentierung*. Sie führt zur Definition der Zielgruppen, auf die sich die Analyse der Kundenprobleme und -bedürfnisse, der Vergleich mit Wettbewerbern und die Marketingaktivitäten im engeren Sinne beziehen. Die Marktsegmentierung umfasst:

- Die Zerlegung des Gesamtmarktes in möglichst homogene Teilmärkte (vgl. Tabelle 10),

- die Auswahl eines oder mehrerer geeigneter Segmente als Zielgruppe,

- die zielgruppenspezifische Bearbeitung der jeweiligen Segmente.

Tabelle 10: Kriterien der Marktsegmentierung

Stufen	Kriterien
Makrosegmentierung (Abgrenzung von potenziellen Kundengruppen)	Branche
	Anwendungsbreite/Einsatzbereiche
	Standortfaktoren
	Unternehmensgröße/Unternehmenswachstum
	Technologiegebiete (angewandte Schlüssel- und Zukunftstechnologien)
	Erklärungsbedürftigkeit der Produkte
	Unternehmensstruktur/Organisation (z. B. Zentralisation/Dezentralisation der FuE, des Einkaufs)
	Neukauf/Wiederholungskauf
	Innovationspotenzial (hoch, mittel, niedrig)
	Angewandte Marketingstrategie
	Corporate Identity
Mikrosegmentierung (Abgrenzung differenzierter Zielgruppen im Rahmen der Teilmärkte)	Rollenstruktur im Kaufentscheidungsprozess
	Stellung der entscheidungsvorbereitenden Person in der Unternehmenshierarchie
	Innovatorentyp (entscheidungs-, fakten- oder sicherheitsorientierter Typ)
	Technische Kompetenz der Teilnehmer am Entscheidungsprozess
	Kaufmotivation
	Einstellung gegenüber neuen Technologieunternehmen
	Imageverhalten
	Kooperationsverhalten
	Traditionelle Zuliefer-Abnehmer-Beziehungen

Die in Tabelle 10 angegebenen Kriterien der Marktsegmentierung berücksichtigen, dass das Kaufverhalten in Abhängigkeit von der Unternehmensgröße, der Organisationsstruktur, dem Nachfrage- und Innovationsverhalten unterschiedlich ausgeprägt sind und dass die Kompetenz sowie Stellung der Entscheidungsträger beim Kunden eine Kaufentscheidung fördern oder verhindern kann.

Die Beschränkung der Strategie auf ausgewählte Marktsegmente gestattet es, einfacher und kostengünstiger Marktinformationen zu beschaffen sowie Zielgruppen konkreter anzusprechen. Die besseren Kenntnisse über die ausgewählten Segmente führen zu Wettbewerbsvorteilen gegenüber Konkurrenten. Kontakte zu Schlüsselkunden können intensiver gepflegt werden (Zanger 1999).

Typischer *Zielmarkt* für Technologieunternehmen ist der internationale Markt. Viele Unternehmen sehen dabei nicht nur den europäischen Markt, sondern auch außereuropäische Märkte. Die Alleinstellungsmerkmale der Produkte und der zeitliche Vorlauf gegenüber der Konkurrenz schaffen die Möglichkeiten internationaler Vermarktung. Ob dies den Unternehmen aber auch tatsächlich gelingt, hängt davon ab, ob Vertriebswege erschlossen und Markteinführungsaktivitäten finanziert werden können.

Ausgehend von den Produkt- und Marktstrategien lassen sich folgende Marktgrößen prognostizieren:
- Marktpotenzial (mögliche Aufnahmefähigkeit eines Marktes für das Produkt),
- Marktvolumen (realisierte oder prognostizierte Absatzmenge für das Produkt in einem bestimmten Markt),
- Absatzpotenzial (maximal erreichbare Absatzmenge für das Unternehmen in einem bestimmten Markt),
- Absatzvolumen (vom Unternehmen realisierte oder prognostizierte Absatzmenge eines Produkts in einem bestimmten Markt),
- Marktanteil (mengen- oder wertmäßiger Anteil des Absatzvolumens eines Unternehmens am gesamten Marktvolumen),
- relativer Marktanteil (Verhältnis des eigenen Marktanteils zum Marktanteil der drei stärksten Mitwettbewerber oder zum durchschnittlichen Marktanteil aller Wettbewerber).

Mit diesen Marktmerkmalen erfolgt vom Gesamtmarkt ausgehend zunächst eine Einschränkung auf den potenziellen Markt und dann weiter auf den für ein Unternehmen relevanten Markt.

2.4   Potenzialstrategie

Neue Produkte für neue bzw. veränderte Märkte bereit zu stellen, ist mit hohen Anforderungen an die Unternehmenspotenziale verbunden. Diese müssen in ihren quantitativen und qualitativen Strukturen sichern, dass der Innovationsprozess als Ganzes von der FuE bis zur breiten Vermarktung qualitäts- und termingerecht sowie rationell und effektiv abläuft. Dazu bedarf es einer Strategie der *Schaffung oder Veränderung von Potenzialen*. Die strategischen Untersuchungen haben folgende Fragen zum Gegenstand:

- Welche Potenziale prägen die Kernkompetenzen des Unternehmens und sind für das Technologieunternehmen unverzichtbar?

- Sind die Potenziale im eigenen Unternehmen aufzubauen oder können sie durch Kooperation nutzbar gemacht werden?

- Wie schnell unterliegen die Potenzialanforderungen einer Veränderung, so dass sich ständige Neuanschaffungen ausschließen und deshalb besonderes Gewicht auf der Modernisierung, Flexibilisierung und Vervollkommnung gegebener Potenziale liegen muss?

- Gestatten die Potenziale die Erfüllung der technischen, organisatorischen, zeitlichen und wirtschaftlichen Produktziele? Welche Wechselbeziehungen bestehen zwischen Potenzialmerkmalen und Produktmerkmalen?

- Von welchen Potenzialen geht der größte Einfluss auf die Kosten aus und welche Schlussfolgerungen für Veränderungsmaßnahmen sind zu ziehen?

- Welcher Kapitalbedarf ist für Maßnahmen der Potenzialentwicklung notwendig und wie ist die Wirtschaftlichkeit dieser Maßnahmen?

Potenzialstrategien beziehen sich auf alle Faktoren, die die Innovationsfähigkeit und den Innovationserfolg betreffen. Sie betreffen das Personal, die Betriebsmittel, die Informationen und die Finanzierung. Tabelle 11 gibt einige für Technologieunternehmen typische Merkmale von Potenzialfaktoren an, auf die sich Veränderungsstrategien beziehen.

Entscheidungen über die Potenzialentwicklung eines Technologieunternehmen lassen sich nur eingeordnet in Innovationsentscheidungen als Ganzes treffen. Aus der Intensität der Innovationstätigkeit, der Dauer der Innovationszyklen und dem technologiespezifischen FuE-Aufwand ergibt sich, welcher Anteil der Beschäftigten in FuE tätig sein muss und welche Qualifikationsmerkmale erforderlich sind. Aus dem für die sichere technische Reproduzierbarkeit der Produkte erforderlichen Erprobungsumfang leitet sich ab, wie hoch die Kapazität im Muster- bzw. Prototypenbau sein muss. Aus dem Inhalt der CAD-Software ergeben sich Schlussfolgerungen für notwendige Experimente und für Untersuchungen zum Einsatzverhalten der Produkte. Die Beispiele ließen sich fortsetzen. Wesentlich ist, dass gewisse Produktmerkmale ganz bestimmte Potenzialanforderungen stellen, wie umgekehrt Potenzialeigenschaften überhaupt erst bestimmte Produktmerkmale ermöglichen. Produkt- und Potenzialstrategien sind somit eng verbunden.

Strategischer Überlegungen bedarf die Entscheidung über das Ausmaß der *Kooperation*. Das betrifft sowohl die Forschung und Entwicklung als auch die Fertigung und den Vertrieb. Technologieunternehmen sind auf allen drei Gebieten auf Kooperation angewiesen. Auf dem Gebiet der FuE ist sie notwendig, um die Komplexität und Kompliziertheit der Projekte beherrschen zu können. Fertigungskooperation ist ein kapitalsparender Weg der Fertigungsgestaltung, setzt aber voraus, die Zulieferer rechtzeitig in die Innovationsprozesse einzubeziehen. Vertriebskooperation öffnet den Unternehmen schnelleren Marktzugang sowie Vertriebskanäle und vermindert die eigenen Vertriebskosten. Jede Kooperation ist aber auch mit Problemen verbunden. Das Kapitel 3 geht darauf ein.

Tabelle 11: Potenzialmerkmale für Technologieunternehmen

Faktor	Merkmale
Personal	Kreativität, innovative Denk- und Verhaltensweisen, Begeisterung und Motivation für Neues bei allen Beschäftigten
	Aufnahmefähigkeit für externes technologisches Wissen beim FuE-Personal
	Bereitschaft zur interdisziplinären Arbeit in Teams und zur FuE-Kooperation
	Markt- und kundenorientierte Arbeit
	Vernetzung mit Einrichtungen der Grundlagen- und angewandten Forschung
	Kommunikation mit allen Umfeldakteuren
	Erfahrungen und Kontakte des Vertriebspersonals
	Organisationslösungen mit Handlungsspielräumen
	Fähigkeit zur Problemerkenntnis und Problemlösung
Betriebsmittel	Leistungsfähigkeit der Labor- und Forschungstechnik
	Flexibilität und Qualität der Fertigungstechnik
	Computerintegration in der Unternehmensführung
	Parameter der Mess- und Prüftechnik
Informationen	Nutzung datenbankgestützter Informationssysteme
	Patentinformationen
	Auswertung von Fachliteratur, wissenschaftlichen Veranstaltungen, Workshops, Technologietransferangeboten
	Zugang zu Forschungsergebnissen
Finanzierung	Eigenkapitalausstattung
	Nutzung von Beteiligungskapital
	Einbindung in Verbundvorhaben
	Inanspruchnahme der Technologie- und Innovationsförderung
	Vertrauensverhältnis zur Hausbank

Um Technologieunternehmen nach innen und außen anschaulich zu präsentieren, bedarf es einer *Corporate-Identity-Strategie*.

Nach *außen* soll ein positives Image gegenüber Kunden, Kapitalgebern, Kooperationspartnern, potenziellen Mitarbeitern usw. entstehen. Dies geschieht dadurch, dass die Kompetenz des Unternehmens und die Vorteile der Innovation glaubhaft und überzeugend vermittelt werden (imagebezogene Ziele). Nach *innen* soll das Corporate Identity gegenüber den Mitarbeitern die Unternehmensphilosophie einschließlich der Marketingleitlinien vermitteln. Dies ist deshalb von großer Bedeutung, da Kunden- und Innovationsorientierung nur dann erreicht werden können, wenn sich alle Mitarbeiter mit den Zielen des Technologieunternehmens identifizieren und diese auch mitverfolgen (führungsbezogene Ziele).

Die Corporate-Identity-Strategie basiert auf der Unternehmenskultur. Diese ist Ausdruck der Wertvorstellungen, Traditionen und Denkhaltungen des Unternehmens. Gleichzeitig zielt sie darauf ab, Unternehmensleitsätze zu entwickeln und zu verbreiten. Damit soll sie ein einheitliches, schlüssiges und positives Bild des gesamten Unternehmen und seines Leistungsangebots schaffen. Hierzu werden folgende Corporate-Identity-Instrumente genutzt: Visuelle Elemente der Unternehmensführung (Firmenlogo, Design, Verpackung), kommunikative Maßnahmen (Werbung, Public Relations, Verkaufsförderung), Verhaltensmerkmale gegenüber Kunden, Lieferanten und Kooperationspartnern.

3 Management von Innovationsprojekten in Technologieunternehmen

3.1 Projektfindung und -bewertung

Der Rahmen für Innovationsprojekte ist gegeben durch
- die in der strategischen Arbeit ermittelten Geschäftsfelder in der Einheit von Produkt und Potenzial,
- die Kundenbedürfnisse sowie den qualitativ und quantitativ bestimmten Bedarf,
- die gewählte Marktstrategie,
- die nutzbaren Ergebnisse aus der Grundlagen- und angewandten Forschung,
- das technische Wissen und die Erfahrungen der Mitarbeiter,
- die Möglichkeiten der Kooperation.

Innovationsprojekte sind gerichtet auf die Erfüllung der strategischen Ziele. Sie sind deshalb danach zu bewerten, wie sie zur Erfüllung dieser Ziele beitragen. Das Problem der Projektfindung besteht darin, verschiedene Vorschläge und Ideen zu erarbeiten, wie durch neue Produkte und Verfahren die strategischen Unternehmensziele erfüllt und die dafür erforderlichen Unternehmenspotenziale entwickelt werden können. Dieser Such- und Bewertungsprozess knüpft an der Analyse der Kundenprobleme und -bedürfnisse sowie der Analyse und Prognose der technischen Möglichkeiten an und vertieft die bei der strategischen Arbeit gewonnenen Erkenntnisse, nutzt intuitiv-kreative und analytisch-systematische Methoden der Ideengewinnung und schränkt das mögliche Projektspektrum nach Kriterien der technischen Machbarkeit sowie der Erfolgsträchtigkeit für das Unternehmen und den Kunden ein.

Die *Bewertung* möglicher Innovationsprojekte ist Voraussetzung für die Auswahl der für ein Technologieunternehmen vorteilhaftesten Projekte und für die Ermittlung des Grades der Erfüllung von Unternehmenszielen. Folgende Aspekte sollten Gegenstand der Bewertung sein:

Forschung und Entwicklung
- Innovativer Charakter des Projekts sowie technologischer Vorsprung im nationalen und internationalen Maßstab, FuE-Risiken,
- Alleinstellungsmerkmale gegenüber Wettbewerbern und Nachweis der Kunden- und Marktorientierung,
- Aufnahmefähigkeit der Kunden für die FuE-Ergebnisse und Vorteile für den Kunden,
- Momentaner Stand des Patentschutzes und eigene Patentierungsstrategie,

- Zeitverbrauch für Grundlagenforschung, angewandte Forschung, Entwicklung und Erprobung sowie Festlegung der notwendigen Arbeitspakete,

- Notwendige Lizenzen, Zusammenarbeit mit Universitäten und außeruniversitären Forschungseinrichtungen, erforderliche regionale Netzwerke,

- Anforderungen an das FuE-Personal und Verfügbarkeit über Schlüsselpersonen,

- Erforderliche Maßnahmen der Fertigungsgestaltung und -kooperation.

Marktsituation

- Marktvolumen, Absatzvolumen, Marktentwicklung, Markteintrittswiderstände, Marktrisiken,

- Wettbewerber und ihre Innovationsaktivitäten sowie Marktstrategien,

- Zielmärkte,

- Zielkosten und Marktgrenzpreis,

- Umsatz- und Gewinnerwartungen,

- Vertriebswege und Vertriebsformen.

Kapitalbedarf und Finanzierung

- FuE-Kosten, Fertigungsinvestitionen, Marketingkosten, erforderliches Umlaufvermögen,

- Finanzierungsquellen,

- Wirtschaftlichkeit.

Will ein Technologieunternehmen mit seinen Produkten und Verfahren gegenüber seinen Wettbewerbern einen deutlichen Innovationsvorsprung erzielen, dann ist dies im allgemeinen nur möglich, wenn der Innovationszyklus weitgehend komplett durchlaufen wird. Er schließt somit auch industrielle Grundlagenforschung und angewandte Forschung ein.

Die *industrielle Grundlagenforschung* beinhaltet geistig-schöpferische Arbeiten zur Erlangung neuer Erkenntnisse auf mathematischen, naturwissenschaftlichen und technischen Gebieten, die Analyse der technischen Ausgangsbasis und der Anforderungen an das angestrebte Ergebnis sowie der möglichen Lösungswege; weiterhin die Modellierung von Wirkprinzipien, Methoden, Strukturen, Funktionen und logischen Erkenntnissen, die Entwicklung unikaler Geräte für die experimentelle Forschung und die Durchführung experimenteller Untersuchungen sowie die Auswertung und Dokumentation der Ergebnisse. Grundlagenforschung bringt diejenigen neuen Wirkungsprinzipien und Effekte hervor, die Ausgangspunkt neuer Produkt- und Verfahrensgenerationen sind.

Die *angewandte Forschung* schließt ein: Analyse der Bedürfnisse und des Bedarfs an den angestrebten Ergebnissen, problembezogene Vertiefung, Aufbereitung und Anwendung der Ergebnisse der industriellen Grundlagenforschung, Analyse der technischen und wirtschaftlichen Anforderungen an das Ergebnis sowie möglicher Lösungsvarianten,

Erarbeitung einer technischen Prinziplösung, experimenteller Nachweis der Prinziplösung und Nachweis der Rechtsmängelfreiheit.

Zur *Entwicklung* gehören: Erarbeitung des technischen Lösungswegs sowie der konstruktiven und technischen Lösung, Erarbeitung der verfahrenstechnischen Lösung, Kunden-, Markt- und Wettbewerberanalysen, Gewinnung von Pilot- und Referenzkunden, Bau und Erprobung von Mustern bzw. Prototypen, Messebeteiligungen, Aufbau eines Netzwerkes zu Kunden und Zulieferern, Arbeitsvorbereitung, Festlegung der Arbeitsteilung und Kooperation, Vorbereitung des Fertigungsaufbaus und der Organisationslösungen, Weiterführung der Entwicklungsarbeiten zur Fertigungs- und Marktreife der Produkte bzw. Verfahren, Patentanmeldung.

Die zeitliche Struktur der FuE-Tätigkeiten und der Kapitalbedarf für Grundlagenforschung, angewandte Forschung und Entwicklung sind in den Unternehmen natürlich unterschiedlich. Einflussfaktoren darauf sind: die angestrebte Neuheit, die Komplexität der FuE-Aufgaben, der Innovationsgegenstand, der bereits erreichte wissenschaftliche Vorlauf u.a.m.

Innovationsprojekte, die *neue Produkte* zum Gegenstand haben, weisen vor allem folgende *Merkmale* auf:

– Hohe Komplexität. Diese drückt sich zum einen in der Integration unterschiedlicher Technologien (beispielsweise Mechanik, Hydraulik, Pneumatik, Elektronik), zum anderen aber auch im zunehmenden Systemcharakter von Produkten aus. Komplexe Produkte gestatten, durch Kombination kompatibler, anpassungsfähiger Systemelemente unterschiedliche Nutzeranforderungen zu erfüllen;

– Hoher Anteil von Software und Elektronik in Produkten, um das Leistungs- und Funktionsangebot von Produkten auszuweiten;

– Hoher Bedarf nach Leistungen des Herstellers für den gesamten Lebenszyklus eines Produkts. Die zunehmende Komplexität führt nicht nur zu Projektierungsarbeiten, die mit der Installation, Montage und Inbetriebnahme des neuen Produkts zusammenhängen, sondern auch zu Qualifizierungsleistungen für die erstmalige Anwendung sowie zu Betreuungs- und Modernisierungsleistungen, sowie dem Recycling und Ersatz des Produkts;

– Hohe Verflechtung von Produkt- und Verfahrensinnovationen, um eine höhere Produktqualität zu erzielen oder neue Produktfunktionen zu realisieren. Neue Verfahren als Ausgangspunkt für neue Produkte erschließen oft neue Anwendungsfelder für die Produkte.

Bei Innovationsprojekten für *neue Verfahren* ist die enge Verflechtung zwischen der Entwicklung neuer technologischer Prinzipien mit der Entwicklung und Beschaffung spezieller Arbeitsmittel für die apparatetechnische Verwirklichung charakteristisch. Die verfahrenstechnische Lösung wird im Allgemeinen zunächst im kleintechnischen Versuch erprobt. Auf den daraus gewonnenen Erkenntnissen aufbauend wird der großtechnische Versuch (Prototyp der Anlage) durchgeführt und später die Produktionsanlage aufgebaut. Diese schrittweise Vergrößerung der Produktionsmaßstäbe ist häufig sehr zeitintensiv.

Die Innovationsprojekte weisen im Allgemeinen eine hohe Komplexität auf. Das ist einerseits vorteilhaft, weil die modulare Gestaltung komplexer Lösungen es gestattet, verschiedenen Anwenderwünschen gerecht zu werden und für Kunden entsprechend ihrer Anforderungen alles aus einer Hand bereitzustellen. Außerdem ergeben sich durch die Integration verschiedener Teillösungen höhere Marktchancen für die Produkte. Es ist auch möglich, Teillösungen der komplexen Lösung zu vermarkten. Andererseits zeigen die Erfahrungen, dass zunehmende Komplexität mit höherem Entwicklungsaufwand und längerer Entwicklungsdauer verbunden ist. Bei begrenztem Potenzial und nicht entwickeltem Projektmanagement besteht die Gefahr, dass dies vor allem kleine Technologieunternehmen überfordert. In kleinen Teams gibt es nur beschränkte Möglichkeiten der Parallelisierung von Teilarbeiten. Die sequenzielle Bearbeitung aller Teilarbeiten hat aber lange Entwicklungszeiten zur Folge und zudem sinkt die Planungssicherheit, da alle Aktivitäten auf dem kritischen Pfad liegen. Ein vorhandener Zeitvorsprung gegenüber Wettbewerbern kann verloren gehen. Die parallele Durchführung von Teilarbeiten weist dann ein geringeres Risiko auf, wenn sie mit Kommunikation, gegenseitiger Information und der Integration von Zulieferern und Kunden verbunden ist (Boutellier/Hänggi 1996). Der ständige Dialog vertieft das gegenseitige Verständnis. Aufgrund der Komplexität der Innovationsprojekte ist teamorientiertes Projektmanagement erforderlich.

Innovationsprojekte, deren Quellen mehr in technologischen Erkenntnissen liegen, verwerten zwar gut das vorhandene technische Potenzial und das technische Risiko scheint relativ gering, dafür ist aber das Marktrisiko größer. Um so notwendiger ist es, durch Marktforschung die Projekte zu fundieren, Forschung und Entwicklung marktorientiert durchzuführen und rechtzeitig die Markteinführung vorzubereiten. Wenn dagegen die Innovationsprojekte in erster Linie aus Marktanalysen und Kundenforderungen abgeleitet werden, dann sind die Erfolgsaussichten auf dem Markt besser, u. U. ist aber das technische Entwicklungsrisiko höher.

3.2 Projektplanung

3.2.1 Pflichtenhefte

Innovationsprojekte sind – wie im vorhergehenden Abschnitt gezeigt – aus mehrfacher Sicht komplex. Der Prozessablauf und die Prozessergebnisse haben einmaligen Charakter, sie wiederholen sich nicht. Im Innovationsprozess wirken arbeitsteilig mehrere Akteure aus unterschiedlichen Einrichtungen zusammen. Die Ansprüche an deren Arbeit und Zusammenwirken sind hoch. Deshalb bedarf es einer sach-, termin- und kostengerechten Definition der Projekte, an der sich alle Beteiligten orientieren können. Diese

Aufgabe kommt der Projektplanung zu. In ihrem Mittelpunkt stehen die *Pflichtenhefte* für die Projekte.

Pflichtenhefte fußen auf den Ergebnissen der strategischen Arbeit und der Projektplanung und -bewertung. Sie setzen die strategischen Ziele in die Ziele und Aufgaben für das einzelne Innovationsprojekt um. Kontinuierliche, störungsfreie, fertigungs- und marktorientierte Innovationstätigkeit setzt klare Innovationsziele voraus.

Pflichtenhefte erfüllen im Innovationsprozess mehrere *Funktionen* (Wylegalla/Sabisch 1999). Sie bilden die Grundlage für

– die Entscheidungsfindung über ein Innovationsprojekt (Planungsfunktion),

– die Bewertung der Zwischen- und Endergebnisse im Prozessablauf (Bewertungsfunktion),

– die Koordinierung im sich arbeitsteilig vollziehenden Innovationsprozess und die Organisation des Zusammenwirkens an den Schnittstellen (Orientierungs- und Koordinierungsfunktion),

– die Kontrolle der Erfüllung der im Pflichtenheft festgelegten Ziele (Kontrollfunktion),

– die Sicherung der Qualität nach den Qualitätsmanagement-Konzepten (Qualitätssicherungsfunktion),

– die Entwicklung von Motivation der Mitarbeiter und ihre Identifizierung mit dem Projekt (Identifikationsfunktion) und für

– Verhandlungen mit Kapitalgebern und anderen Umfeldakteuren (Informations- und Repräsentationsfunktion).

Welchen Inhalt die Pflichtenhefte aufweisen sollten, zeigt Tabelle 12. Anhand dieser Tabelle ist erkennbar, dass diejenigen Kriterien, die bereits zur Projektfindung und -bewertung herangezogen wurden, sich auch in detaillierterer und konkreterer Form in den Pflichtenheften wiederfinden.

Zwischen den einzelnen Zielen und Aufgaben, die im Pflichtenheft enthalten sind, bestehen enge Wechselbeziehungen. Bestimmte technische Ziele sind nur erreichbar, wenn ein höherer Entwicklungsaufwand oder eine längere Entwicklungsdauer im Kauf genommen werden. Ist beides aus Marktgründen streng limitiert, dann können Abstriche im Innovationsniveau notwendig werden. Die Vorgabe hoher technischer Ziele darf nicht Selbstzweck sein, noch dazu, wo dies die FuE verteuert. Entscheidend sind diejenigen technischen Forderungen, die der Kunde stellt. Welche Ziele aus Sicht der Kunden und des Technologieunternehmens akzeptabel sind, müssen Wirtschaftlichkeitsuntersuchungen zeigen.

Tabelle 12:   Inhalt von Pflichtenheften

Ziele	Zielelemente
Technische Ziele	Funktionskonzept und Innovationshöhe, Einordnung in das Systemkonzept
	Ziele für die funktionsbedingten Parameter (Leistungsparameter, Zuverlässigkeit, Umweltbeeinflussung, Masse-Leistungs-Verhältnis, Lebensdauer, Produktaufbau, Produktqualität, konstruktive Anforderungen)
	Ziele für das technologische Niveau (Verfahren, Vorgaben zur Fertigungsreife, Automatisierungsniveau, Fertigungstiefe)
	Schutzrechtliche Ziele (Rechtsmängelfreiheit, Nachnutzbarkeit, Patentierung der eigenen Lösung)
	Einhaltung von technischen Vorschriften und Normen
	Designziele (Farb- und Formgebung, Bedienbarkeit, Benutzeroberfläche)
Marktziele	Marktmeilensteine
	Kundengruppen, ihre spezifischen Anforderungen an die technische Lösung und zu entwickelnde Kundenkontakte
	Marktregionen
	Absatzmenge
	Marktpreis und Zielkosten
	Kundennutzen
	Vertriebswege
	Markteinführungsstrategie
Wirtschaftliche Ziele	Entwicklungskosten und Herstellungskosten
	Eingesetztes Personal
	Kapitalbedarf für Fertigungsaufbau und Markteinführung
	Fertigungskapazität
	Kosten und Nutzen für das eigene Unternehmen
	Amortisationsdauer des Kapitaleinsatzes
	Rentabilität des Projektes und Einfluss auf die Unternehmens-rentabilität
	Finanzierungsquellen
Zeitziele	Entwicklungsdauer
	Investitionsdauer
	Abschlusstermin des Projekts
	Anfall der Entwicklungskosten über die Zeit
	Markteintrittstermin
	Termine für wichtige Zwischenergebnisse (Meilensteine)
	Termine für erforderliche Organisations- und Qualifizierungsmaß-nahmen

Fortsetzung Tabelle 12

Ziele	Zielelemente
Soziale und ökologische Ziele	Ziele zur Verbesserung der Arbeitssicherheit, zur Entwicklung persönlichkeitsfördernder Arbeitsstrukturen und zur Einhaltung von Umweltschutzerfordernissen
Organisatorische Aufgaben	Projektorganisationsformen
	Zusammensetzung des Projektteams
	Verantwortlichkeiten
	Vorbereitung der Fertigung
	Vorbereitung der Markteinführung
	Entwicklung von Zuliefer- und Kundenkontakten
	Vorbereitung der Erprobung und Tests
	Qualifizierung der Mitarbeiter

3.2.2 Projektbezogene Wirtschaftlichkeitsrechnungen

Im Rahmen der Erarbeitung des Pflichtenheftes sind *Wirtschaftlichkeitsuntersuchungen* durchzuführen (Pleschak/Sabisch 1996). Mit ihnen wird überprüft, ob die Ziele und Aufgaben des Pflichtenheftes den wirtschaftlichen Anforderungen sowohl der Kunden als auch des eigenen Unternehmens entsprechen. Die Einhaltung wirtschaftlicher Kriterien ist Voraussetzung für die Realisierung der Projekte. Ansonsten könnten die Rentabilität und die Existenz der Unternehmen gefährdet sein. Aus den Ergebnissen der Wirtschaftlichkeitsrechnung ergeben sich Schlussfolgerungen für die Konzipierung und Gestaltung der technischen Lösungen. Tabelle 13 gibt die kundenbezogenen und die unternehmensbezogenen Wirtschaftlichkeitskriterien an.

Tabelle 13: Wirtschaftlichkeitsuntersuchungen bei der Erarbeitung von Pflichtenheften

Wirtschaftlichkeit	
Kundenbezogen	Unternehmensbezogen
Kundennutzen	Selbstkosten
Rentabilität beim Kunden	Leistungs-Kosten-Verhältnis
Amortisationsdauer beim Kunden	Preis
Preis-Leistungs-Verhältnis	Amortisationsdauer des Projekts
Masse-Leistungs-Verhältnis	Rentabilität des Projekts

Kundenbezogen werden folgende Kriterien untersucht:

Kundennutzen

Für den Erfolg von Technologieunternehmen ist es eine wichtige Voraussetzung, die Ziele in den Pflichtenheften kunden- und marktorientiert festzulegen und die Innovationsprozesse kundennah durchzuführen. Es ist deshalb ein Indiz für das Erfolgspotenzial, auf welchen Kundennutzen die Entwicklungsarbeit ausgerichtet ist.

Der Nutzen für den Kunden äußert sich wirtschaftlich in *Kostensenkung* und *Gewinnzuwachs*. Die Quelle dieses Nutzens liegt jedoch in den technischen Parametern des neuen Produkts oder Verfahrens. Deshalb werden die Vorteile der neuen technischen Lösung im Vergleich zum Ausgangsniveau und im Vergleich zu internationalen Bestwerten zunächst anhand der technisch-organisatorischen Parameter dargestellt. Zusammenfassend kann hierzu mit Hilfe der *Nutzwertanalyse* eine Aussage über den Vorteil getroffen werden.

In Technologieunternehmen ist es häufigstes Nutzenziel, dem Kunden im Vergleich zu anderen Lösungen eine höhere Qualität der Produkte, Verfahren oder Softwarelösungen anzubieten. Verbesserte technische Parameter, Funktionsintegration, höhere Zuverlässigkeit und größere Leistungsfähigkeit sind Ausdrucksformen der Qualitätszielstellungen. Höhere Qualität drückt sich beim Kunden in Kostenersparnis und auch in Produktivitätssteigerung aus.

Von besonderer Bedeutung ist, dass viele Projekte anstreben, mit den neuen Produkten oder Verfahren völlig neue Anwendungen zu ermöglichen. Mit diesen FuE-Projekten werden neue technische Lösungen auf der Basis neuer technischer Prinzipien geschaffen, die bei Kunden neue Funktionen für neue Anwendungsfälle realisieren. Dieser Kundennutzen ist Ausdruck eines hohen Innovationsniveaus der FuE-Projekte. Allerdings darf ein hohes Innovationsniveau nicht zum Selbstzweck werden. Kunden honorieren nur diejenigen Entwicklungsergebnisse, die für sie nützlich sind. Die Ziele sind demnach so zu bemessen, dass der Kundennutzen maximal wird. Ansonsten besteht die Gefahr, dass sich die oft sehr technisch orientierten Unternehmensgründer in ihre Entwicklungsaufgaben „verlieben", dabei verzetteln und nicht ausreichend den wirtschaftlichen Zwängen des Marktes folgen. Kundennutzen ist eine sehr komplexe Kategorie und beinhaltet technische, ökologische, gestalterische, soziale und wirtschaftliche Aspekte. Technisch zu hoch gesetzte Ziele können zur Verlängerung der Entwicklungsdauer, zur Erhöhung der Entwicklungskosten, der Investitionskosten für die Fertigung sowie zu höheren Markteinführungskosten führen. Diese Kosten werden dann u. U. aufgrund nicht vorhandenen Bedarfs für die Produktmerkmale nicht anerkannt. Zu niedrig gesetzte technische Ziele führen u. U. dazu, dass das neue Produkt die Kundenanforderungen nicht erfüllt und deshalb, auch bei niedrigerem Preis, nicht verkauft werden kann.

Jeder „echte" technische Vorteil muss sich also in wirtschaftlichen Vorteilen ausdrücken. Zur Ermittlung der Kostenersparnis werden die typischen Anwendungsbedingungen (eventuell nach Klassifizierung der Anwendungsfälle) analysiert. Es wird untersucht, welchen Einfluss die technischen Parameter auf die Kostenstruktur und die Kostenhöhe haben. Veränderte technische Parameter bewirken eine Kostenveränderung beim Kunden, sowohl spezifisch, je Leistungseinheit, als auch je Jahr.

Die Kostenersparnis des Kunden ist für ihn – neben der Qualitätserhöhung – wichtigstes Kaufmotiv. Sie muss in einer angemessenen Relation zu den finanziellen Mitteln stehen, die der Kunde für den Kauf des neuen Produkts einsetzt. Daraus ergeben sich für das Unternehmen rückrechnend Schlussfolgerungen für die Preisbildung. Kaufmotive sind aber auch Verfügbarkeit, Erzielen einer Systemlösung, Imagedenken, Umweltaspekte, soziale Aspekte u.a.m.

Rentabilität beim Kunden

Sie gibt das Verhältnis des jährlichen Gewinnzuwachses beim Kunden zu seinem durchschnittlichen Kapitaleinsatz an. Bestandteile des Gewinnzuwachses sind Kostenersparnis und auch zusätzlicher Gewinn, wenn der Kunde im Ergebnis der höheren Produktivität und Zuverlässigkeit eine höhere Menge seiner Produkte absetzen, oder im Ergebnis besserer Qualität für seine Produkte Preisvorteile auf dem Markt erzielen kann. Der Kunde vergleicht die Rentabilität des neuen Produkts mit seiner durchschnittlichen Unternehmensrentabilität und leitet daraus Kaufentscheidungen ab. Liegt die erwartete Rentabilität beim Kunden unter dessen Vorstellungen, dann hat das Unternehmen sein Produktkonzept zu verändern. Unter Umständen ist die Realisierung des Projekts in Frage zu stellen.

Amortisationsdauer beim Kunden

Sie gibt an, nach wie viel Jahren das vom Kunden eingesetzte Kapital zurückfließt. Der Rückfluss setzt sich zusammen aus Kostenersparnis, anderen Elementen des Gewinnzuwachses, kalkulatorischen Abschreibungen und Eigenkapitalzinsen. Die Amortisationsdauer sollte möglichst kurz sein und wesentlich unter der Produktlebensdauer liegen. Aus der vom Kunden erwarteten Amortisationsdauer kann auf den möglichen Maximalpreis für das neue Produkt rückgerechnet werden. Aus der Differenz von Erlös und Kosten ergibt sich der denkbare Gewinn des Unternehmens. Entspricht dieser nicht den Erwartungen, dann sind entweder die technischen Ziele zu erhöhen oder die Entwicklungsdauer zu verkürzen, um höhere Preise zu erzielen, oder es sind kostensenkende Maßnahmen zu ergreifen.

Preis-Leistungs-Verhältnis

Eine Verbesserung des Preis-Leistungs-Verhältnisses drückt aus, dass die Leistung des neuen Produkts (oder eine zusammengefasste Niveaukennzahl für die technischen Parameter) gegenüber dem bisherigen Produkt oder gegenüber internationalen Vergleichsprodukten schneller gestiegen ist als der Preis. Ein besseres Preis-Leistungs-Verhältnis ist Voraussetzung dafür, dass der Kunde aus dem neuen Produkt Nutzen ziehen kann. Die Relation ist demnach stets aus der Sicht des Kunden zu berechnen. Im Produkt enthaltene Leistungsparameter, die der Kunde gar nicht benötigt, würden nur den Preis erhöhen, ohne ihm Nutzen zu bringen.

Masse-Leistungs-Verhältnis

Eine Verbesserung des Masse-Leistungs-Verhältnisses zeigt an, dass die Leistung des neuen Produkts gegenüber dem bisherigen oder den internationalen Vergleichsprodukten schneller gestiegen ist als die Produktmasse (das Gewicht). Für den Kunden resultieren daraus Anwendungsvorteile, für das Technologieunternehmen Verbilligungen.

Auf das *Technologieunternehmen* bezogen sind folgende wirtschaftliche Kriterien zu untersuchen:

Selbstkosten

Die Vorkalkulation der Selbstkosten des neuen Produkts ist Voraussetzung, um Aussagen über die eigene Rentabilität treffen zu können. Die *Zuschlagskalkulation* fußt im Stadium der Pflichtenheftarbeit auf den technischen Zielen, den voraussichtlichen Fertigungsverfahren, dem abgeschätzten Arbeitszeit- und Maschinenzeitverbrauch sowie einer voraussichtlichen Stückzahl. Der Einfluss einer möglichen Stückzahlveränderung auf die Kosten kann durch die Grenzkostenrechnung festgestellt werden. Mit zunehmendem Entwicklungsfortschritt werden dann die Aussagen der Kalkulation präzisiert.

Von großer Wichtigkeit ist es, zusätzlich die *Zielkosten* zu kennen, die der Markt ausgehend vom Marktpreis und einem Zielgewinn akzeptiert. Der Marktpreis beruht auf den kundenrelevanten Gebrauchseigenschaften und der darauf basierenden Preisbereitschaft künftiger Kunden. Die Zielkosten ergeben sich hieraus durch Rückrechnung.

Leistungs-Kosten-Verhältnis

Das Verhältnis drückt die Leistungsparameter im Verhältnis zu den Kosten aus. Seine Verbesserung bedeutet, dass die Leistung des neuen Produkts gegenüber dem Vorgänger oder einem internationalen Vergleichsprodukt schneller gestiegen ist als die entsprechenden Selbstkosten. Ist dies nicht der Fall, besteht Gefahr für die Unternehmensrentabilität. Leistungssteigerung hat wirtschaftlich aber nur dann Sinn, wenn daraus für den Kunden Nutzen entsteht.

Preis

Der Preis des neuen Produkts hängt von vielen Faktoren ab, u. a. von der Produktqualität, vom Kostenniveau, von der Einordnung des neuen Produkts in den Produktlebenszyklus und vom Zeitpunkt des Markteintritts. Niedrige Preise und flexible Preisgestaltung entsprechend den Marktgegebenheiten erleichtern zwar das Eindringen in den Markt, verschaffen dem Unternehmen Image und entwickeln bei den Kunden Sympathie, sie sind aber für das Unternehmen selbst auf Dauer nur erfolgreich, wenn Kostenvorteile bestehen und diese längerfristig gewahrt werden können.

Zurückhaltend bilden Unternehmen Preise, wenn Absatzrisiken bestehen, Preiskämpfe mit der Konkurrenz vermieden werden sollen und höhere Preise nur mit aufwendigen Marketingmaßnahmen durchsetzbar sind. Bei reger Nachfrage und Alleinstellungsmerkmalen der neuen Produkte kann bei Markteintritt mit hohen Preisen ein hoher Gewinn erzielt werden. Er ist zwar erfahrungsgemäß auf Dauer nicht zu halten, hilft aber, die hohen finanziellen Vorleistungen wieder einzuspielen. Niedrigpreise mit niedrigen Gewinnspannen würden dies nur bei großen Absatzstückzahlen zulassen.

Hohe Marktanteile haben den Vorteil, dass sowohl durch größere Stückzahlen Kosteneinsparungen auftreten als auch aufgrund der Marktposition günstige Bedingungen für die Durchsetzung der eigenen Preisvorstellungen bestehen.

Amortisationsdauer des FuE-Projekts

Sie gibt die Zeit (in Jahren) an, in der das vom Unternehmen für das FuE-Projekt eingesetzte Kapital wieder zurückfließt. Zum Kapitaleinsatz für das FuE-Projekt zählen die Entwicklungskosten, Investitionen für den Fertigungsaufbau und die Markteinführung, Qualifizierungskosten, Umstellungskosten.

Der Rückfluss des Kapitals erfolgt aus den Gewinnen, den Abschreibungen und den Eigenkapitalzinsen. Er ist jahresbezogen zu berechnen. Die Mittel aus dem Rückfluss stehen insbesondere für Zinszahlungen, für die Kredittilgung und die Finanzierung von Investitionen zur Verfügung. Jedes Unternehmen kennt seine jährlichen finanziellen Verpflichtungen gegenüber Banken, seine Möglichkeiten zur Erschließung von Finanzierungsquellen und hat seine Investitionsstrategien. Aus diesen Anforderungen kann auf den notwendigen jährlichen Rückfluss und die akzeptable Amortisationsdauer geschlossen werden. Übersteigt die tatsächliche Amortisationsdauer diese Orientierungsgröße bzw. die vorausberechnete, dann entstehen Finanzierungsprobleme. Das Projekt muss neu konzipiert werden, damit es den Unternehmensanforderungen besser entspricht.

Wenn der Rückfluss in den einzelnen Jahren unterschiedlich ist und sich der Kapitaleinsatz über mehrere Jahre erstreckt, dann empfiehlt es sich, zu dynamischen Wirtschaftlichkeitsrechnungen überzugehen (Berechnung des Kapitalwertes und des internen Zinsfußes), wie dies zumeist von Banken bei Finanzierungsverhandlungen mit Unternehmen gefordert ist (vgl. Pleschak/Sabisch 1996).

Rentabilität des FuE-Projekts

Bei der Rentabilitätsberechnung wird der jährliche Gewinn aus dem Projekt dem durchschnittlichen Kapitaleinsatz gegenübergestellt. Ein Vergleich mit der Rentabilität anderer Projekte gestattet Aussagen zur Priorität der Projekte aus wirtschaftlicher Sicht. Ein Vergleich mit der Rentabilität des Unternehmens zeigt, ob das Projekt sie positiv oder negativ beeinflusst. In letzterem Fall ist zu prüfen, ob die Inangriffnahme des Projekts weiterhin sinnvoll erscheint.

3.2.3   Zeitplanung

Der *Zeitwettbewerb* nimmt aufgrund kürzerer Bedarfszyklen, kürzerer Technologiezyklen und aggressiverer Wettbewerbsführung immer mehr zu. Für Technologieunternehmen ist es in den meisten Märkten erstrebenswert, möglichst frühzeitig die neuen Produkte einzuführen. „Zeit" ist ein eigenständiger Faktor des Erfolgs von Unternehmen.

Kunden haben durch früheren Kauf der neuen Produkte bzw. Verfahren *wirtschaftliche Vorteile*, weil sie frühzeitig die neuen Produkte mit ihren zusätzlichen Funktionen oder verbesserten Parametern nutzen und damit Kosten verringern können. Der frühzeitige Einsatz neuer Technologien ermöglicht beim Kunden Kapazitätserweiterungen, Flexibilitätserhöhungen, Ressourceneinsparungen und erschließt Möglichkeiten, Produkte früher zu vermarkten. Für den Kunden ist die frühzeitige Beherrschung neuer Technologien mit Erfahrungsvorsprung und Imagegewinn verbunden. Allerdings entsteht auch Risiko aus u. U. noch nicht voll gegebener Sicherheit in der Funktionserfüllung und zusätzliche Kosten für das Erreichen des Erfahrungsgewinns. Voraussetzung einer wirtschaftlichen Akzeptanz des Zeitvorteils ist, dass der Kunde diesen bewusst wahrnimmt und dass der Zeitvorteil nicht nur kurzzeitig, sondern nachhaltig wirkt.

Für *Unternehmen*, die Zeitvorsprünge haben, erwachsen solche *Vorteile* wie:
– Erzielen höherer Preise sowie größerer Absatzmengen und damit geringerer Kosten,
– schnellerer Rückfluss des eingesetzten Kapitals,
– geringere Bindung und höhere Nutzungsintensität der Ressourcen,
– Einsatz des Innovationspotenzials auf neue Schwerpunkte,
– Erhöhung der Wettbewerbschancen gegenüber Konkurrenten.

Dies spricht dafür, Innovationsprozesse zu beschleunigen. Es ist jedoch zu beachten, dass dies im Allgemeinen zu höheren Entwicklungskosten führt und dass bei zu frühem Markteintritt der Produkte oder Verfahren die Marktbarrieren zu hoch sein können. Auch das Risiko ist u. U. höher. Es ist Ziel des Zeitmanagements, optimale Zeitpunkte für den Markteintritt zu ermitteln und daraus abzuleiten, wie lange ein Innovationsprozess dauern darf und welche Beginn-, Abschluss- und Zwischentermine den inneren Bedingungen und den äußeren Anforderungen am besten gerecht werden.

Voraussetzung für reale Zeitziele und Projekttermine ist eine fundierte *zeitliche Planung* des Projektablaufs. Sie macht sichtbar, welches Potenzial in welchen Zeitperioden erforderlich ist und wie am vorteilhaftesten ein gegebenes Potenzial auf Projekte verteilt werden sollte. Die projektbezogene *Durchlaufplanung* und die *Belastungsplanung*, bei der die erforderliche und die verfügbare Kapazität für alle parallel zu bearbeitenden Projekte im Zusammenhang betrachtet werden, sind gerichtet auf
– die Ermittlung der Gesamtdauer des Projekts,
– die Festlegung der Anfangs- und Endtermine der Aufgaben und der Ereignistermine,
– den Vergleich der ermittelten Termine mit den notwendigen Terminen und das zielgerichtete Einleiten von Maßnahmen zur Verkürzung der Gesamtdauer,
– die Bilanzierung von benötigter Zeit und verfügbarer Kapazität sowie die Herbeiführung des Belastungsausgleichs.

Durchlauf- und Belastungsplanung gewährleisten für die Projekte eine kurze Bearbeitungsdauer bei gleichmäßiger und vollständiger Auslastung des Potenzials. Sie sichern, dass keine Unterbrechungen auftreten und dass die sich durch tiefere Arbeitsteilung und Spezialisierung vervielfachenden Kooperationsbeziehungen beherrscht werden. Aus der Belastungsplanung ergeben sich rückwirkend Präzisierungen für den Ablauf der einzelnen Projekte, so dass die Kalendertermine erst nach der Belastungsplanung festgelegt werden können. Die grafische Darstellung der Planungsergebnisse erfolgt in Balkendiagrammen oder Netzplänen.

Im Rahmen der *Terminplanung* werden, ausgehend von vorgegebenen Terminen und den Ergebnissen des Belastungsausgleichs, die Hauptfristen, die Termine für Kooperation und für andere vertragliche Vereinbarungen sowie letztlich die Arbeitspläne festgelegt. Alle Beginn- und Abschlusstermine werden in den Kalender übertragen und damit zu Kalenderterminen. Diese Kalendertermine bilden die Grundlage für die Leitung und Kontrolle des Ablaufs des Projekts.

Die Erfahrungen zeigen, dass Technologieunternehmen dazu neigen, die Marketingaufgaben im Innovationsprozess zu verdrängen. Gerade für die Forschungs- und Entwicklungsaktivitäten ist aber Marktorientierung Voraussetzung für den Innovationserfolg. Deshalb ist es zweckmäßig, in den Terminplan eines Innovationsprojekts *Marktmeilensteine* einzubinden. Sie weisen darauf hin, welche Marketingaufgaben wann im FuE-Prozess zu erledigen sind. Tabelle 14 gibt derartige Marktmeilensteine an.

Tabelle 14:   Marktmeilensteine im FuE-Prozess

Erfassung der Kundenprobleme und Kontaktaufnahme mit Kunden
Erstmalige Produktpräsentation
Gewinnung von Pilot- bzw. Referenzkunden
Messebeteiligungen
Gestaltung des Vertriebssystems
Durchführung von Kommunikationsmaßnahmen
Markteinführungstermine
Vertragstermine für Zulieferungen
Akquisitionsmaßnahmen
Liefervertäge

3.2.4   Pflichtenhefte als Kontrollinstrument

Die geplante wirtschaftliche Entwicklung von Technologieunternehmen geht von den Pflichtenheftzielen aus. Die neuen Produkte haben nur dann Vermarktungschancen, wenn ihre Eigenschaften und Merkmale beim Kunden auch tatsächlich auftreten und wenn die Markteintrittstermine eingehalten werden. Ansonsten besteht die Gefahr, dass Wettbewerber die Märkte für sich gewinnen. Wirtschaftliche Probleme können auch auftreten, wenn Technologieunternehmen die geplanten Entwicklungskosten und die Zielkosten überschreiten. Akzeptiert der Markt keine höheren Preise, dann vermindert sich der Gewinn, was die Unternehmensfinanzierung durcheinander bringen kann.

Empirische Untersuchungen belegen, dass Technologieunternehmen besonders Probleme bei der Einhaltung der Termine für ihre Projekte haben. Obwohl die Zeitdauer der Innovationsprozesse den Erfolg wesentlich beeinflusst, gelang es nur bei 50 Prozent von 94 analysierten Projekten den Zeitrahmen für die FuE einzuhalten (Pleschak/Werner 1998). Häufigste *Gründe* für gegenüber dem Projektplan auftretende *Terminabweichungen* sind:

- Die Erweiterung der technischen Zielstellungen und die Modifizierung der FuE-Projekte durch veränderte technische und wirtschaftliche Bedingungen, auch durch nicht vorhersehbare technische Probleme,
- die längere Zeitdauer für den Erwerb von Zulassungen,
- die ursprünglich nicht vorgesehene Durchführung zusätzlicher Erprobungen und Tests,
- kundenspezifische Anpassungen.

Diese Gründe sind einerseits Ausdruck der sich ständig vollziehenden technischen Entwicklung, andererseits lassen sie erkennen, dass einigen Bestandteilen des Innovationsprozesses bei der Projektplanung nicht die erforderliche Aufmerksamkeit zukommt. Natürlich ist auch zu beachten, dass FuE-Prozesse objektiv risikobehaftet sind, so dass Abweichungen von den geplanten Zielwerten in gewissen Rahmen normal sind.

FuE-Risiken erwachsen Technologieunternehmen aus

- der technologischen Umsetzung und Maßstabsvergrößerung bei Verfahrensentwicklungen,
- der Notwendigkeit der Durchführung von Langzeituntersuchungen,
- der Beherrschung von Systemlösungen und der Komplexität der FuE,
- der Veränderung der Preis- und Kostenstruktur,
- der Überschätzung des eigenen FuE-Know-hows,
- der nicht erkennbar gewesenen technischen Entwicklung bei Wettbewerbern,
- dem Ausfall von Kooperationspartnern,
- der Veränderung der Einsatzbedingungen bei Kunden,
- der Nichtverfügbarkeit über ausreichend qualifiziertes FuE-Personal,
- der Nichtbeherrschung des Projektmanagements und vor allem aus
- neuen Erkenntnissen der Grundlagenforschung, die die Richtigkeit des eigenen Lösungsprinzips und der gewählten Lösungswege in Frage stellen.

Diese Risiken kann man nicht völlig ausschalten. Durch gründliche Projektvorbereitung, durch Analyse des Kunden- und Wettbewerberverhaltens und durch Berücksichtigung der Risiken bei der Projektplanung und beim Projektmanagement ist es jedoch möglich, negative Wirkungen von Risikofällen einzuschränken.

3.3   FuE-Entscheidungen

3.3.1   Innovationshöhe

Technologieunternehmen orientieren ihre FuE entweder auf *Neuentwicklungen* oder auf *Weiterentwicklungen*. Beide Entwicklungsarten können ein hohes Effizienzpotenzial in sich bergen, wenn sie richtig in den Produktlebenszyklus und die Entwicklungslinien der technisch-wissenschaftlichen Parameter eingeordnet werden. Weiterentwicklungen sind sinnvoll, wenn das technische Lösungsprinzip noch über Möglichkeiten der Vervollkommnung verfügt und die Entwicklungskosten dafür in vertretbarer Größenordnung liegen. Neuentwicklungen kommen an den Grenzen der Vervollkommnung bisheriger Lösungsprinzipien und bei Vorhandensein von Forschungsvorlauf für neue Lösungsprinzipien in Frage. Welche Chancen und Risiken mit Neu- bzw. Weiterentwicklungen verbunden sind, ist in Tabelle 15 zusammengestellt.

Tabelle 15:   Chancen und Risiken von Neu- und Weiterentwicklungen

Neuentwicklungen	Weiterentwicklungen
Übergang zu einem neuen Lösungsprinzip	Vervollkommnung oder Anpassung des gegebenen Lösungsprinzips
Erschließen von neuen Möglichkeiten der technischen Entwicklung	Erreichen der technischen und wirtschaftlichen Grenzen in der Nutzung des Lösungsprinzips
Beginn eines neuen Produktlebenszyklus, schrittweise Etablierung am Markt	Ausschöpfen des Verbilligungseffekts durch Ausreifung der Lösung, Markt bereits aufbereitet
Hohes technisches Risiko, hohe Entwicklungs- und Erprobungskosten	Geringes technisches Risiko, weil Veränderungen begrenzt sind, geringe Entwicklungskosten
Risiko durch Parallelität von FuE und Investitionsprozess, meist hohe Investitionskosten	Kurze Entwicklungszeiten, geringe Veränderungen im Fertigungsprozess
Marktrisiko bezüglich des zeitgerechten Markteintritts, des Verhaltens der Konkurrenten und der Kunden	Risiko der Verdrängung vom Markt bzw. der Verringerung der Marktanteile, weil Konkurrenten bessere Lösungen mit höherem Kundennutzen auf den Markt bringen, zusätzliche Kosten für Verdrängung von Konkurrenten vom Markt
Extragewinne aufgrund des Zeitvorsprungs und des hohen Kundennutzens	
Erschließen eines neuen Kundenstamms, wenn Kundennutzen treibendes Kaufmotiv ist	Gewinnzuwachs durch Leistungsverbesserung und höheren Kundennutzen, Festigung vorhandener Kundenbeziehungen, weniger lang anhaltende Marktchancen
Langanhaltende Erfolgsaussichten bei wirtschaftlicher Ausnahmestellung auf dem Markt	

Neuentwicklungen erhöhen im Allgemeinen die Komplexität des Innovationsprozesses. Neu ist hierbei nicht nur aus technischer Sicht ein Produkt, sondern neu sind meist zugleich

- die Fertigungsverfahren, Fertigungstechnik sowie Mess- und Prüftechnik,
- die Roh- und Werkstoffe sowie ihre Beschaffung,
- die Qualifikationsanforderungen an die Beschäftigten,
- die Organisationslösungen innerhalb des Unternehmens sowie zu Zulieferern und anderen Kooperationspartnern,
- die Kunden,
- die Vertriebswege,
- die Wettbewerbsbedingungen (Hauschildt 1997).

Diese Komplexität von Innovationsprozessen stellt hohe Anforderungen an das Management, insbesondere bezüglich der Koordination aller an der Innovation Beteiligten.

Entscheidungsunterstützend für die Auswahl der richtigen Entwicklungsart wirken nationale und internationale *Niveauvergleiche* für die Produkt- bzw. Verfahrensparameter. Sie sollen die Leistungen der Wettbewerber und deren Technologieentwicklung sichtbar machen. Der Vergleich hat die Herausstellung gegenwärtiger und künftiger Bestlösungen zum Ziel, um für die eigene Problemlösung Anregungen zu erhalten und solche Entwicklungsziele zu formulieren, die gegenüber dem gegebenen und prognostizierten internationalen Niveau zu einem Vorsprung führen. Hauptschritte dieses *Benchmarking* sind:

- Die Messung und Bewertung des eigenen Niveaus,
- die Messung und Bewertung des Niveaus vergleichbarer Lösungen und die Ermittlung von Bestlösungen sowie
- die Erarbeitung von Zielen für die Niveauverbesserung und deren Umsetzung (Sabisch/Tintelnot 1997a).

Entsprechend der Komplexität des Innovationsprozesses ist es vorteilhaft, wenn Benchmarking sowohl die Produkte, als auch die Prozesse und Organisationslösungen erfasst. Die dabei gewonnenen Kenntnisse bedingen strategische Entscheidungen, gehen in die Pflichtenhefte ein und geben Anhaltspunkte für die Produktoptimierung im FuE-Prozess (Sabisch/Tintelnot 1997b).

3.3.2   FuE-Kooperation

Technologieunternehmen bringen meist nicht die wirtschaftliche Kraft auf, ein breit gefächertes spezialisiertes FuE-Personal zu finanzieren, das allen Komplexitätsmerkmalen der FuE-Projekte in vollem Umfang Rechnung tragen kann. Auch spezielle Geräte und Apparate sowie Forschungs- und Labortechnik sind nur begrenzt beschaffbar, die Auslastung wäre zu gering. Nicht alle Spezialkenntnisse und Erfahrungen aus der Vielzahl naturwissenschaftlich-technischer Arbeitsgebiete sind verfügbar, werden aber für radikale Innovationen benötigt. Dezentralisierung und Outsourcing führen außerdem zur Lockerung traditioneller Organisationsformen und zur Herausbildung spezialisierter Einheiten. Dies alles führt zu tieferer Arbeitsteilung im Innovationsprozess und zwingt in der Folge zu vermehrter FuE-Kooperation. Nur kooperationswillige und -fähige Technologieunternehmen sind deshalb dauerhaft wettbewerbsfähig.

Kooperation führt spezialisierte Potenziale mit spezifischen Stärken zusammen, verbessert damit den Zugang zu externem Wissen, verkürzt die Entwicklungszeiten, verringert die einzelbetrieblichen Risiken und ermöglicht Innovationsprojekte, die für ein einzelnes Unternehmen aufgrund nicht ausreichender finanzieller, personeller und materieller Ressourcen nicht möglich wären. Die *Vorteile der FuE-Kooperation* sind in Tabelle 16 angegeben.

Tabelle 16:   Vorteile der FuE-Kooperation

Know-how- und Kompetenzgewinn
Nutzung von Synergieeffekten
Verkürzung der Entwicklungszeiten
Kostenreduzierung, Vermeidung von Doppelarbeit
Erleichterung des Marktzuganges
Kapazitätsmäßige Ergänzung
Reduzierung des Entwicklungsrisikos, Risikoteilung
Erarbeitung von Standards und Normen
Ausschöpfung von Größen- und Spezialisierungsvorteilen
Erweiterung der für die Innovation einsetzbaren Ressourcen und Ermöglichen der Durchführung von Projekten, die ansonsten nicht realisiert werden könnten
Aneignung von externem Wissen und Stimulierung von Lerneffekten bei den Kooperationspartnern
Hilfe beim Einstieg in völlig neue Technologiegebiete
Erhöhung der Kontinuität der Forschung und Entwicklung

Natürlich birgt Kooperation auch *Probleme* in sich, wie Offenlegung von Strategien, Verlust an Selbständigkeit, zusätzlicher Koordinations- und Kommunikationsaufwand (vgl. Tabelle 17). Es bedarf deshalb eines Kooperationsmanagements, um zu entscheiden, wann, mit wem, wie und wozu kooperiert werden soll. Diese Entscheidungen werden durch die *Kooperationsmotive* geprägt. Das können sein:

- Deckung einer Kapazitätslücke beim FuE-Personal oder der FuE-Ausstattung,
- Verkürzung der FuE-Dauer und Erhöhung der Flexibilität der FuE-Prozesse,
- Verbesserung der Kunden- und Marktakzeptanz,
- Teilung des wirtschaftlichen Risikos,
- Durchsetzung von Standards,
- Vermeidung von Schutzrechtsstreitigkeiten,
- Nutzbarmachung von Fördermaßnahmen.

Tabelle 17: Probleme der FuE-Kooperation

Entstehung von Abhängigkeiten zwischen Kooperationspartnern
Verhandlungs- und Transaktionskosten
Schwierigkeiten bei der Auf- und Zuteilung von Beiträgen und Ergebnissen
Geheimhaltungsprobleme
Probleme der Technologieadaption
Verlust des eigenen Wissensvorsprungs
Hemmung von Eigenentwicklungen
Verlust an unternehmerischer Eigenständigkeit und Flexibilität
Gefahr der organisatorischen Aufblähung
Kostenerhöhungen und Zeitverzögerungen durch Ansteigen des Koordinations- und Kommunikationsaufwandes sowie durch Reibungsverluste

FuE-Kooperation ist bei radikalen Innovationen besonders wichtig. Diese fußen auf wissenschaftlichen Erkenntnissen, die in der Grundlagenforschung entstehen und über die angewandte Forschung zur praktischen Nutzung geführt werden. Für derartige Innovationen ist typisch, dass neue Eigenschaften der Produkte nur entstehen, wenn neue Mess- und Prüftechniken, Qualitätssicherungstechnologien und Herstellungsverfahren genutzt werden. Produkt- und Verfahrensentwicklungen sind unter diesen Bedingungen funktionell, qualitätsmäßig, zeitlich, wertmäßig und kostenseitig eng verflochten. Die Kooperation mit Forschungseinrichtungen soll sichern, dass solche FuE-Ergebnisse entstehen, die technisch nutzbar sind, dass in den Unternehmen Aufnahmefähigkeit für den Forschungsvorlauf gegeben ist, dass an den Schnittstellen geringer Koordinationsaufwand sowie geringe Zeit- und Informationsverluste entstehen. Gleichzeitig kommt über die Kooperation ein Erfahrungsrückfluss an Forschungseinrichtungen zustande.

Innovationskooperation funktioniert um so besser, je mehr jeder beteiligte Partner eigenes FuE-Know-how und Kompetenz einbringt und mit denen der anderen Partner verknüpft. Ist keine Aufnahmefähigkeit und Lernfähigkeit gegeben, dann gehen die Vorteile der FuE-Kooperation verloren. Oft baut Wissen aufeinander auf. Wissenszuwachs wird dann nur erzielt, wenn der vorhergehende Wissensstand gegeben ist (kumulativer Charakter von Informationen).

3.3.3   Einbindung in Netzwerke

Netzwerke als spezielle Ausprägung der Kooperation bündeln komplementäre Ressourcen, mehrere Akteure und arbeitsteilig aufeinander bezogene Aktivitäten im Innovationsprozess auf gemeinsame Ziele im Rahmen einer *nicht zwangsläufig formal geregelten Kooperation*. Die Synergien zwischen den Netzwerkakteuren mindern deren Risiko und beschleunigen den FuE-Prozess. Der sich im Netzwerk vollziehende Wissens- und Technologietransfer unterstützt die Qualifizierung des Personals. Netzwerke sind günstige Rahmenbedingung für die Beherrschung solcher Innovationsanforderungen wie Komplexität, Interdisziplinarität, Ganzheitlichkeit (Koschatzky/Zenker 1999).

In Netzwerken agieren:
- Unternehmen, die gemeinsame Interessen in FuE, Fertigung und Vertrieb haben und durch Zusammenarbeit die Fähigkeit erhalten, Systemlösungen für Kunden anzubieten und zu vermarkten;
- Hochschulen und außeruniversitäre Forschungseinrichtungen, die einerseits an der Verwertung ihrer Ergebnisse aus der Grundlagen- und angewandten Forschung interessiert sind, andererseits Erfahrungsrückfluss aus der praktischen Anwendung und Problemerkenntnis bei industriellen Nutzern benötigen;
- Vertriebspartner, die durch ihre Kenntnis der Zielmärkte, Kundenwünsche und -forderungen sowie der Gepflogenheiten der Marktteilnehmer zur Markterschließung durch die Netzwerkpartner beitragen, fest gefügte Marktstrukturen auflockern, Marketing-Know-how vermitteln und dabei über Vertriebskooperation selbst ihre Stellung auf dem Markt aufbauen;
- Zulieferer, die in den Netzwerkakteuren Partner für stabile Abnehmer-Zuliefer-Beziehungen finden und durch innovative Entwicklungen (Maschinen, Materialien) zur Stärkung der Innovationskraft des Netzwerks beitragen;
- Kunden, die als Referenz- oder Schlüsselkunden wirken, als erste vom Kundennutzen profitieren und zur Marktdiffusion beitragen;
- Innovative Dienstleister, die entweder spezielles FuE-Know-how einbringen oder als Berater helfen, betriebswirtschaftliche Arbeitsmethoden einzuführen, Marktstudien durchzuführen oder durch Prozessanalysen die Effizienz zu erhöhen;
- Öffentliche Stellen, die dazu beitragen, die Netzwerke regional zu verankern und daraus Impulse für die Entwicklung der Region ableiten;
- Wettbewerber, die als Partner bei der Durchsetzung von Regulierungs- und Zulassungsaktivitäten und bei der Erarbeitung von Normen und Standards wirken oder die als Bietergemeinschaft ihre Marktchancen erhöhen.

Netzwerke fußen auf den *Bindungen zwischen den Netzwerkpartnern*, ihren abgestimmten wirtschaftlichen Zielen und den gemeinsamen Interessen. Erwiesenermaßen ist für Innovationen nicht nur Wissen wichtig, das logisch ableitbar, strukturiert reproduzierbar und lehr- und lernbar ist, sondern auch Wissen, das sich in einem Erfahrungsumfeld herausbildet (Erfahrungswissen), mehr intuitiv und situativ entsteht und damit nicht

allgemein zugänglich ist. Die persönlichen Beziehungen aller Netzwerkpartner untereinander stellen eine wesentliche Quelle für das Entstehen dieses Wissens und seine pra-
xiswirksame Nutzung dar. Innovationen, die auf solchem Wissen beruhen und nicht nur
auf allgemein zugänglichen, sind in relativ geringem Maße imitierbar (Noppeney 1997).
Der sich im Netzwerk vollziehende Wissens- und Technologietransfer unterstützt die
Qualifikation des Personals und löst Lernprozesse aus. Das Zusammenwirken in Netzwerken erhöht die Leistungs- und Wettbewerbsfähigkeit der Netzwerkpartner und verbessert die Erfolgschancen der Geschäftsbeziehungen durch gemeinsame FuE-Projekte,
Schutzrechtsstrategien und Zertifizierungshandlungen, Kunden- und Marktaktivitäten,
Fertigungsaufgaben, Vertriebsaktivitäten und Zulieferbeziehungen. Damit erschließt sich
jeder Beteiligte Vorteile, die ansonsten nur für Großunternehmen typisch sind.

Netzwerke funktionieren, wenn jeder Netzwerkteilnehmer Kompetenzen in das Netzwerk einbringt, aufnahmefähig für externes Wissen ist und dieses anpassen und weiter
entwickeln kann. Die Netzwerkpartner müssen kommunikations- und lernfähig sein,
damit sie sich auf Probleme und auf die Partner einstellen können. Netzwerke sind demnach durch eine Kultur der Interaktionen gekennzeichnet. Persönliche Kontakte und die
Einhaltung ungeschriebener Regeln prägen die Zusammenarbeit. Offenheit, Ehrlichkeit,
Vertrauen, Zielabstimmung, Freiwilligkeit der Zusammenarbeit, Interessenabstimmung
und -koordination sind typische Merkmale erfolgreicher Netzwerke. Vertragliche Regelungen sollten darauf hinwirken, den Gefahren eines unkontrollierten Wissensabflusses
und der Offenlegung von Strategien entgegen zu wirken.

Entscheidende Voraussetzung für den Innovationserfolg ist ein *kompetentes Management für die Netzwerkbeziehungen*. Normalerweise hat jeder Netzwerkakteur eigene
Koordinationsformen, die meist zueinander nicht passfähig sind. Netzwerke bedürfen
deshalb eigenständiger Koordinationsformen, die die Steuerung übernehmen und
zugleich harmonisierter Koordinationsinstrumente (Gremien, Pläne, Kommunikationsfo-
ren usw.) (Munser 1998). Technologieunternehmen sollten in Netzwerken mitwirken,
wenn die in Tabelle 18 angegebenen Voraussetzungen für eine erfolgreiche Arbeit innovativer Netzwerke erfüllt sind. Um der Gefahr zu begegnen, dass Netzwerkakteure ein-
seitig Vorteile aus der Netzwerkarbeit ziehen, kann der Einsatz neutraler Netzwerkma-
nager sinnvoll sein.

Das Zusammenwirken in Netzwerken bedarf eines *Schnittstellenmanagements*, um
Koordinations-, Zeit- und Informationsverluste zu vermeiden. In Netzwerken arbeiten
verschiedenste Akteure zusammen, die auch unterschiedliche Interessen und Ziele haben. Zwar liegt auf der Hand, dass durch die Einbindung in ein Netzwerk der einzelne
Teilnehmer im Ergebnis von Systemeffekten und geringeren Transaktionskosten höhere
Erfolgsaussichten erreicht, aber es bedarf sowohl eines eigenen Lernprozesses, um die
sich aus Netzwerken ergebenden Chancen in die eigene Arbeit einfließen zu lassen, als
auch einer Koordinierung, um Erfahrungen auszuwerten und zu verallgemeinern sowie
gemeinsames Vorgehen abzustimmen.

Tabelle 18: Voraussetzungen für eine erfolgreiche Arbeit innovativer Netzwerke

Kommunikations- und Lernfähigkeit der Teilnehmer
Aufnahme- und Verarbeitungsfähigkeit für Informationen
Einstellung auf Problemsituationen der Partner, ähnliches Problemlösungsverständnis und vergleichbare Problemlösungskompetenz
Langfristige stabile Geschäftsbeziehungen, Interaktionsprozesse und Bindungen
Eigenständiges Profil jedes Netzwerkpartners, das sich zu den Profilen anderer Partner ergänzt
Offenheit und Vertrauen in die Netzwerkpartner
Vermeidung von Hierarchien im Netzwerk
Redundanzen im Netzwerk, damit keine Abhängigkeiten entstehen
Freiwilligkeit der Zusammenarbeit
Verknüpfung von Ressourcen und Ausnutzung der Kooperation
Räumliche Nähe der Partner ohne Abschottung vom überregionalen Informationstransfer
Wirtschaftliche Vorteile aus der Zusammenarbeit
Entwicklung der innovationsrelevanten Umweltbeziehungen
Schnittstellenmanagement und Moderation

Zu den Aufgaben des *Netzwerkmanagements* gehören (Gemünden/Ritter 1999):

- Anbahnung von Geschäftsbeziehungen,

- Informationsaustausch zwischen den Unternehmen,

- Netzwerkmarketing und Vermarktung von Netzwerkkomponenten,

- Planung, Organisation und Finanzierung von Verbundprojekten,

- Planung, Koordination und Zusammenführung von gemeinsamen Aktivitäten,

- Aufbau und Pflege der Infrastruktur,

- Zusammenarbeit mit regionalen Entscheidungsträgern,

- Erarbeitung des Netzwerk-Leitbildes,

- Konfliktmanagement.

Netzwerke sind Formen des Zusammenwirkens der am Innovationsprozess beteiligten Akteure, die zu synergieerzeugenden Effekten führen können. Da Informationen und Wissen über Innovationen immer lokal entstehen und genutzt werden, sind Netzwerke häufig durch eine stark ausgeprägte *regionale Dimension* gekennzeichnet. Ihre Funktionsfähigkeit ist von der Höhe des regionalen Innovationspotenzials, von der inhaltlichen Passfähigkeit (nach Branchen, FuE-Gebieten und Spezialisierungsgrad) der Bestandteile des Innovationssystems und der Verknüpfung der Akteure untereinander abhängig. Regionen bilden den Handlungsrahmen für Menschen mit gleichem kulturellen Hintergrund und Problemverständnis (Koschatzky/Zenker 1999). Die räumliche Nähe in einer Region ermöglicht diejenigen persönlichen Kontakte, die für das Lernen in Netzwerken wichtige Voraussetzung sind.

3.3.4   Patentierung

Wichtiger Ausgangspunkt für die Forschung und Entwicklung eines Technologieunternehmens ist das internationale *Patentstudium*. Dadurch kann ein Unternehmen überprüfen, ob der eingeschlagene technische Lösungsweg nicht durch bereits erteilte Patente verbaut ist und damit Entwicklungskosten überflüssig verausgabt werden (Koschatzky u. a. 1993). Auch der Zeitverlust wegen unnötiger FuE-Tätigkeiten könnte kaum wieder aufgeholt werden. Das Studium der Patente hilft, die eigene Lösung aus der Sicht des internationalen Entwicklungsniveaus richtig zu bewerten, und es macht die eigene Projektplanung sicherer. Es wird sichtbar, ob nicht für Teilaufgaben des FuE-Projekts zweckmäßiger Lizenzen genommen werden sollten. Damit könnten Entwicklungskosten reduziert und Entwicklungsarbeiten beschleunigt werden. Die frei gewordene Kapazität kann für andere Tätigkeiten eingesetzt werden. Andererseits kann die Nichtbeachtung von Patenten, über die Wettbewerber verfügen, imageschädigende und existenzbedrohende Wirkungen auslösen (Kluge 1999). Folgen können sein:
- Aufforderungen zur Unterlassung von Nutzungshandlungen,
- Schadenersatz an Patentinhaber auf Basis des ihnen entgangenen Gewinns,
- Verfügungen auf Messen zum Entfernen oder Abdecken von Exponaten,
- Kosten verlorener Patentverletzungsprozesse,
- Offenlegung wirtschaftlicher Unternehmensmerkmale.

Freiräume bei der Entfaltung auf dem Markt entstehen, wenn Technologieunternehmen ihre eigenen technischen Lösungen patentieren. *Patente* sind für ein Technologieunternehmen nicht nur Ausdruck eines kreativen Arbeitsstils und einer hohen Leistungsfähigkeit, sondern sie sichern auch, dass ein vorhandener Wettbewerbsvorsprung nicht durch Nachahmung verloren geht. Anderen Unternehmen wird der Marktzutritt verwehrt, und eventuelle Umgehungsentwicklungen anderer werden aufwendiger und langwieriger. Patente schaffen den Unternehmen günstige Möglichkeiten für Lizenzvergaben.

Lizenzvergaben haben folgende Ziele:
- Erschließung neuer Märkte bei begrenzten finanziellen Ressourcen,
- Senkung der Transportkosten bei großen Entfernungen,
- Überwindung von Schutzzöllen oder Einfuhrsperren,
- Sicherung eines Kundenservices bei relativ niedrigen eigenen Servicekosten,
- Unterbindung von Konkurrenzerfindungen,
- Einnahme von Lizenzgebühren.

Mit der Lizenzvergabe können jedoch auch Nachteile verbunden sein, wie:
- Verschärfte Konkurrenzsituation nach Ablauf des Lizenzvertrages,
- Schädigung des eigenen Images durch schlechte Leistungen der Lizenznehmer,
- Know-how-Abfluss,

– Verhandlungs- und Kontrollkosten.

Einige Unternehmen betrachten es als nicht erforderlich, ihre wissenschaftlich-technischen Erkenntnisse zu einem Patent zu führen. Argumente sind:

– Zu hohe Kosten und Aufwendungen,
– zu geringe Vorteile aufgrund unsicherer Vermarktung,
– eng begrenzte Marktregionen und geringe Marktanteile,
– unsicherer Patentschutz aufgrund gefährdeter Geheimhaltung,
– ausreichender Zeitvorsprung im Wettbewerb bzw. nicht gegebener Wettbewerb.

Manche Technologieunternehmen befürchten, durch die Offenlegung ihrer Lösungen Konkurrenten auf die Innovationsstrategien des Unternehmens hinzuweisen. Außerdem halten sie einen unkontrollierten Abfluss von Know-how und der Lösungsmethodik für möglich. Große Unternehmen fänden dann Möglichkeiten, die neue Erfindung schnell zu umgehen. Würde das Patent nicht weltweit angemeldet, argumentieren sie, dann bestünde außerdem die Gefahr, dass die Erfindung von Anderen auf einem nicht abgesicherten Markt genutzt wird. Schließlich lassen sich Unternehmen auch von den langwierigen, kostenintensiven Patentanmelde- und -betreuungskosten abschrecken.

Aber die Nichtanmeldung von Patenten ist mit den genannten wirtschaftlichen Gefahren verbunden. Außerdem lassen sich Erfindungen auf Dauer kaum geheim halten. Ist ein wissenschaftlich-technisches Ergebnis nicht unter Schutz gestellt, so ist es freier Stand der Technik und für jedermann nutzbar. Wenn es daher die wirtschaftliche Kraft des Unternehmens gestattet, sollte bei hohem Neuheitsgrad der Produkte oder Verfahren, hartem Wettbewerb auf dem Markt, angestrebten hohen Marktanteilen in vielen Marktregionen und hoher Innovationsrate in der Produktlinie die Patentierung des eigenen Entwicklungsergebnisses unbedingt verfolgt werden. Voraussetzungen dafür sind: eindeutige Recherchen vor der Anmeldung, präzise Bewertung der eigenen Lösung auf Patentwürdigkeit, keinerlei Informationen an die Öffentlichkeit vor der Patenterteilung, Schutz der wichtigsten Ideen, fundierte Produktplanung. Der Rat von Patentanwälten ist unentbehrlich (Cohausz 1993).

3.4   Marketingentscheidungen

3.4.1   Kundenorientierung der FuE

Kundenprobleme und -bedürfnisse bildeten bereits einen der Ausgangspunkte für strategische Entscheidungen über das Produkt- und Leistungsprogramm (vgl. Kapitel 2) sowie für die Festlegung der Ziele in den Pflichtenheften (vgl. Abschnitte 3.1 und 3.2). Die Kundenbedürfnisse setzen für Technologieunternehmen die Richtschnur für alle Innovationstätigkeiten. Von den Kundenanforderungen auszugehen, hat einerseits den Vorteil, die Marktrisiken zu vermindern, andererseits beugt es der Gefahr vor, technische Lösungen zu überspitzen. Solche überzogenen Lösungen verfügen zwar über sehr hohe technische Parameter, die Kunden benötigen diese aber gar nicht und honorieren deshalb den verausgabten FuE-Aufwand nicht.

Kunden sind in den FuE-Prozess nicht nur zu integrieren, um ihre Probleme zum Ausgangspunkt der Entwicklung nehmen zu können, sondern auch, um sie von den Vorteilen der neuen technischen Lösungen und dem Kundennutzen zu überzeugen. Neue Produkte und Verfahren sind gegenüber Kunden erklärungsbedürftig. Es ist eine besondere Marktchance von Technologieunternehmen, die Erklärungsfunktion aufgrund der FuE-Kompetenzen gut wahrnehmen zu können. Technologieunternehmen gewinnen dabei zugleich Erkenntnisse über die Kundenzufriedenheit und über die beim Einsatz auftretenden Probleme. Man sieht daraus, ob es zweckmäßig ist, mit dem Verkauf von Produkten auch Dienstleistungen organisatorischer Art, Beratungsleistungen oder Schulungs- und Betreuungsleistungen anzubieten.

Kunden reagieren unterschiedlich auf Innovationen. Durch kundenbezogene Informationen kann bei zurückhaltenden Kunden die Annahmebereitschaft einer neuen technischen Lösung unterstützt sowie Vertrauen und Verständnis für die Innovation geschaffen werden.

Kundenorientierung von FuE bedeutet,

– feste und variable Kundenforderungen zu ermitteln und den Einfluss des Erfüllungsgrades der Anforderungen auf die Kaufentscheidung zu untersuchen,

– das Verhalten von Kunden zu analysieren, wenn diese traditionelle oder fest eingefahrene Zuliefer- und Kooperationsbeziehungen aufgeben sollen,

– Zwänge und Motive für Umstellungen oder Innovationen bei Kunden zu erkennen,

– die Kaufentscheidungsprozesse bei Kunden zu analysieren, insbesondere danach, wer beim Kunden Kaufentscheidungsprozesse auslöst, sie beeinflusst und sie letztlich trifft,

– den Einfluss des Umfelds auf die Kaufentscheidung beim Kunden zu kennen,

– regionale Unterschiede im Kundenverhalten, beispielsweise hinsichtlich Traditionsbewusstsein, Konventionalität und Experimentierfreudigkeit zu erkennen,

– die Finanzierbarkeit künftiger Aufträge durch die Kunden (Bonität) zu beleuchten.

Manche Unternehmen glauben, erst bei Vorhandensein der neuen Produkte oder Verfahren Kundenkontakte aufbauen zu können. Sie wollen den Kunden nur reife Produkte vorstellen, um keine falschen Kundenerwartungen zu erzeugen. Außerdem wollen sie den Abfluss technischer Lösungsideen verhindern. Dabei unterschätzen sie jedoch, wie lange es dauert, die Kunden an sich zu binden und Markteintrittswiderstände abzubauen. Frühzeitige Kundenkontakte, insbesondere zu wirtschaftlich starken, aufgeschlossenen und vertrauenswürdigen Kunden ermöglichen den Aufbau von Geschäftsbeziehungen, die Gewinnung von Pilot- und Referenzkunden und den Erfahrungsrückfluss.

Da das Kundenspektrum und die Anwendungsbedingungen neuer technischer Lösungen im allgemeinen differenziert sind, aber nicht alle Kunden für die Technologieunternehmen gleich bedeutsam sind, ist es notwendig, die *Schlüsselkunden* zu ermitteln. Das sind jene Kunden, die längerfristig besonders intensive Geschäftsbeziehungen mit Technologieunternehmen eingehen, die für innovative Entwicklungen aufgeschlossen sind, als Referenz im Markt gelten und bei der Meinungsbildung, beispielsweise in Verbänden, Kammern oder Interessenkreisen, eine Vorreiterrolle spielen. Schlüsselkunden profitieren in hohem Maße von der Innovation und melden früher als die Mehrheit der anderen Kunden Bedarf an. Da Schlüsselkunden die Geschäftsverläufe junger Technologieunternehmen maßgeblich beeinflussen, sind deren Bedürfnisse und Probleme ein besonders wichtiger Ausgangspunkt für die FuE. Mit den Entscheidungsträgern der Schlüsselkunden ist ständiger Kontakt zu pflegen, damit sie zur Kooperation mit den Technologieunternehmen bereit sind.

Enthält das Angebot eines Technologieunternehmens mehrere Produktgruppen, dann setzt es für die verschiedenen Schlüsselkunden verantwortliche Betreuer – sogenannte *Key-Account-Manager* – ein. Ihre Aufgabe ist es, gegenüber den Kunden die Corporate Identity sowie die Innovations- und Leistungsfähigkeit des Unternehmens zu vermitteln und die auf dem Markt wahrgenommenen Entwicklungen, Anforderungen und Trends nach innen umzusetzen. Informationsverantwortung und Informationsbeziehungen müssen dafür in Technologieunternehmen geregelt sein. Weil der Key-Account-Manager seine Kunden und ihre Entscheidungsstrukturen genau kennt, verbessert sich die Stellung des Unternehmens auf dem Markt, vertiefen sich die Geschäftsbeziehungen und fließen die kundenspezifischen Informationen zielgerichteter in das Unternehmen ein.

3.4.2   Gewinnung von Pilot- und Referenzkunden

Bei *Pilotkunden* führen Technologieunternehmen erste Tests durch, um Anwendungserfahrungen zu sammeln, die Funktionsfähigkeit der technischen Lösung zu überprüfen und Schlussfolgerungen für ihre Vervollkommnung zu ziehen. Den Tests beim Kunden gehen Labortests im Technologieunternehmen voraus. Da diesen aber nicht die konkreten Einsatz- und Anwendungsbedingungen der Kunden zugrunde liegen, kann auf der Grundlage von Laborversuchen keine sichere Aussage über die Funktionsfähigkeit getroffen werden. Außerdem ist der Übergang vom Labortest zur praktischen Erprobung oft mit einer Maßstabsvergrößerung verbunden, aus der technische Risiken entstehen können.

Da Tests bzw. Erprobungen wichtiger Bestandteil der FuE sind, ist es erforderlich, frühzeitig Pilotkunden zu finden. Auch wenn Technologieunternehmen internationale Märkte anstreben, ist es zweckmäßig, für die Erprobung über regionale Partner zu verfügen. Ständige Interaktionen zwischen Pilotkunden und Technologieunternehmen bieten die Chance, Kundenwünsche und Anwendungserfahrungen in die FuE zu integrieren.

Die mit den Tests verbundene konstruktiv-funktionsbedingte, technologische und wirtschaftliche Bewertung der Entwicklungsergebnisse lässt erkennen, ob und in welchem Grad die Pflichtenheftziele erfüllt werden und welche technischen Lösungswege am vorteilhaftesten sind.

Als *Referenzkunden* sollten die erkannten Schlüsselkunden gewonnen werden. Referenzlösungen sind verkaufsfördernd, wenn die Schlüsselkunden als innovative, leistungsfähige, wettbewerbsstarke Unternehmen bekannt sind und wenn sie die Bereitschaft zeigen, gemeinsam mit den Technologieunternehmen anderen Kunden die Vorteile der Innovation nahe zu bringen. Für die Technologieunternehmen ergibt sich daraus die Konsequenz, Referenzkunden intensiv zu beraten und durch ständigen Service die volle Einsatzfähigkeit der Referenzlösung zu sichern. Da Innovationen gegenüber Kunden erklärungsbedürftig sind, müssen Referenzkunden voll in das technische Know-how der Technologieunternehmen eingebunden werden. Referenzkunden können am Zustandekommen von Aufträgen für Technologieunternehmen wirtschaftlich motiviert werden.

Für den Markterfolg ist es wichtig, dass der Aufbau von Referenzen zum optimalen Zeitpunkt erfolgt. Beginnt man zu zeitig, dann sind u. U. die Entwicklungsergebnisse noch mit Funktionsmängeln behaftet – was imageschädigend wirken kann –, und Konkurrenten werden zu früh auf die Innovation aufmerksam gemacht. Setzt der Referenzaufbau zu spät ein, dann gehen die Erfahrungen des Referenzkunden nicht ausreichend in die FuE ein und der Markteintritt verzögert sich.

Mit dem *Pilotmarketing* treten Technologieunternehmen erstmals mit ihrer Innovation an die Öffentlichkeit. Deshalb sind bis dahin die Fragen des Erfindungsschutzes zu klären. Auch ist zu sichern, dass alle Regelwerke eingehalten sind, beispielsweise der Normen-Ausschüsse, des Vereins Deutscher Ingenieure (VDI), des Verbandes Deutscher Elektrotechniker e.V. (VDE) oder des Verbandes Deutscher Maschinen- und Anlagenbauer e.V. (VDMA). Ohne Einhaltung der Regeln und ohne entsprechende Zertifizierung bestehen keine Chancen, auf den Markt zu gehen. Zertifizierungen erfordern meist eine längere Zeit. Durch Einbeziehung externer Gutachter ist es möglich, das Risiko von Fehlentscheidungen zu mindern und Betriebsblindheit zu verhindern. Wichtig ist auch die Berücksichtigung spezieller sicherheitstechnischer Anforderungen und Kriterien der Kunden.

Erfolgreiche Tests und positive Anwendungserfahrungen bei den Referenzkunden sind Voraussetzung, um den Markt in der gesamten angestrebten Breite über die Innovation zu informieren. Damit wird eine zweite Welle der Bekanntmachung der Innovation ausgelöst. Sie soll den Zielkunden die Vorteile der neuen technischen Lösung deutlich machen, nachweisen, dass die Innovation erprobt ist, sich in vorhandene Strukturen bei den Kunden einfügen lässt (Kompatibilität) und dass das Technologieunternehmen alle Leistungen erbringt, um die Innovation beim Kunden nutzungsfähig zu gestalten (Komplexität).

Zu Maßnahmen des *Breitenmarketing* gehören Kundenschulungen, Veröffentlichungen, Vorträge auf Tagungen und in Arbeitskreisen, Präsentationen auf Messen und Ausstellungen, Vorführungen in den Räumen des Technologieunternehmens u.a.m. Verkaufsargumentationen sollten die Vorzüge gegenüber Alternativlösungen verdeutlichen und das Preis-Leistungs-Verhältnis darstellen. Technologieunternehmen sind im Vorteil, wenn sie mit der technischen Lösung auch alle damit verbundenen Beratungs-, Trainings-, Schulungs- und Serviceleistungen erbringen, also als *Problemlöser* auftreten. Dafür ist allerdings entsprechende Qualifikation der eigenen Mitarbeiter Voraussetzung. Die innere Organisation der Technologieunternehmen ist so festzulegen, dass die Teams in der Lage sind, diesen ganzheitlichen Anforderungen einer Problemlösung beim Kunden gerecht zu werden. Für junge Technologieunternehmen ist im Allgemeinen die personelle Einheit von Entwicklung und Vertrieb gegeben, wodurch die Kundenprobleme direkt in die Entwicklung einfließen und die Machbarkeit von Kundenwünschen real bewertet wird. Durch das Angebot von Systemleistungen verbessern sich die Marktpositionen und es werden Alleinstellungsmerkmale der Innovation erreicht, die die Imitation erschweren. Der modulare Aufbau von Systemlösungen ermöglicht die Vermarktung von Komponenten und schafft günstigere Möglichkeiten der Weiterentwicklung.

3.4.3 Überwindung von Markteintrittsbarrieren

Technologieunternehmen haben sich mit verschiedenen *Markteintrittsbarrieren* auseinander zu setzen. Der Marktzugang erschwert sich, wenn Wettbewerber
- größenbedingte Kostenvorteile in der Fertigung und beim Vertrieb aufweisen,
- stabile Abnehmerbeziehungen mit hohen Marktanteilen und traditionell gewachsenen Kundenstrukturen sowie Kundenbindungen besitzen,
- den Zugang zu den Vertriebskanälen versperren,
- über Schutzrechte verfügen,

oder wenn das eigene Unternehmen nicht in der Lage ist,
- die Passfähigkeit der neuen Produkte in die technischen Systeme der Kunden zu sichern,
- Referenzen vorzuzeigen,
- niedrigere Preise bzw. eine höhere Qualität als die Mitwettbewerber anzubieten,
- Ansprüchen im Genehmigungs- bzw. Zulassungsverfahren des neuen Produktes zu genügen.

Junge Technologieunternehmen geben insbesondere folgende *Marktrisiken* an:
- Imageprobleme der jungen Unternehmen,
- Engpässe bei der Finanzierung der Marketingaktivitäten,
- Fehleinschätzung des Kundenverhaltens und lange Kaufentscheidungsprozesse,
- Errichtung von Markteintrittsbarrieren durch die Konkurrenz,
- fehlendes Vertriebs-Know-how und fehlende Marketingspezialisten,

- fehlende Kundennähe,

- Qualitätsprobleme beim eigenen Produkt,

- Marktbarrieren durch staatliche Vorschriften und Genehmigungen.

Skepsis gegenüber der technologischen Kompetenz, Voreingenommenheit gegenüber Qualitätsmerkmalen und fehlendes Vertrauen in die langfristige wirtschaftliche Überlebensfähigkeit der Unternehmen kennzeichnen die Vorbehalte. Junge Unternehmen sollten deshalb bewusst am Aufbau ihres Unternehmensimages arbeiten.

Diesen Markteintrittsbarrieren und Marktrisiken können Technologieunternehmen ein breites Spektrum von Maßnahmen entgegen setzen. Dem *Imageaufbau* dienen Kommunikationsmaßnahmen, vor allem Ausstellungen auf Messen, Veröffentlichungen in Fachzeitschriften, Vorträge auf wissenschaftlichen Veranstaltungen, gezielte Werbemaßnahmen. Durch die Integration der Kunden in den Entwicklungsprozess und die Auswertung der Erfahrungen von Pilot- und Referenzkunden ist es möglich, das Wissen über die Kundenprobleme zu vertiefen und kunden- bzw. marktgerechte technische Lösungen zu verwirklichen. Die Voraussetzungen dafür müssen allerdings bereits bei den strategischen Untersuchungen und der Pflichtenheftarbeit durch eine fundierte Marktforschung gelegt werden. Kundenorientierung statt einseitiger Technikorientierung gehört zu den Leitlinien von Technologieunternehmen. Das schließt ein, rechtzeitig darüber nachzudenken, wie man am besten der Erklärungsbedürftigkeit der neuen Produkte gerecht wird. Das Zusammenwirken in Netzwerken und die Kooperation ermöglichen es, größenbedingte Nachteile von Technologieunternehmen zu mindern. Wenn die Unternehmen realistisch planen, dann kommt es zu keinen Unterschätzungen der Markteinführungsdauer und -kosten. Imagefördernd wirkt auch die Kooperation mit universitären und außeruniversitären Forschungseinrichtungen, die Zusammenarbeit mit leistungsfähigen etablierten Unternehmen, das Auftreten als Qualitätsführer und die Durchsetzung eines eigenen Corporate-Identity-Konzepts.

Tabelle 19 fasst die Schwerpunkte des Marketing in FuE zusammen. Ihre Berücksichtigung erhöht die Aufnahmebereitschaft der Kunden und vermindert die Markteintrittswiderstände.

Tabelle 19:   Schwerpunkte des Marketing während der FuE

Analyse der Kundenprobleme und Kundenbedürfnisse
Definition der Leistungsmerkmale des Produkts
Vergleich der Merkmale mit Wettbewerberprodukten
Ermittlung der Marktsegmente
Bestimmung der Schlüsselkunden
Analyse der Wettbewerbssituation in Marktsegmenten
Ermittlung des Kundennutzens
Bestimmung des Marktgrenzpreises und Gegenrechung auf Basis der Kalkulation
Untersuchung des Einflusses des Zeitpunktes des Markterscheinens auf den Preis
Analyse des Kundenverhaltens und der Kaufentscheidungsprozesse
Einleitung von Markteinführungsaktivitäten
Frühzeitiger Aufbau von Kundenkontakten
Erarbeitung von Verkaufsargumentationen
Sicherung des Erfahrungsrückflusses von Pilot- und Referenzkunden
Analyse der Kundenzufriedenheit

3.4.4   Vertriebsentscheidungen

Technologieunternehmen stehen folgende *Vertriebswege* offen:
- Der Eigenvertrieb (Direktvertrieb) durch das Unternehmen selbst,
- der Fremdvertrieb (indirekter Vertrieb) über andere Unternehmen oder Handelsbetriebe,
- die Kombination von Eigen- und Fremdvertrieb.

Die Wichtigkeit des *Eigenvertriebs* resultiert aus der Erklärungsbedürftigkeit der Produkte. Deren hohe Komplexität und Neuheit verlangen, den Kunden technische, organisatorische und wirtschaftliche Einsatzempfehlungen zu geben, damit der Kundennutzen eintritt. Technologieunternehmen lernen dabei die ungelösten oder neu auftretenden Kundenprobleme kennen und erfahren, wie sie sich auf spezifische Anwendungsbedingungen oder technologische Veränderungen beim Kunden einstellen müssen. *Fremdvertrieb* ist erforderlich, wenn eigene Vertriebskapazitäten nicht ausreichend vorhanden oder zu teuer sind und wenn die Vertriebspartner über eingespielte, effiziente Vertriebswege und umfangreiche Absatzerfahrungen auf ausländischen Märkten verfügen. Die Vorteile von Eigen- und Fremdvertrieb sind in Tabelle 20 enthalten.

Tabelle 20:   Vorteile von Eigen- und Fremdvertrieb

Eigenvertrieb	Fremdvertrieb
Direktansprache von Kunden	Sammlung von Vertriebserfahrungen und Übernahme von Erfahrungen der Vertriebspartner
Gute Voraussetzungen für Erklärung der Produkte gegenüber Kunden	Öffnung von Märkten
Direkte Aufnahme von Erfahrungen des Kunden	Imagegewinn
Gezielte Anpassungs- und Betreuungsleistungen für Kunden	Synergien aus Produktfamilien
	Einsparung von Vertriebskosten

Typisch für Technologieunternehmen ist die Kopplung von eigenem Vertrieb und Vertrieb über Vertriebspartner. Die Arbeitsteilung erfolgt dabei so, dass sich die Technologieunternehmen auf ausgewählte, besonders attraktive, innovative Marktsegmente mit hohem Technologieanspruch und ausgeprägter Kundenspezifik konzentrieren, während die Vertriebspartner sich mehr den Standardaufgaben sowie jenen Vertriebsaufgaben auf ausländischen Märkten zuwenden, die eine tiefere Marktkenntnis erfordern. Nachteilig können sich beim Vertriebspartner die geringeren technologischen Kenntnisse und der weniger ausgeprägte Kundenkontakt auswirken.

In *Vertriebsentscheidungen* fließen folgende Überlegungen ein:

— Einfluss der Vertriebskooperation auf die Marktsegmente, die möglichen Stückzahlen und das Tempo des Markteinstiegs,

— Vergleich des Kapitalbedarfs für die Markterschließung bei Eigenvertrieb und bei Ergänzung des Eigenvertriebs durch Kooperationspartner,

— Konsequenzen bei Vergabe von Exklusivvertriebsrechten,

— Relevanz des Umsatzes aus Vertriebskooperation für das eigene und das kooperierende Unternehmen,

— Ausweichstrategien bei Ausfall eines Vertriebspartners,

— Qualifikation des Vertriebspartners, damit dieser die Produkte den Kunden erklären und technischer Ansprechpartner für die Kunden sein kann und somit feste Kunden-Lieferanten-Beziehungen entstehen,

— Gefahren des Abflusses von technischem Know-how über den Vertriebspartner.

Für eine schnelle Markteinführung, die rechtzeitige Vorbereitung der Vertriebspartner und den Abbau von Markteintrittswiderständen ist es erforderlich, schon in frühen Phasen der FuE Vertriebsentscheidungen vorzubereiten.

Neben der Wahl des Vertriebsweges bestimmt auch die *Qualität des Vertriebssystems* den Markterfolg. Aus dem Vertrieb erhaltene Informationen über Kundenwünsche, Verbesserungsvorschläge und Marktentwicklungen sowie über das Verhalten und den Entwicklungsstand der Konkurrenz sind in eigene Unternehmensentscheidungen umzusetzen. Kundenbetreuung und Service gegenüber dem Kunden sind Voraussetzung für langfristigen Erfolg. Dazu gehören: Lieferservice, Nachbetreuung des Kunden, Liefertreue, flexibles Eingehen auf Kundenwünsche, schnelle Lieferbereitschaft, Qualitätsgarantien.

3.5   Fertigungsentscheidungen

Neue Produkte erfordern in den meisten Fällen auch neue Fertigungstechnologien. In den Pflichtenheften vorgegebene Ziele für die Produktparameter stellen Anforderungen an die Produktivität, Flexibilität, Zuverlässigkeit und das Automatisierungsniveau der Fertigung. Umgekehrt erwachsen aus Merkmalen und Eigenschaften der Fertigung Chancen für die Produktinnovation. Diese wechselseitigen Verflechtungen von Produkt- und Prozessveränderungen sind bereits in den Pflichtenheften so zu erfassen, dass alle Bestandteile des Innovationsprozesses aus inhaltlicher, zeitlicher, organisatorischer und wirtschaftlicher Sicht ineinander greifen.

Fertigungsentscheidungen betreffen
- die Fertigungskapazität und die Fertigungstiefe,
- die Fertigungsorganisation,
- die Gestaltung der fertigungstechnischen Lösungen,
- die Anforderungen an das Fertigungspersonal,
- die Fertigungsqualität und die Fertigungskosten,
- die Auftragsdurchlaufzeiten und den Lagervorrat mit Konsequenzen für die Finanzierung des Umlaufvermögens,
- den Aufbau logistischer Systeme.

In welchem Umfang *Fertigungskapazität* an Anlagen und Personal erforderlich ist, hängt nicht nur vom Absatzvolumen ab, sondern auch von der *Fertigungstiefe*. Bei Entscheidungen über die Fertigungstiefe wird untersucht, welche Fertigungsaufgaben das Technologieunternehmen selbst übernimmt und welche in Fremdfertigung vergeben werden. Aufgaben, die von anderen Unternehmen kostengünstiger ausgeführt werden können, vergeben Technologieunternehmen nach außen. Typisch ist, dass Technologieunternehmen die innovativen Bauteile der Produkte selbst fertigen. Zum einen stehen dafür kaum geeignete Zulieferer zur Verfügung, zum anderen behält man so das entscheidende Wissen innerhalb des Unternehmens und kann eine Verbindung zwischen Entwicklung und Fertigung schaffen. Die innovativen Bauelemente bestimmen entscheidend die Produkteigenschaften und Kosten. Damit konzentrieren sich die Unternehmen in der Fertigung auf die Kernkomponenten.

Aus wirtschaftlicher Sicht sind bei der Entscheidung über die Fertigungstiefe folgende Aspekte zu berücksichtigen: Beschaffungs-, Transport- und Lagerkosten, Stückkosten, Koordinationskosten, Kapitalbedarf, Qualität, Wettbewerbsfähigkeit. Für junge Technologieunternehmen ist ein hoher Anteil von Zulieferungen ein kapitalsparender Weg des Unternehmensaufbaus, denn es vermindern sich dadurch die Fertigungsinvestitionen für Maschinen, Anlagen und Infrastruktur. Allerdings sind technische Mittel für die Qualitätssicherung und die Montage unbedingt erforderlich, denn diese Funktionen üben Technologieunternehmen im Interesse einer hohen Produktqualität meist selbst aus. Die enorme Erklärungsbedürftigkeit der Produkte erfordert auch Potenzial für die Kundenbetreuung und -beratung, die Kundenschulung sowie die Wartung.

Einflussfaktoren auf die Entscheidung über *Eigenfertigung* oder *Zulieferung* sind:

– Das spezifische Potenzial, das für die Leistungen erforderlich bzw. verfügbar ist, und das Kostenvorteile ermöglicht,

– die strategische Bedeutung der Leistungen zur Sicherung von Wettbewerbs- und Marktvorteilen,

– das Risiko der Verlegung von Leistungen nach außen hinsichtlich qualitativer, quantitativer, terminlicher und finanzieller Anforderungen,

– die Häufigkeit der Leistungen, die Lerneffekte und Auslastungsvorteile bewirken kann,

– die Kosten für die Vertragsanbahnung, -abwicklung und -kontrolle,

– die erforderliche Flexibilität bei der Leistungserstellung,

– die Auslastung der vorhandenen Kapazitäten,

– die Zeitdauer des Entwicklungs- und Herstellungsprozesses.

Zwischen der Eigenherstellung und dem Fremdbezug existieren zahlreiche *Mischformen* der Kooperation, die je nach Gewicht der genannten Einflussfaktoren vorteilhaft sein können. Das sind (Picot/Dietl/Franck 1997):

– Kapitalbeteiligungen bei Lieferanten und Abnehmern,

– FuE-Kooperation mit anschließender Eigenerstellung,

– FuE-Kooperation mit anschließender Fremderstellung,

– Langzeitvereinbarungen für selbstentwickelte oder fremdentwickelte Teile,

– Jahresverträge mit offenen Lieferterminen und Mengen,

– Jahresverträge mit festen Lieferterminen und Mengen.

Ein hoher Anteil von Zulieferungen bewirkt eine positive Ausstrahlung auf die wirtschaftliche Entwicklung der Region, in der Technologieunternehmen ansässig sind. Dass regionale Partner für die Fertigungskooperation bevorzugt werden, hat mehrere Gründe: Bewahrung traditioneller Kooperationsbeziehungen, Kostenersparnis bei Anbahnung der Kooperation, logistische Vorteile, flexibles Reagieren. Dauerhafte Beziehungen zu anderen Geschäftspartnern erhöhen die Leistungsfähigkeit, weil Spezialisierungsvorteile auftreten, Sicherheit in den Zulieferbeziehungen besteht, wirtschaftliche Vergünstigungen zustande kommen und Kapazitäts- und Know-how-Lücken schließbar sind. Technologische Kompetenz der Zulieferer, Lieferzuverlässigkeit und Einhaltung der geforderten Qualität sind wichtige Ansprüche an die Kooperationspartner.

Junge Technologieunternehmen, deren eigene Fertigungskapazitäten noch gering sind oder die sich nur auf die Montage und Qualitätssicherung konzentrieren – auch Technologieunternehmen ohne jede eigene Fertigung – finden günstige Standorte in *Technologie- und Gründerzentren.* Dieser Standort ist besonders attraktiv, wenn das Zentrenmanagement Kontakte zu Hochschulen, Forschungseinrichtungen, Unternehmen sowie anderen regionalen Innovationsakteuren vermitteln kann, Synergien zwischen den Unternehmen im Zentrum entstehen und die Bereitstellung von Beratungsleistungen und Infrastruktur durch das Zentrum unterstützend auf den Aufbau der Unternehmen wirken. Durch die Einmietung in ein Zentrum verringert sich der Kapitalbedarf in den frühen Phasen der Unternehmensentwicklung.

Technologieunternehmen geben als *Vorteile* aus der Einmietung in ein Technologie- und Gründerzentrum an:

– Geringe Startkosten (keine Kaution für Mieten, gemeinsame Nutzung der Infrastrukturräume, keine Anschlussgebühren, keine Investitionskosten für Fax, Telefon, EDV, sofortiger Einzug),

– geringere Betriebskosten (günstigere Versicherungen, Rabatte, geringere Abschreibungen und Zinsen),

– Synergieeffekte (gegenseitiges Lernen, Kunden-Lieferanten-Beziehungen im Haus, gemeinsame Akquisition),

– Kontaktvermittlung (zu Kapitalgebern, Marketingspezialisten, Technologietransfereinrichtungen und Beratern) und

– günstigere Finanzierungskonzepte (durch Netzwerke im Technologie- und Gründerzentrum).

Kommen die Unternehmen in das Wachstum, dann können Zentren oft nicht mehr den Flächenbedarf von Unternehmen decken. Die Aussiedlung in einen mit dem Zentrum verbundenen *Technologiepark* bietet dann die Möglichkeit, die entstandenen Netzwerke weiter zu nutzen. Natürlich bestimmen auch noch solche Faktoren wie die Ressourcenbereitstellung, die Personalverfügbarkeit, die Lebensqualität, die Wissenschaftsnähe und die Infrastruktur die Standortentscheidung.

Das hohe Innovationstempo und die Kundenwunschorientierung bewirken, dass die *Fertigungsorganisation* von Technologieunternehmen durch Einzel- und Kleinserienfertigung geprägt ist. Kurze Durchlaufzeiten vom Kundenauftrag bis zur Auslieferung, hohe Lieferbereitschaft, konsequente Einhaltung der Qualität und der Auftragstermine stehen im Mittelpunkt der Fertigungsorganisation. Durch auftragsorientierte Organisationslösungen und durch Integration von Fertigungsfunktionen entsprechen die Technologieunternehmen diesen Anforderungen. Von der Fertigungsorganisation ist abhängig, wie hoch der Kapitalbedarf und die Kosten für das Umlaufvermögen sind, welche Mehrkosten durch Brach- und Liegezeiten sowie Umstellung entstehen und welchen Einfluss die zeitliche Auslastung der technischen Mittel auf die Kosten hat.

Unter den Bedingungen kleiner Stückzahlen und oftmaligen Wechsels der Arbeitsaufgaben müssen die *fertigungstechnischen Lösungen* möglichst breit einsetzbar, das heißt flexibel sein und sie müssen hohen Qualitätsanforderungen genügen. In Technologieunternehmen sollte ein leistungsfähiges Qualitätsmanagement verankert sein. Es schreibt die erforderlichen Organisationsstrukturen, Verantwortlichkeiten, Prozesse, Verfahren und Mittel für das Erzielen einer hohen Qualität fest. Da hohe Qualität einen Wettbewerbsvorteil darstellt, ist der gesamte Wertschöpfungsprozess Gegenstand des Qualitätsmanagements.

Zum Inhalt des *Qualitätsmanagements* gehören:

– Die Qualitätsplanung (Festlegung der Qualitätseigenschaften der Produkte, Erarbeitung von Prüfunterlagen und Planung von Prüfmitteln, Planung von Fehleranalysen, Qualitätsaussagen in den Lieferbedingungen);

– die Überwachung und Prüfung der Qualität (Abweichungsanalyse auf der Grundlage von Soll-Ist-Vergleichen, laufende Kontrolle der technischen und betriebswirtschaftlichen Betriebsdaten, Einsatz von Funktionsprüf- und Messsystemen);

– die Fehleranalyse und Einleitung von Maßnahmen (Ermittlung der Ursachen für Fehler, Fehlerbehebung).

FuE und Fertigungsaufbau sind zeitlich so zu koordinieren, dass keine Unterbrechungen im Innovationsprozess entstehen. Das betrifft den Einsatz der Fertigungstechnik genau so wie die Vorbereitung und Qualifizierung des Fertigungspersonals, die Schaffung der erforderlichen Arbeitsbedingungen, die Beschaffung von Material, Werkstoffen und Informationen, den Aufbau von Kooperationsbeziehungen und die Schaffung der Infrastruktur. Zwischen der Produktentwicklung und dem Fertigungsaufbau ist in gewissen Maße *Parallelität* erforderlich, da bei einem Nacheinander der Innovationsprozess zu lange dauern würde. Die Möglichkeiten der Parallelisierung sind abhängig vom Neuheitsgrad, dem Entwicklungsrisiko sowie von der Komplexität und Kompliziertheit der Produktentwicklung. Die Produktionsmengen bestimmen, wie weit man das Risiko der Parallelisierung treiben kann. Zu hohe Parallelität erhöht das Innovationsrisiko, zu geringe Parallelität verlängert den Innovationsprozess und führt zu wirtschaftlichen Nachteilen.

3.6   Markteinführungsentscheidungen

3.6.1   Preisgestaltung

Bei der *Abschöpfungsstrategie* ist es Ziel, die Vorteile von Technologieführerschaft und Zeitvorsprung auszunutzen und Pioniergewinne zu erzielen. Dies ist unter folgenden Bedingungen sinnvoll:

- Hoher Bedarf für die neuen Produkte und Bereitschaft der Kunden, hohe Preise zu zahlen,
- trotz geringerer Absatzstückzahlen steigen die Kosten nicht so an, dass kein Gewinn entsteht,
- Qualitätsführerschaft gegenüber Wettbewerbern,
- der hohe Einführungspreis lockt nicht weitere Konkurrenten an.

Bei Absatzrückgang und Eintreten neuer Konkurrenten sind Preissenkungen möglich.

Die *Penetrationsstrategie* (Marktdurchdringungsstrategie) zielt auf ein maximales Absatzwachstum durch Gewinnung eines großen Kundenkreises. Sie geht von der Erwartung aus, dass hohe Absatzmengen niedrige Kosten und damit langfristig höhere Gewinne ermöglichen. Diese Preisbildung ist zweckmäßig, wenn

- der Markt sensibel auf Preise reagiert und niedrige Preise das Marktwachstum begünstigen,
- der Kunde zwischen vergleichbaren Produkten wählen kann,
- durch höhere Produktionsmengen eine Kostendegression entsteht,
- niedrigere Preise andere Konkurrenten abhalten, im betreffenden Zielmarkt aufzutreten.

Bei der *Anpassungsstrategie* passen sich die Preise an das betreffende Preisniveau im Zielmarkt an. Das ist dann zweckmäßig, wenn sich die neuen Produkte nicht wesentlich von denen der Mitwettbewerber abheben.

Der Preisspielraum für diese Strategien ergibt sich aus
- den Kosten,
- der Nachfrage,
- der Konkurrenzsituation.

Fehlen Vergleichsmöglichkeiten und besitzen die Kunden ein geringes Preisbewusstsein, dann sind die Kosten, ergänzt durch einen entsprechenden Gewinnzuschlag, eine wichtige Grundlage für die Preisbildung. Wirken als Kaufmotiv in erster Linie die Nutzenerwartungen beim Kunden, dann ist es möglich, Pioniergewinne abzuschöpfen, besonders wenn hohe Nachfrageintensität gegeben ist. Bei einer ausgeprägten Wettbewerbssituation können bei der Preisfestlegung die Preise der Wettbewerber nicht unberücksichtigt bleiben. Weitere Einflussfaktoren auf den Preis sind:

– Die Unternehmensziele,

– die wirtschaftlichen Rahmenbedingungen,

– gesetzliche Bestimmungen,

– die Qualität der Absatzmittler,

– die Preispolitik im gesamten Produkt- und Leistungsprogramm,

– die Spezifik der einzelnen Marktsegmente.

Neben den Preisen beeinflussen die *Konditionen*, die den Kunden gewährt werden, die Gewinnentwicklung. Rabatte als Nachlass auf den Listenpreis binden Kunden an das Unternehmen, wirken aber erlösschmälernd. Boni sind Gutschriften zugunsten des Kunden am Ende einer Bezugsperiode, sie verringern den Deckungsbeitrag. Durch die Gewährung von Absatzkrediten wird versucht, auch solche Kunden zu gewinnen, denen es im Augenblick an Kaufkraft fehlt. Liefer- und Leistungsbedingungen regeln den Inhalt, die Art der Inanspruchnahme und die Form der Entgeltung einer Leistung. Junge Unternehmen sind hierbei gegenüber etablierten Unternehmen im Nachteil, weil sie oft im Interesse ihrer Liquidität an Vorfinanzierungen interessiert sind, Kunden aber erst nach voller Leistungserbringung bezahlen wollen.

3.6.2   Kommunikationspolitische Instrumente

Für die Marktvorbereitung und die Erschließung neuer Märkte ist eine qualifizierte, auf die spezifischen Bedingungen der Kunden zugeschnittene *Kommunikationstätigkeit* besonders wichtig. Dies gilt noch verstärkt für die Einführung neuer technologischer Lösungen mit einer hohen Erklärungsbedürftigkeit für die Kunden.

Die Kommunikationspolitik für neue und verbesserte Produkte und Verfahren ist darauf gerichtet, die Kenntnisse, Einstellungen und Verhaltensweisen der Kunden zielgerichtet zu beeinflussen und in positive Kaufentscheidungen umzuwandeln. Die Durchsetzung neuer Produkte am Markt ist dann leichter, wenn die Produkte relative Vorteile gegenüber anderen aufweisen, die Produkte kompatibel mit den Erfahrungen der Kunden sind, ein geringes Kaufrisiko vorliegt und die Produkte leicht demonstrierbar sind (Geschka 1990).

Für die Kommunikation stehen zahlreiche *Instrumente und Methoden* zur Verfügung, die sich zu einem spezifischen *Kommunikations-Mix* für die jeweilige Marketingsituation verknüpfen lassen. Sie betreffen, wie in Tabelle 21 angegeben, die allgemeine Öffentlichkeitsarbeit und die produktbezogene Werbung.

Tabelle 21: Ziele und Instrumente der Kommunikationspolitik junger Technologieunternehmen

	Öffentlichkeitsarbeit	Produktbezogene Werbung
Ziel	Positives Unternehmensimage aufbauen Bekanntheitsgrad des Unternehmens erhöhen	Bekanntmachung des Leistungsprogramms
Instrumente	Corporate-Identity-Strategie Pressearbeit (Veröffentlichungen, Anzeigen) Professionell gestaltetes Broschürenmaterial Engagement in Verbänden Professionelles Auftreten auf Veranstaltungen	Herausstellung der verbreitungsfördernden Merkmale: - relativer Produktvorteil - Kompatibilität - niedrige Komplexität - niedriges Käuferrisiko - Demonstrierbarkeit Messeausstellungen Pressearbeit (Veröffentlichungen, Anzeigen) Direktwerbung

Nachfolgend sind die wichtigsten *Instrumente der Kommunikationspolitik* innovativer Unternehmen aufgeführt (vgl. Tabelle 22):

Werbung

Werbung als eines der wichtigsten und am meisten verbreiteten Kommunikationsinstrumente zielt darauf ab, bestimmte Kundengruppen unpersönlich, zwangsfrei und in räumlicher Distanz zum Verkaufsort vom Nutzen angebotener Produkte und Leistungen sowie von der Leistungsfähigkeit des Unternehmens insgesamt zu überzeugen und damit das Käuferverhalten möglichst wirksam zu beeinflussen. Dies geschieht durch verschiedene Formen und Werbeträger, wie insbesondere durch

– klassische Werbung in Massenkommunikationsmitteln, Anzeigen und Inserate in Zeitungen und Zeitschriften, Fernsehspots, Werbefilme, Werbedurchsagen, Internet,

– Verteilung und Auslage von Prospekten, Firmenschriften, allgemeinen Werbebriefen,

– Direktwerbung durch gezielte Ansprache bestimmter Kunden oder potenzieller Käufer,

– Mund-zu-Mund-Werbung der Käufer.

Diese Formen können bei der Einführungswerbung dafür eingesetzt werden, das neue Produkt, die neue technologische Lösung, möglichst umfassend bei allen in Betracht kommenden Käufern bekannt zu machen. Für Hightech-Produkte eignen sich vor allem Informationen in wissenschaftlichen Zeitschriften sowie Direktansprachen ausgewählter potenzieller Kunden. Auch die Mund-zu-Mund-Werbung zufriedener Erstkunden (Pionierkunden, Referenzkunden) hat wesentlichen Einfluss auf die für den Kaufentscheid notwendige Vertrauensbildung.

Tabelle 22: Instrumente der Kommunikation und Absatzförderung

Werbung	Dirkekt-marketing	Verkaufs-förderung	Public Relation	Persönlicher Verkauf
Anzeigen in den Medien	Kataloge	Preisaus-schreiben	Pressemappen Pressegespräche	Verkaufs-präsentation
Verpackung	Handzettel	Gewinnspiele	Reden und Vorträge	Verkaufs-konferenzen
Packungs-beilagen	Postwurf-sendung	Verlosungen oder Lotterie	Veröffent-lichungen	Telefonverkauf
Kinowerbung	Telemarketing	Verkaufsson-derprogramme	Seminare	Bemusterung
Firmen-zeitungen	Internet-Verkauf	Zugaben und Werbegeschenke	Lobbyismus	Fachmessen
Prospekte		Muster- und Kostproben	Geschäfts-berichte	Hausmessen
Adressbücher		Ausstellungen	Spenden	Fachveran-staltungen
Reklame-schilder		Gutscheine und Coupons	Beziehungen zur Öffentlichkeit	
Anzeigen-nachdruck		Rabatte		
Logos		Finanzierungs-angebote		
Plakate, Poster		Rabatt- und Sammelmarken		
		Verbund-angebote		

Öffentlichkeitsarbeit (Public Relations)

Maßnahmen der Öffentlichkeitsarbeit beeinflussen vor allem die Einstellung der potenziellen Käufer zum anbietenden Unternehmen. Bei innovationsorientierten Unternehmen sollten sie vor allem darauf gerichtet sein, die technologische Kompetenz des Unternehmens, seine Fähigkeiten bei der Lösung kundenspezifischer Probleme, seine Zuverlässigkeit und das Niveau seiner Qualitätsarbeit glaubhaft nachzuweisen. Dazu eignen sich Pressekonferenzen, öffentliche Veranstaltungen oder wissenschaftliche Fachartikel ebenso wie die Mitwirkung des Unternehmens in Wirtschaftsverbänden, wissenschaftlichen Gremien oder öffentlichen Einrichtungen und die Bekanntmachung von Auszeichnungen wie Innovationspreisen.

Wissenschaftliche Veranstaltungen

Die Mitwirkung innovativer Unternehmen bei wissenschaftlichen Konferenzen, Kolloquien oder Fachausstellungen bzw. die Gestaltung solcher Veranstaltungen durch das eigene Unternehmen üben einen sehr wirksamen Einfluss auf das Kundenverhalten aus. Das stärkt das Vertrauen in die wissenschaftliche bzw. technologische Kompetenz des Unternehmens. Die Demonstration neuer Produkte und Verfahren weckt das Interesse an den Innovationen, Produktvorteile und zu erwartender Kundennutzen werden sichtbar.

Angebotstätigkeit

Bei langlebigen, hochwertigen neuen Investitionsgütern sowie neuen technologischen Verfahren empfehlen sich detaillierte Angebote für ausgewählte wichtige Kunden mit allen für die Kaufentscheidung notwendigen technischen und wirtschaftlichen Daten. Die Angebotsarbeit ist zwar außerordentlich aufwendig, gilt jedoch in verschiedenen Branchen (z. B. Anlagenbau) als unerlässliche Voraussetzung für den Abschluss von Absatzverträgen.

Persönlicher Verkauf/persönliche Gespräche

Gerade bei kleinen innovationsorientierten Unternehmen haben persönliche Kontakte der Geschäftsleitung zu den Kunden eine nicht zu unterschätzenden Bedeutung. Hierzu liegt zweifellos auch ein Vorteil kleiner Firmen gegenüber Großunternehmen, der für die Vertrauensbildung und Absatzvorbereitung genutzt werden sollte.

Verkaufsförderung – Sales Promotions

Von den zahlreichen verkaufsfördernden Maßnahmen eignen sich für innovationsorientierte Unternehmen insbesondere Produktvorführungen und Schulungen beim Handel, Erprobungen bei Testkunden sowie die Gewährung bestimmter Vergünstigungen anlässlich von Einführungsaktionen für neue Produkte.

3.6.3 Messen und Ausstellungen

Zentrales Kommunikationsinstrument für junge Technologieunternehmen sind *Messen und Ausstellungen*. Sie dienen nicht nur zur Sammlung von Informationen über den Stand der Technik einzelner Wettbewerber sowie zur Produktpräsentation und Führung von Verkaufsgesprächen, sondern auch dem Aufbau des Unternehmensimages. Aufgrund der herausragenden Bedeutung dieses Instrumentes müssen Messen sorgfältig vor- und nachbereitet werden. Im Rahmen der Messevorbereitungen ist es wichtig, Kunden mit Hilfe von Inseraten oder Werbebriefen über die Messepräsenz zu informieren und zu einem persönlichen Gespräch einzuladen. Die Erfassung der Ergebnisse der Verkaufsgespräche sowie der in diesem Zusammenhang geäußerten Kundenprobleme erfolgt auf standardisierten Protokollbögen, so dass sie für die spätere Auswertung zur Verfügung stehen. Nach Abschluss der Messe wird den Gesprächspartnern weiteres Informationsmaterial zugesandt, um das eigene Unternehmen nochmals in Erinnerung zu bringen.

Die Präsentation des neuen Produkts bzw. Verfahrens auf Fachmessen und in Veröffent-lichungen hat die Konsequenz, dass auch allen Wettbewerbern die Innovation offenbar wird. Der günstigste Zeitpunkt dafür ist aus der Sicht des gesamten Innovationsprozesses zu finden. Zu berücksichtigen sind dabei die Zeitpunkte der Lieferfähigkeit und des Erfindungsschutzes.

4 Beteiligungskapital in der Unternehmensfinanzierung

4.1 Finanzierungsoptionen für Technologieunternehmen

4.1.1 Kapitalbedarf

Technologieunternehmen mit hohem Innovationsniveau haben einen hohen Kapitalbedarf. Er entsteht in allen Phasen der Unternehmensentwicklung (vgl. Tabelle 23).

Tabelle 23: Kapitalbedarf in den Lebensphasen von Technologieunternehmen

Phase	Kapitalbedarf für
Entstehungsphase	Erfassung der Marktsituation
	Technische Machbarkeitsuntersuchungen
	Patent- und Literaturrecherchen
	Beratung und Weiterbildung
	Genehmigungen und Kautionen
	Schaffung der Infrastruktur
	Grundstücke und Gebäude
Forschung und Entwicklung	Personal
	Forschungs- und Labortechnik
	Prototypenbau und Tests
	Patentanmeldung und -betreuung
	FuE-Kooperation
Fertigungsaufbau und Markteinführung	Maschinen, Geräte, Anlagen, Infrastruktur
	Bestandsaufbau für Materialien, Rohstoffe
	Vorfinanzierung von Zulieferungen
	Markteinführung
	Überwindung von Markteintrittsbarrieren
	Vertriebsaufbau und Vertriebskooperation
Wachstum	Fertigungskapazitäten
	Organisationsaufbau
	Vorfinanzierung von Aufträgen
	Vertriebsmaßnahmen

In den frühen Phasen der Unternehmensentwicklung, also für die FuE, die Markteinführung und den Fertigungsaufbau der ersten Produktgeneration, benötigen Technologieunternehmen erfahrungsgemäß in den ersten drei bis vier Jahren etwa 3,0 bis 3,5 Mio. DM. Für das weitere Wachstum ist dauerhaft FuE durchzuführen, das Marketing ist auf neue Marktsegmente zu beziehen und die Fertigungs- und Vertriebskapazitäten sind auszudehnen, so dass weitere Kapitalzuführungen erforderlich sind. Im Einzelfall ist der Kapitalbedarf von zahlreichen Einflussfaktoren abhängig. Diese Faktoren sind in Tabelle 24 angegeben.

Tabelle 24: Einflussfaktoren auf die Höhe des Kapitalbedarfs

Kapitalintensität der Technologiegebiete
Komplexität, Neuheit, Risiko der FuE-Projekte
Forschungsintensität
Multivalente Nutzbarkeit der FuE-Ergebnisse
Synergien zwischen den Bestandteilen des Produkt- und Leistungsprogramms
Fertigungstiefe
Stückzahlen
Ausmaß der Vertriebskooperation
Zielmärkte
Wert der Zulieferungen und Durchlaufzeit der Aufträge
Art und Weise der Rechnungsstellung

Die Finanzierungssituationen in den Unternehmen sind sehr differenziert. Neben der Lebensphase und den Unternehmensmerkmalen prägen auch die bisher genutzten Finanzierungsquellen und daraus entstehende Kosten sowie die Haltungen der Unternehmer zu den verschiedenen Finanzierungsoptionen die Finanzierungssituation. In jedem Einzelfall einer Finanzierungsentscheidung besteht die Notwendigkeit, ausgehend vom Kapitalbedarf nach Jahren und Verwendungszwecken sowie unter Beachtung der erwarteten Umsatz-, Kosten- und Gewinnentwicklung verschiedene Finanzierungsvarianten zur Deckung des Kapitalbedarfs zu erarbeiten, diese aus Sicht der entstehenden Kapitalkosten zu bewerten, daraus Anforderungen an die wirtschaftliche Entwicklung der Unternehmen abzuleiten und schließlich die günstigsten Finanzierungswege umzusetzen.

Technologieunternehmen fällt die Lösung dieser Finanzierungsentscheidungen nicht leicht. Das hat folgende Gründe:

— Hoher Kapitalbedarf für risikobehaftete Innovationen,

— unsichere wirtschaftliche Erwartungen,

— lange Bindungen des Kapitalbedarfs, bevor Rückflüsse entstehen,

— zeitliches Auseinanderfallen von Ein- und Auszahlungen,

— Informationsdefizite zwischen Kapitalgebern und Unternehmern,

– fehlende Kompetenz von Kapitalgebern für die Innovationsbewertung,

– unzureichend ausgereifte Finanzierungs- bzw. Unternehmenskonzepte der Technologieunternehmen,

– hoher Beratungsbedarf der Unternehmen,

– fehlende dingliche Sicherheiten der Unternehmer.

Oft erschwert sich die Finanzierung zusätzlich, weil entweder den Finanzierungskonzepten Annahmen zugrunde gelegt wurden, die sich so nicht bewahrheiteten oder weil die Finanzplanung nicht ausreichend tiefgründig war oder weil es überhaupt sehr schwer ist, den Kapitalbedarf genau abzuschätzen. Finanzierungsprobleme entstehen dann aus längerer Entwicklungsdauer und höheren FuE-Kosten, größeren Kosten für die Marktvorbereitung, geringerer Marktwirksamkeit, gegenüber dem Unternehmensplan niedrigeren Umsätzen und Vorfinanzierungen größerer Aufträge. Finanzierungs- und Managementfehler entspringen des Weiteren aus

– fehlendem Langzeitdenken,

– nicht rechtzeitiger Information der Hausbank über wirtschaftliche Probleme,

– zu spätem Einleiten von Bankverhandlungen für Folgefinanzierungen,

– mangelnder Übersicht über die Kostenentwicklung,

– zu positiver Einschätzung der Zahlungsmoral von Kunden.

Das alles führt zu höherem Kapitalbedarf und nachträglichen Verhandlungen mit den Kapitalgebern. Wenn der zusätzliche Kapitalbedarf nicht gedeckt werden kann, entstehen für die Unternehmen Entwicklungsprobleme. Nachfinanzierungen sind meist komplizierter als Erstfinanzierungen. Kleine Unternehmen haben bei der Finanzierung auch größenbedingte Nachteile, weil Risiken nicht teilbar sind, Synergien zwischen verschiedenen Geschäftsfeldern kaum auftreten und die Sicherheiten gegenüber Kapitalgebern gering sind.

Diese Probleme sind den Unternehmen Anlass, *kapitalsparende Wege des Unternehmensaufbaus* zu erwägen. Dazu gehören

– die Verminderung des FuE-Aufwandes durch Ausnutzung der FuE-Kooperation, Lizenznahme, Vermeidung überspitzter technischer Lösungen, rationelle FuE-Organisation, Schnittstellenmanagement, Technologietransfer, Mitnutzung von Forschungs- und Labortechnik, Einbindung von FuE-Erfahrungsträgern in den Gesellschafterkreis,

– die Einsparung von Fertigungsinvestitionen durch Nutzung flexibler Fertigungstechniken, Anmietung statt Kauf, Leasing, Funktionsintegration beim Fertigungspersonal, Ausnutzung der Fertigungskooperation, Konzentration auf die entscheidenden Wertschöpfungsstufen,

– die Verringerung des Marketingaufwandes durch Nutzung von Vertriebspartnern, Einbindung in Netzwerke, Nutzung von Informationsdienstleistungen und Mitnutzung von Vertriebskanälen.

Dass die Finanzierungsprobleme als Innovationshemmnis wirken, belegen mehrere empirische Untersuchungen. So kommt Kulicke auf der Grundlage von Untersuchungen zu folgender Rangfolge in den Hemmnissen für FuE-Tätigkeit (Kulicke 1999):

- Geringe Selbstfinanzierungskraft,

- generell schwierige wirtschaftliche Lage,

- geringe FuE-Kapazitäten,

- Probleme bei der Kapitalbeschaffung von außen,

- Lücken im technischen Know-how der Mitarbeiter,

- Informationslücken zu technischen Entwicklungen.

Auch bei einer Befragung von 163 innovativen Unternehmen und FuE-Einrichtungen kristallisierten sich Finanzierungsprobleme als ausgeprägteste Schwäche im Innovationsgeschehen heraus. Auf einer Skala der Ausprägungen von 1: keine Schwäche bis 4: sehr ausgeprägte Schwäche, erhielten die Finanzierungsprobleme eine Bewertung von 3,2 (Pleschak/Fritsch/Stummer 2000).

4.1.2 Wege zur Deckung des Kapitalbedarfes durch Eigen- oder Fremdkapital

Der Kapitalbedarf kann prinzipiell auf zwei Wegen gedeckt werden,
- aus eigenen Mitteln (Eigenfinanzierung),
- aus fremden Mitteln (Fremdfinanzierung).

Bei *Eigenfinanzierung* erlangt der Kapitalgeber eine Stellung als Eigentümer des Unternehmens, er bringt Eigenkapital ein. Bei *Fremdfinanzierung* erwirbt der Kapitalgeber dagegen keine Eigentümerstellung. Unterschiede zwischen Eigenkapital- und Fremdkapitalgeber gibt die Tabelle 25 an.

Die einzelnen Merkmale sind nicht immer vollständig ausgeprägt, es kommen auch Mischformen zwischen den Merkmalen vor. Das wichtigste Kriterium ist die Haftungsübernahme. Nur wenn ein Kapitalgeber mit seinen eingebrachten Mitteln für die Verpflichtungen des Unternehmens haftet, zählt er als Eigenkapitalgeber.

Eigenkapital schafft günstige Bedingungen für das Erschließen zusätzlicher Finanzierungsquellen und trägt zu einem positiven Image bei Kunden, Lieferanten und Mitarbeitern bei. Seine Vorteile sind:
- Es steht langfristig und unbefristet zur Verfügung,

- Zins- und Tilgungszahlungen entfallen, so dass Liquidität geschont wird,

- es ist an Gewinn und Verlust gekoppelt, das heißt, die Gegenleistungen für die Finanzierung passen sich der jeweiligen Geschäftslage an,

- es erweitert den Spielraum für die Fremdfinanzierung, weil es haftet.

Tabelle 25: Unterscheidungsmerkmale zwischen Eigen- und Fremdkapitalgeber

Aspekt	Eigenkapitalgeber	Fremdkapitalgeber
Haftung	Haftung mindestens mit seiner Einlage	Haftet nicht
Erfolg	Anteil am Gewinn und Verlust	Erfolgsunabhängiger Zinsanspruch
Vermögensanspruch	Anteil am Liquidationserlös	Nomineller Rückzahlungsanspruch
Besicherung	Keine Besicherung	Persönliche bzw. dingliche Sicherheiten für Zins- und Rückzahlungsanspruch
Informations- und Kontrollrechte	Umfassende Informations- und Kontrollrechte	Informationsrechte
Leitungsbefugnis	Berechtigung	Keine Berechtigung
Fristigkeit	Unbefristet	Befristet
Steuerliche Belastung	Keine Abzugsfähigkeit bei Ertrags- und Substanzsteuern	Zinsen bei Ertrags- und Substanzsteuern abzugsfähig

Eigenkapital ist nicht nur wichtig für die Finanzierung von Projekten mit größeren Wagnissen und längerem Zeithorizont, sondern es hat noch folgende *Funktionen*:

- Eigenkapital haftet für die Erfüllung aller Verbindlichkeiten. Diese Garantie macht es erst möglich, dass Fremdkapitalgeber bereit sind, ihr Kapital einem Unternehmen zu überlassen. Der Gläubigerschutz ist rechtlich geregelt und stellt die Kreditbeziehungen auf eine berechenbare Basis. Die Haftungsfunktion des Eigenkapitals stellt eine Risikosicherungsfunktion für die Gläubiger eines Unternehmens dar.

- Eigenkapital dient der Sicherung eines Unternehmens, indem es auftretende Verluste und die damit verbundene Gefahr des Konkurses bis zu einem gewissen Grad absorbiert. Ein Unternehmen geht in Konkurs und verliert seine Existenz, entweder wenn es den laufenden Zahlungsverpflichtungen nicht mehr nachkommen kann oder wenn die Verbindlichkeiten das Vermögen übersteigen, es also überschuldet ist. Eigenkapital verringert das Risiko eines Konkurses, indem es das Risiko der Überschuldung verringert. Falls Verluste auftreten, wird zuerst das Eigenkapital aufgezehrt. Erst wenn dieses vollständig verbraucht ist, tritt Überschuldung und damit der Konkurs ein.

- Gegebenes Eigenkapital erleichtert den Zugang zu weiteren Finanzierungsquellen. Dies ist eng mit der Haftungs- und Garantiefunktion des Eigenkapitals verbunden. Im (rechtlich gesicherten) Vertrauen auf die Haftung erhöht sich das Vertrauenspotenzial, einem Unternehmen Fremdkapital zu überlassen. Ein genügend hohes Eigenkapital wirkt auch positiv auf weitere potenzielle Eigenkapitalgeber und kann deshalb neben zusätzlichem Fremdkapital auch Eigenkapital erschließen.

- Die Höhe des Eigenkapitalanteiles ist maßgebliches Kriterium für die Zuteilung von Gewinn oder Verlust.

- Eine ausreichende Eigenkapitalausstattung hat positive Auswirkungen auf die Darstellung des Unternehmens. Sie führt zu vertrauensvollen Geschäftsbeziehungen und zu einem positiven Image in der Öffentlichkeit. Das Unternehmen erscheint in den Augen der Mitarbeiter als zukunftssicher, was ein nicht unwesentlicher Anreiz zur effizienten Arbeit ist.

- Die Überlassung von Kapital begründet für Eigenkapitalgeber als Eigentümer den Anspruch auf Mitwirkung an der Geschäftsführung. Auch wenn das Management oftmals Nichteigentümer wahrnehmen, haben die Eigentümer zumindest die Gewalt über Grundsatzentscheidungen und führen Überwachungs- und Kontrollaufgaben durch, z. B. über den Aufsichtsrat oder die Haupt- bzw. Gesellschafterversammlung. Eine genügend hohe Eigenkapitalausstattung sichert Unabhängigkeit, da bei einer drohenden Überschuldung die Dispositionsfreiheit der Unternehmer von Fremdkapitalgebern eingeschränkt werden könnte.

Die *Erhöhung des Eigenkapitals* innerhalb des Unternehmens geschieht zunächst durch Einbehaltung von Gewinnen. Dies ist die unkomplizierteste Art, das Eigenkapital zu erhöhen. Leider steht aber nicht immer Gewinn in der erforderlichen Höhe zur Verfügung. Gerade junge Unternehmen benötigen eine gewisse Zeit, bis sie auf dem Markt etabliert sind. Auch etablierte Unternehmen kommen in Finanzierungssituationen, die Eigenkapital erfordern, z. B. beim Wachstum, beim Aufbau neuer Märkte, bei Innovationsprojekten, Gewinneinbehalt aber nicht möglich ist.

Eine weitere Möglichkeit der Erhöhung des Eigenkapitals besteht in der Einzahlung neuer Kapitalmittel durch die Altgesellschafter oder durch Aufnahme neuer Gesellschafter. Im letzteren Fall geben die Altgesellschafter Unternehmensanteile ab. Dem Verlust an unternehmerischer Selbständigkeit und an Anteilen am Unternehmen steht die Einwerbung neuen Kapitals und möglicher weiterer nicht-finanzieller Unterstützungsleistungen der neuen Gesellschafter gegenüber (vgl. Abschnitt 4.2).

Beteiligungskapital stellt Eigenkapital dar oder es hat die Form eigenkapitalähnlicher Mittel. Es wird über direkte oder stille Beteiligungen bzw. eigenkapitalähnliche Darlehen in die Unternehmen eingebracht. Direkte und stille Beteiligungen unterscheiden sich nicht nur in ihrer Passfähigkeit für den Beteiligungsnehmer und in ihrer Partizipation am Gewinn, sondern auch in den Beteiligungsgebern, die diese Formen der Kapitalbereitstellung typischerweise wählen. Eigenkapitalähnliche Darlehen zählen nur im weiteren Sinne zu Beteiligungskapital. Die Kapitaleinlage ist mit Kontroll-, Informations- und Mitentscheidungsrechten sowie zum Teil mit Managementunterstützung verbunden. Beteiligungskapital hat einen erheblichen Hebeleffekt auf die Gesamtfinanzierung, weil es den Spielraum paralleler und nachfolgender Finanzierungsentscheidungen erweitert. Es trägt dem Umstand Rechnung, dass junge Technologieunternehmen Kapital benötigen, das die Aufbaurisiken mitträgt und längerfristig im Unternehmen verbleibt. Aufgrund dieses risikotragenden Charakters findet auch häufig der Begriff Risikokapital Verwendung.

Fremdkapital kommt vor allem aus Darlehen, die unternehmensexterne, zeitlich befristete Kapitalgeber gewähren. Dafür verlangen sie als Entgelt einen laufenden Zins und eventuell weitere einmalige Gebühren für die Kreditbearbeitung. Weiterhin fordern sie persönliche oder unternehmenseigene Sicherheiten und Bürgschaften, im Konkursfall haben sie Anspruch auf Konkursmasse. Fremdkapital kommt als Finanzierungsquelle nur in Frage, wenn in den Folgejahren sowohl die Zahlung der Kreditkosten als auch der Tilgungsraten des Kreditbetrages gesichert sind. Überschuldungen dürfen nicht auftreten. Kreditgeber beziehen in ihre Entscheidungen über eine Kreditgewährung stets das Risiko der zukünftigen Entwicklung des Unternehmens ein. Da ihre erzielbaren Gewinne ertragsunabhängig und damit begrenzt sind, scheuen sie hohe Risiken bzw. verlangen sie entsprechend hohe Sicherheiten. Beides können junge Unternehmen oft nicht ausreichend bieten. Erst mit zunehmender Marktreife der Produkte und breiterer Durchsetzung am Markt nimmt das Risiko ab. Auch in Krisensituationen halten sich Kreditgeber aufgrund des hohen Risikos eher zurück.

Fremdkapital bietet flexible Finanzierungskonzepte durch Anpassung an einen schwankenden Kapitalbedarf, ist mit einer geringeren Steuerlast verbunden (die zu zahlenden Zinsen mindern den Ertrag) und kann bei Gewinnerwirtschaftung kostengünstiger sein. Die Zins- und Tilgungszahlungen sind jedoch unabhängig von der Geschäftslage in der vereinbarten Höhe zu zahlen.

Insgesamt zeigt sich: Zur Deckung des Kapitalbedarfs bieten sich meist verschiedene Finanzierungsvarianten an. Sie ermöglichen in unterschiedlichem Maße die Deckung des Kapitalbedarfs für einzelne Ausgabepositionen, sind für die Unternehmen zum Teil nur eingeschränkt zugänglich und verursachen unterschiedliche Kosten für die Beschaffung und Nutzung des Kapitals. Oft sind die einzelnen Finanzierungsquellen miteinander zu kombinieren, d. h. zu einem Finanzierungspaket zu schnüren, damit der hohe Kapitalbedarf überhaupt gedeckt werden kann. Dazu sind die verschiedenen Möglichkeiten der Finanzierung durch Bankdarlehen, öffentliche Darlehen, Förderprogramme mit Zuschüssen und eigene Mittel heranzuziehen, Beteiligungsfinanzierungen zu erwägen und eine solche Finanzierungsstruktur zu entwerfen, dass der Kapitalbedarf für die verschiedenen Verwendungszwecke und Jahre finanzierbar ist. Die Beschaffungskosten des Kapitals, wie Bearbeitungsgebühren und Disagio, die Nutzungskosten, wie Zinsen und Beteiligungsentgelt sowie die Tilgung sind für die einzelnen Finanzierungsvarianten in den Nutzungsjahren des Kapitals zu analysieren, die sich daraus ergebenden Vor- und Nachteile abzuwägen und die für das angestrebte Unternehmenswachstum günstigste Variante der Finanzierung auszuwählen.

4.1.3 Bankdarlehen

Langfristige Bankkredite (Darlehen) werden zur Deckung eines langfristigen Kapitalbedarfs aufgenommen (vgl. Tabelle 26). Die Überprüfung der *Kreditwürdigkeit* bzw. *Kreditfähigkeit* des Unternehmens setzt an den rechtlichen Verhandlungsgrundlagen sowie an den Persönlichkeitsmerkmalen des Unternehmers an, wie z. B. Alter, Gesundheitszustand, familiäres Umfeld, berufliche und fachliche Fähigkeiten, Einkommens- und Vermögenssituation, wirtschaftliche Belastungen und Managementerfahrungen. Kreditfähigkeit ist dann gegeben, wenn die Unternehmenskonzeption, die Wettbewerbs- und Marktsituation, der Investitionsplan, die Innovationskraft und die wirtschaftliche Entwicklung der Unternehmen (Umsatz, Gewinn) erwarten lassen, dass der Kreditnehmer die Kreditverpflichtungen vertragsgemäß erfüllen kann. Dazu werden Gesellschaftsverträge, Jahresabschlüsse, Bilanzen, Vermögensverzeichnisse, Organisationsstrukturen, Auftragsbestandslisten, Gewinnpotenzialrechnungen und das Verzeichnis der Sicherheiten analysiert. Maßgebend für die Entscheidung eines Kreditinstituts ist vor allem – wie viele Kreditbearbeiter betonen – die Vertrauenswürdigkeit des potenziellen Kreditnehmers. Solche Persönlichkeitsmerkmale, wie Solidität, guter Ruf, Ehrlichkeit, Weitsicht, Initiative, Kostenbewusstsein und ausgewogener Charakter, geben dem Kreditinstitut das Gefühl, mit einem vertrauenswürdigen Unternehmer zu verhandeln.

Tabelle 26:   Finanzierung von Technologieunternehmen durch langfristige Bankdarlehen

Voraussetzungen
Kreditwürdigkeit und Kreditfähigkeit des Gründers
Sicherheiten
Sicherung der Gesamtfinanzierung und des Kapitaldienstes
Probleme
Unternehmen können keine Sicherheiten vorweisen
Gründer verstehen nicht, ihre Unternehmenskonzeptionen überzeugend den Banken zu vermitteln, es fehlt an Management-Know-how
Risiken führen zu unsicheren Aussagen in der Umsatz- und Gewinnentwicklung
Banken fehlt das Verständnis für die innovativen Projekte und die Bewertung des Risikos, Projekte passen nicht ins Bankportfolio
Zinsen und Tilgungen belasten die wirtschaftliche Entwicklung vor allem junger Unternehmen, sie sind unabhängig von der Geschäftslage zu zahlen
Gefahr der Überschuldung der Unternehmen aufgrund geringen Eigenkapitals
Eignung
Für die Finanzierung der Entstehungs- und FuE-Phase ungeeignet, da die Gefahr einer schnellen Überschuldung gegeben ist, außerdem ist die wirtschaftliche Entwicklung noch nicht gesichert und oft die Gründermentalität auf den Aufbau eines Unternehmens „ohne Schulden" gerichtet
Für den Fertigungsaufbau und die Markteinführung als Ergänzungsfinanzierung denkbar, wenn die Möglichkeiten anderer Finanzierungsquellen erschöpft sind

Jungen Technologieunternehmen fällt es oft schwer, ihre Kreditwürdigkeit darzustellen. Fehlende Erfahrungen im Umgang mit Kreditinstituten bewirken, dass die Unternehmenskonzeptionen nicht überzeugend vermittelt werden. Innovative Projekte sind den technisch meist nicht versierten Kreditbearbeitern verständlich zu machen. Objektiv bestehende Risiken führen zu unsicheren Aussagen in der Umsatz- und Gewinnentwicklung. Es fehlen Vergangenheitswerte über die wirtschaftliche Entwicklung, auf die sich die Kreditbearbeiter bei der Meinungsbildung stützen könnten. Oft ermöglicht erst die Erhöhung des Eigenkapitals eine weitere Kapitalzuführung durch Fremdkapitalgeber.

Unter diesen Bedingungen ist es aus der Sicht der Kreditgeber verständlich, nach *Sicherheiten* für den Kredit zu fragen. Kein Unternehmen kann erwarten, dass das Kreditrisiko allein vom Kreditgeber getragen wird. Ziel der Kreditwürdigkeitsprüfung ist es gerade, das mit einem Kreditengagement verbundene Risiko möglichst gering zu halten.

Zur Einschränkung des Bankrisikos wird erwartet, dass der Kreditnehmer Sicherheiten bietet, auf die im Falle seiner Zahlungsunfähigkeit der Kreditgeber zur Durchsetzung der vertraglich festgelegten Ansprüche auf Zins- und Rückzahlung zurückgreifen kann. Das können Personalsicherheiten in Form von Bürgschaften, Garantien, Kreditaufträgen oder Schuldbeitritten sein. Bei Sachsicherheiten erwirbt der Kreditgeber Rechte an beweglichen oder unbeweglichen Vermögensgegenständen in Form von Grundpfandrechten, Pfandrechten, Sicherungsübereignungen, Eigentumsvorbehalten und Sicherungsabtretungen. Gründer aus den neuen Bundesländern besitzen kaum derartige Sicherheiten, da eine Ansammlung von Vermögenswerten nur schwer möglich war.

Wenn Unternehmen nicht über ausreichende Sicherheiten für eine Kreditgewährung verfügen, bieten *Bürgschaftsprogramme* (Kreditsicherungsprogramme der Bürgschaftsbanken, Bürgschaftsprogramme der Deutschen Ausgleichsbank, Bundesbürgschaften) Kreditbürgschaften an, die einen hohen Teil der Kreditsumme decken. Die Kosten für die Bürgschaft sind relativ gering.

In der *Zusammenarbeit mit der Hausbank* sollten Technologieunternehmen folgende Grundsätze beachten:
- Vertrauensverhältnis zur Bank schaffen,
- Wirtschaftliche Situation des Unternehmens richtig darstellen und künftige wirtschaftliche Entwicklung realistisch einschätzen,
- Informationen für Bankpartner aufbereiten und Problemverständnis für innovative Projekte fördern,
- Entscheidungsspielraum der Bankmitarbeiter beachten,
- Hausbank nicht überfordern,
- Zeitbedarf der Banken für Entscheidungsprozesse einkalkulieren.

Vom Management der Technologieunternehmen erwarten die Banken Folgendes:
- Aneignung von Finanzierungskenntnissen,
- Befähigung zur Präsentation von Unternehmenskonzepten,
- Offenheit und Ehrlichkeit bei der Darstellung der wirtschaftlichen Lage,
- Herausbildung von Verständnis für das Verhalten von Kapitalgebern.

4.1.4 Öffentlich geförderte Darlehen

Da Bankkredite weniger geeignet sind, die Finanzierungsprobleme junger und kleiner Technologieunternehmen zu lösen, unterstützt der Staat die Unternehmen durch *öffentliche geförderte Darlehen*. Sie haben den *Vorteil*, dass sie im allgemeinen eine lange Laufzeit haben, anfänglich tilgungs- und zinsfrei sind, die Zinsen unter dem Marktzinsniveau liegen, Haftungsfreistellungen möglich und die Anforderungen an Sicherheiten eingeschränkt sind. Sie schonen die Liquidität der jungen Unternehmen in Zeitperioden, in denen noch geringe Umsätze bei relativ hohen Kosten anfallen. Diese Darlehen decken aber nur zu einem gewissen Anteil den Kapitalbedarf, eigene Mittel müssen in die Finanzierung einfließen. Sie beziehen sich auf jeweils bestimmte Bemessungsgrundlagen (z. B. Investitionen oder Betriebsmittel usw.) und sind nur eingeschränkt kumulierfähig (vgl. Tabelle 27).

Tabelle 27: Finanzierung von Technologieunternehmen durch öffentlich geförderte Darlehen

Voraussetzungen
Formale Antragsbestimmungen sind einzuhalten
Sicherstellung der Gesamtfinanzierung und des Kapitaldienstes
Beantragung und Befürwortung über die Hausbank
Probleme
Darlehen beziehen sich auf jeweils definierte Bemessungsgrundlagen und decken meist nur einen gewissen Anteil des Kapitalbedarfs
Gründer muss meist eigene Anteile aufbringen
Einschränkungen bei der Kumulierbarkeit
Vorteile
In den ersten Jahren der Laufzeit oft tilgungs- oder zinsfrei oder Zinsen zum Teil unter dem Kapitalmarktzinsniveau
Liquiditätssicherung in den ersten umsatzschwachen Jahren
Einschränkungen in den Anforderungen an Sicherheiten
Nutzungsbeispiele
Eigenkapitalhilfe- und ERP-Darlehen vor allem zur Finanzierung des Fertigungsaufbaus und zur Schaffung der Infrastruktur
DtA-Existenzgründerdarlehen für Investitions- und Betriebsmittelfinanzierung, Existenzgründerdarlehen für Investitions- und Betriebsmittelfinanzierung

Detaillierte Informationen über die einzelnen Programme vermitteln die Broschüren der Deutschen Ausgleichsbank und der Kreditanstalt für Wiederaufbau (DtA 1999; KfW 1999) sowie der Bundesministerien (BMWi 1999a; bmb+f 1999). Die Förderdatenbank des BMWi gibt aktuelle Informationen (www.bmwi.de).

4.1.5 Zuschussförderprogramme

Für die Innovationsfinanzierung stehen Technologieunternehmen zahlreiche Förderprogramme des Bundes, der Länder und der Europäischen Union offen. Über das „Für" und „Wider" einer solchen Förderung gibt es unterschiedliche Auffassungen (vgl. Tabelle 28).

Tabelle 28: Finanzierung von Technologieunternehmen durch Förderprogramme mit Zuschüssen

Voraussetzungen
Einhaltung des Ziel- und Gültigkeitsbereichs sowie der Richtlinien der Förderprogramme
Einhaltung des Formalismus der Antragstellung
Probleme
Förderquoten bewirken, dass nur ein Teil des Kapitalbedarfs gedeckt wird; eigene Mittel sind für die Gesamtfinanzierung erforderlich
Vergabe von Fördermitteln kann durch Projektträger an Auflagen und Kontrollen gebunden sein
Zeitverbrauch für Antragstellung und Zeitdauer für Bearbeitung eines Förderantrags
Gefahr des Entstehens einer Subventionsmentalität und der Verschwendung
Kumulationsverbote
Vorteile
Gezielte, wirksame Unterstützung bei der Realisierung ausgewählter FuE-Projekte
Zuschüsse sind nicht zurückzuzahlen
Nutzung
Vor allem für die Finanzierung von FuE, wenn durch andere Finanzierungsquellen die eigenen Anteile aufgebracht werden können

Die Ziele der Förderung bestehen darin, für zukunftsorientierte Hochtechnologien günstige Startbedingungen zu schaffen, den Strukturwandel zu unterstützen, die dynamischen Wirtschaftskräfte zu entfalten und Hemmnisse für die Diffusion neuer Technologien zu mindern. Die einzelnen *Förderprogramme* unterscheiden sich

- im Zielbereich der Förderung (Projekt-, Kooperations-, Personal-, Gründungsförderung usw.),
- in der Förderquote (u. a. in Abhängigkeit von den Anteilen industrieller Grundlagen- bzw. angewandter Forschung) bzw. in der Höhe des einzubringenden eigenen Anteils,
- in der Höhe des finanziellen Bemessungsvolumens,
- im Gültigkeitsbereich (zeitliche Befristung, regionale Gültigkeitsbereiche)
- im Formalismus der Antragstellung und in den verantwortlichen Projektträgern.

Die Programme sichern nur eine anteilige Finanzierung der gesamten FuE-Kosten. Für die Unternehmen bedeutet dies, ihr Produkt- und Leistungsprogramm so auszugestalten, dass sie wirtschaftlich in die Lage kommen, die eigenen Anteile zu finanzieren.

4.2 Grundlagen der Beteiligungsfinanzierung

4.2.1 Direkte Beteiligungen

Bei direkten Beteiligungen bringt der Beteiligungsgeber Kapital in das Unternehmen ein, das direkt als Gesellschaftskapital fungiert. Der Beteiligungsgeber wird dadurch als Gesellschafter zugleich *Mitunternehmer*. Dies ist auf folgenden Wegen möglich:

- Erhöhung des Gesellschaftskapitals (Stammkapital bei einer GmbH, Grundkapital bei einer AG), wobei das vom Beteiligungsgeber eingebrachte Kapital (u. U. einschließlich eines Agios) der Einlage an der Gesellschaft entspricht. Der Beteiligungsgeber hat damit Anteile an der Gesellschaft erworben, die Anteile der bisherigen Gesellschafter verringern sich.

- Erhöhung des Gesellschaftskapitals, wobei die bisherigen Gesellschafter zusätzliches Kapital einbringen und der Beteiligungsgeber neues Gesellschaftskapital. Die Anteile an der Gesellschaft verändern sich entsprechend der neuen Kapitalrelationen.

- Verkauf von Anteilen durch die bisherigen Gesellschafter an den Beteiligungsgeber und Übernahme des Verkaufserlöses in das persönliche Vermögen. Das Gesellschaftskapital ändert sich in seiner Höhe nicht, wohl aber die Gesellschafterstruktur (für junge Technologieunternehmen nicht typisch).

Die Bestimmung des Übernahmepreises für die Gesellschafteranteile setzt eine *Bewertung* des Unternehmens durch bisherige Eigentümer und Käufer voraus. Ein einheitliches Bewertungsverfahren hat sich in der Praxis nicht durchgesetzt bzw. ist auch nicht praktikabel. Die Bewertung stützt sich bei jungen oder rasch wachsenden Unternehmen nur zu einem geringen Teil auf die im Unternehmen verfügbare Substanz. Sie muss primär dem zu erwartenden Ertragspotenzial und den bei seiner Erschließung auftretenden Risiken Rechnung tragen. Verständlich ist, dass Veräußerer und Käufer beide Aspekte zunächst ganz unterschiedlich einschätzen und sich meist erst nach intensiven Gesprächen auf eine einvernehmliche Bewertung einigen.

Beteiligungsgeber können aus ihrer Geschäftstätigkeit bei der Unternehmensbewertung auf Erfahrungswerte zurückgreifen. Bei den Unternehmern bestehen oft Unsicherheiten darüber, wie viel ihr Unternehmen wert sein dürfte. Häufig haben sie aber auch ganz unrealistische Vorstellungen zum Ertragspotenzial, dem Wert von Patenten oder den

Risiken der Unternehmensentwicklung. Die Einschaltung eines Beraters mit entsprechendem Erfahrungshintergrund ist dann sehr sinnvoll.

Die *Übernahme der Gesellschaftsanteile* kann entweder zu pari (Nennwert) erfolgen oder in Verbindung mit einem Agio, das in die Rücklagen des Beteiligungsnehmers fließt. Der erste Fall tritt praktisch nur im frühen Gründungsstadium auf. Meist jedoch wird der Kaufpreis in den Nennwert und ein Agio aufgesplittet, wobei letzteres ein Vielfaches des Nennwertes betragen kann. Gerade bei jungen Unternehmen vereinbaren manche Beteiligungsgesellschaften aber auch anstelle eines Agios die Gewährung eines Gesellschafterdarlehens oder einer stillen Beteiligung, beides rückzahlbar nach mehrjähriger Laufzeit. Diese Mittel stehen somit nur temporär zur Verfügung. Aus Sicht des Unternehmens bzw. seiner bisherigen Gesellschafter ist die Anteilsveräußerung unter Einschluss eines Agios am attraktivsten.

Die Kombination von direkten mit stillen Beteiligungen verhindert bei bereits hohem Unternehmenswert, aber niedrigem Gesellschaftskapital, dass der Beteiligungsgeber entweder ein hohes Agio zahlen muss oder Mehrheitsgesellschafter wird. Beteiligungsgeber bevorzugen meist nur Anteile zwischen 25 und 49 Prozent, d. h. sie wollen eine Sperrminorität haben, um grundlegende Beschlüsse der Gesellschafterversammlung zu beeinflussen. Sie streben nicht nach der Position des Mehrheitsgesellschafters, um nicht zu stark unternehmerische Verantwortung zu erhalten. Durch die Aufsplittung in direkte und stille Beteiligungen kann der Anteil des Beteiligungsgebers am Gesellschaftskapital eingeschränkt bleiben. Über die stille Beteiligung erzielt der Kapitalgeber zudem laufende Einnahmen und deckt damit seinen Betreuungsaufwand ganz oder teilweise ab.

Die Erweiterung des Gesellschafterkreises durch Beteiligungsgeber und damit verbunden das Einfließen zusätzlichen Stammkapitals bewirkt oft, dass gleichzeitig auch die Gründungsgesellschafter ihr Gesellschaftskapital aufstocken.

Mit direkten Beteiligungen können Beteiligungsgeber zwei unterschiedliche *wirtschaftliche Ziele* verfolgen:

- Erstens können sie hohe laufende Renditen bezwecken. Bei einem solchen Ziel gehen die Beteiligungsgeber nur Investments in ertragsstarken, etablierten Unternehmen ein. Das eingebrachte Kapital (einschließlich Agio) verbleibt im Allgemeinen permanent im Unternehmen, soweit Verluste es nicht aufzehren. Junge Technologieunternehmen, die in den ersten Lebensjahren oft noch keine Gewinne erzielen, sind für solche Beteiligungsgeber nicht interessant.

- Zweitens können sie aufgrund eines hohen Wachstumspotenzials und eines deutlich absehbaren Zuwachses des Unternehmenswertes anstreben, ihre Unternehmensanteile nach einem bestimmten Zeitraum (3 bis 10 Jahre) mit einer hohen Rendite zu verkaufen. Auf jährliche Gewinnausschüttungen wird verzichtet, denn die Gewinne sollen die Unternehmen nutzen, das mittel- und langfristige Erfolgspotenzial zu erhöhen. Der Ausstieg des Beteiligungsgebers am Ende des Beteiligungszeitraumes erfolgt durch Verkauf der Anteile an der Börse, an andere Unternehmen, Beteiligungsgesellschaften oder Privatpersonen. Ist der Unternehmenswert sehr gestiegen, ist ein Rückkauf durch die ehemaligen Gründer finanziell kaum möglich. Aber sie kommen natürlich für ihre Gesellschaftsanteile auch in den Genuss des hohen Unternehmenswertes, sofern sie ebenfalls Gesellschaftsanteile beim Ausstieg des Beteiligungsgebers veräußern. Das Ziel hoher Renditen beim Exit ist typisch für direkte Beteiligungen an Technologieunternehmen. Solche Beteiligungsgeber, die die Rendite ihres Investments durch den Verkauf ihrer Anteile am Ende der Beteiligungslaufzeit erzielen wollen, arbeiten exitorientiert.

Mit der direkten Beteiligung erlangen die Beteiligungsgeber die *Rechtsstellung* eines *Eigentümers*. Sie tragen das Unternehmensrisiko mit, partizipieren anteilsmäßig an den Gewinnen und Verlusten des Unternehmens, erlangen Kontroll- und Entscheidungsrechte und können an der Unternehmensleitung teilnehmen. Aus Unternehmenssicht steht zunächst im Vordergrund der Bemühungen um die Einwerbung von Beteiligungskapital die Deckung des Kapitalbedarfs. Daneben existieren nicht-finanzielle Motive. Dazu zählen der Bedarf an Managementunterstützung, an Netzwerkkontakten, aber auch strategische Ziele, wie die Nutzung von Synergieeffekten. Besonders in frühen Phasen der Unternehmensentwicklung ist der Unterstützungsaspekt durch die Beteiligungsgeber beim Aufbau des Unternehmens von hoher Relevanz.

Venture-Capital-Finanzierung (VC-Finanzierung) – oft synonym zum Begriff *Beteiligungskapitalfinanzierung* verwendet – hebt diese Verbindung von Kapitalzuführung und Managementunterstützung besonders hervor. Ursprünglich bezeichnete die VC-Finanzierung nur Beteiligungsfinanzierungen von Kapitalbeteiligungsgesellschaften mit der Zielgruppe junger, kleiner, vor allem innovativer, nicht-emmisionsfähiger Unternehmen mit großem Wachstumspotenzial. Von konstituierender Bedeutung für die Erreichung einer hohen Rendite des Investments in solchen Unternehmen ist eine aktive Managementunterstützung. In einer engeren Definition handelt es sich damit bei Venture-Capital-Finanzierungen um die Zusammenführung von Kapital in Form von Beteiligungskapital und von Technologie, verbunden mit Managementfunktionen der Beteiligungsgeber für die kreativen Gründer in den Anfangsphasen des Unternehmens. VC-Gesellschaften konzentrieren sich im Allgemeinen auf Hightech-Unternehmen mit hohem Erfolgspotenzial.

4.2.2 Stille Beteiligungen

Bei stillen Beteiligungen gibt der Beteiligungsgeber Kapital in ein Unternehmen ein, ohne selbst direkter Gesellschafter am Unternehmen zu werden. Die stille Beteiligung wird nicht in das Handelsregister eingetragen und kann anonym bleiben. Die Kapitaleinlage geht in das Vermögen des Beteiligungsnehmers über.

Unterschieden wird zwischen typisch stillen Beteiligungen und atypisch stillen Beteiligungen.

Merkmale *typisch stiller Beteiligungen* sind:

- Entrichtung eines Beteiligungsentgeltes durch den Beteiligungsnehmer, meist mit einer gewinnunabhängigen (fixen) und gewinnabhängigen (variablen) Komponente,
- Ausschluss einer Beteiligung am Gesellschaftsvermögen und damit am Wertzuwachs des Unternehmens,
- Beschränkung der Haftung auf die Höhe der Kapitaleinlage,
- Einschränkung der Kontrollrechte des Beteiligungsgebers im Vergleich zu denen eines Gesellschafters,
- nachrangige Geltendmachung der Kapitaleinlage im Konkursfall.

Atypisch stille Beteiligungen sind dadurch gekennzeichnet, dass der Beteiligungsgeber nicht nur über Beteiligungsentgelt am Gewinn partizipiert, sondern auch am Vermögenszuwachs der Gesellschaft (einschließlich der stillen Reserven) bzw. am Verlust während der Beteiligungsdauer.

Die finanziellen Mittel aus stillen Beteiligungen stehen dem Unternehmen für einen begrenzten, im *Beteiligungsvertrag* festgelegten, Zeitraum zur Verfügung. Danach muss bei typisch stillen Beteiligungen der Nominalwert vom Unternehmen an den stillen Gesellschafter zurückgezahlt werden. Bei atypischen stillen Beteiligungen kommt noch ein Anteil am Zuwachs des Unternehmenswertes hinzu. Die Laufzeit der Beteiligung wird so bemessen, dass nach der Ausgabenphase dem Unternehmen noch ausreichend Zeit verbleibt, über entsprechende Gewinne das investierte Kapital wieder zu erwirtschaften. Die Laufzeit beträgt typischerweise 10 Jahre. Danach bestehen oft Verlängerungsoptionen oder Umwandlungsmöglichkeiten in langfristige Darlehen.

Stille Beteiligungen sind die gängigste Form der Kapitalbereitstellung bei förderorientierten Beteiligungsgebern. Hierzu zählen in erster Linie die Mittelständischen Beteiligungsgesellschaften (MBG), die als Selbsthilfeeinrichtungen der Wirtschaft in den einzelnen Bundesländern Eigenkapital für kleine und mittlere Unternehmen sowie Gründungen bereitstellen. Von den renditeorientierten Beteiligungsgebern gehen höchstens die an laufenden Erträgen interessierten ausschließlich stille Beteiligungen ein. Exitorientierte Kapitalgeber geben stille Beteiligungen in Ergänzung zum Erwerb von Gesellschaftsanteilen.

4.2.3 Merkmale einer Beteiligungsfinanzierung

Finanziell dient Beteiligungskapital zuerst der *Deckung des Kapitalbedarfs* des Beteiligungsnehmers. Je nach der Unternehmenssituation hat das Beteiligungskapital im gesamten Finanzierungskonzept ein unterschiedliches Gewicht. Wenn andere Finanzierungsquellen, wie Kredite oder Gewinne, nicht in ausreichendem Maße zur Verfügung stehen, erlangt es eine hohe Bedeutung. Mit Beteiligungskapital können Unternehmen Finanzierungssituationen mit besonders hohem Kapitalbedarf, wie neue FuE-Projekte, starkes Wachstum, Krisenbewältigung oder Unternehmensübernahmen finanziell absichern. Es erhöht die Eigenkapitalausstattung und ermöglicht damit eine für die weitere Unternehmensentwicklung gesunde Bilanzstruktur.

Neben diesen finanziellen Wirkungen hat eine Beteiligungspartnerschaft aber auch weitreichende *nicht-finanzielle Vorteile*. Beteiligungsgeber unterstützen – allerdings in unterschiedlichem Umfang – die Unternehmen, um den Wert ihrer Investition als Miteigentümer zu steigern. Neben Kontrollfunktionen zur möglichst frühzeitigen Identifizierung von Fehlentwicklungen übernehmen sie auch Beratungsfunktionen. Insbesondere auf kaufmännischen Gebieten (Finanzierung, Marketing, Strategie etc.) können Beteiligungsgeber die Unternehmen durch ihr Spezialwissen unterstützen. Ebenso sind ihre oftmals weitreichenden Netzwerkbeziehungen für die Unternehmen nutzbar, z. B. zur Kundenakquise oder zum Aufbau internationaler Vertriebsnetze. Falls andere Unternehmen als Beteiligungsgeber auftreten, können Synergieeffekte aus Komplementaritäten zwischen beiden Beteiligungspartnern entstehen. Tabelle 29 stellt die Vor- und Nachteile von Beteiligungsfinanzierungen zusammen.

Tabelle 29:   Vor- und Nachteile der Finanzierung über Beteiligungskapital aus Unternehmenssicht

Vorteile
Stärkung der Eigenkapitalbasis und Erhöhung des Finanzierungsspielraums, auch für Nachfinanzierungen
Finanzierung des Unternehmens als Ganzes, weniger restriktive Abgrenzung vorhabensbezogener Aufwendungen
Bei stillen Beteiligungen keine Abgabe von Gesellschaftsanteilen, geringe Eingriffsrechte des Beteiligungsgebers, u. U. niedriges gewinnunabhängiges Beteiligungsentgelt, gewinnabhängiges nur bei entsprechenden Gewinnen
Bei direkten Beteiligungen kein Beteiligungsentgelt, keine Rückzahlung des Kapitals
Interesse des Kapitalgebers am Erfolg des Unternehmens, Prüfung der Beteiligung unter Wirtschaftlichkeitsaspekten
Unterstützung durch Beteiligungsgeber bei strategischen Entscheidungen sowie bei Finanzierungs- und kaufmännischen Problemen
Nutzung der Netzwerke des Beteiligungsgebers, beispielsweise bei der Kundenakquisition und beim Marketing
Nachteile
Probleme für junge Technologieunternehmen bei der Suche nach geeigneten Beteiligungsgebern
Hohe Anforderungen renditeorientierter Beteiligungsgeber an Wachstums- und Renditepotenzial sowie an Managementqualifikation
Bei direkter Beteiligung Abgabe von Gesellschaftsanteilen, kein oder nur geringer Einfluss beim Verkauf der Unternehmensanteile durch Beteiligungsgeber
Bei stillen Beteiligungen Liquiditätsbelastung durch Beteiligungsentgelte und Rückzahlung des Kapitals am Ende der Laufzeit der Beteiligung

Als Problem der Beteiligungsfinanzierung empfinden Beteiligungsnehmer den Verlust der unternehmerischen Selbständigkeit. Bei direkten Beteiligungen müssen die Unternehmer Geschäftsanteile hergeben. Die Beteiligungsgeber erlangen Einfluss auf die

Unternehmensentscheidungen. Die meisten Beteiligungen sind Minderheitsbeteiligungen und die Beteiligungsgeber mischen sich in der Regel nicht in das Tagesgeschäft des Managements ein. Sie nehmen dagegen Einfluss auf die Strategie und kontrollieren anhand regelmäßiger Berichte die Unternehmensentwicklung. Sowohl beim Beteiligungsnehmer als auch beim Beteiligungsgeber stimmen in der Regel die Interessen über die Unternehmensentwicklung überein, so dass es keine Konflikte gibt. Wenn allerdings Fehlentwicklungen auftreten, wird der Beteiligungsgeber auch von seinem im Beteiligungsvertrag geregelten Recht der Einflussnahme Gebrauch machen und im Extremfall ein seiner Meinung nach geeigneteres Management einsetzen.

Beteiligungsfinanzierung ist nicht unbedingt die billigste Finanzierungsform. Bei einer stillen Beteiligung liegt die Summe aus fixen und variablen Entgelten oft über dem Zinssatz für Darlehen. Bei direkten Beteiligungen wird die Beteiligung mit im Erfolgsfall wertvollen Unternehmensanteilen erkauft. Man muss aber dagegen halten, dass ohne Beteiligungskapital die erfolgreiche Unternehmensentwicklung kaum möglich gewesen wäre. Zu beachten ist aber auch, dass bei Auftreten von Verlusten die Finanzlage des Unternehmens durch eine Beteiligung kaum weiter belastet wird. Bei direkten Beteiligungen sind prinzipiell keine laufenden Entgelte zu entrichten und bei stillen Beteiligungen nur die relativ geringen fixen Anteile. Beteiligungsgeber sind stärker an einem Fortbestehen und einer guten Entwicklung ihres Unternehmens interessiert als an einer Sicherung ihrer eingebrachten Kapitalmittel. Im Falle eines Scheiterns des Unternehmens werden sie als Eigenkapitalgeber nachrangig bedient.

4.3   Beteiligungsgeber

4.3.1   Typen von Beteiligungsgebern

Beteiligungsfinanzierung kennzeichnet, dass auf der einen Seite Unternehmen stehen, die Kapital nachfragen (Beteiligungsnehmer), auf der anderen Seite Investoren, die Kapital anbieten. Dazwischen befinden sich entweder Intermediäre, die zwischen Angebot und Nachfrage von Beteiligungskapital vermitteln, ohne dass Investor und Beteiligungsintermediär immer institutionell getrennt sein müssen, oder Investor und Beteiligungsnehmer gehen direkte Kontakte ein (vgl. Abbildung 1).

Abbildung 1:   Stellung von Intermediären bei Beteiligungsfinanzierung

Die Beteiligungsintermediäre, meist *Beteiligungsgesellschaften*, beschaffen von den Investoren (Banken, Sparkassen, Versicherungen, Industrieunternehmen, Privatpersonen, öffentliche Hand) das freie Kapital. Dieses fließt entweder in Fonds mit einem festgelegten Volumen ein (geschlossene Fonds) oder wird durch die Investoren beim Eingehen konkreter Beteiligungen bereitgestellt (offene Fonds). Aufgabe des Beteiligungsmanagements ist es, das Kapital so zu verwalten und den Unternehmen als Beteiligung verfügbar zu machen, dass für die Investoren eine hohe Rendite entsteht.

Die Größe der Fonds der Beteiligungsgesellschaften kann sehr unterschiedlich sein, kleine Fonds umfassen ein Volumen von wenigen Millionen DM, größere Beteiligungsgesellschaften verwalten oft mehrere Fonds mit mehreren hundert Millionen DM. Je nach Größe der Fonds finanzieren die Gesellschaften aus einem Fonds 15 bis 60 Unternehmen. Sie streuen die Beteiligungen nach verschiedenen Kriterien, um die Risiken einzuschränken und die Gewinnchancen zu verbessern.

In Deutschland existieren etwa 170 Beteiligungsgesellschaften, ihre Zahl wächst ständig. 139 von ihnen sind Mitglied des Bundesverbandes der Kapitalbeteiligungsgesellschaften. Das Gesamtportfolio dieser Beteiligungsgesellschaften umfasste 1998 rund 9,9 Mrd. DM und erhöhte sich 1999 auf 13,5 Mrd. DM. Die Investments beziehen sich auf 4 420 Unternehmen. Die einzelnen Gesellschaften konzentrieren sich meist auf ausgewählte Tätigkeitsfelder für ihr Kapital. Sie entstehen auf verschiedene Art und Weise und sie arbeiten nach unterschiedlichen wirtschaftlichen Prämissen. Im Einzelnen unterscheiden sich *Beteiligungsgeber* in folgenden Merkmalen:

— Initiatoren und Investoren,

— Finanzierungsanlässe (z. B. Expansionsfinanzierung, Börsenvorbereitung, Gesellschafterwechsel, Frühphasenfinanzierung, Unternehmenskauf, Managereintritt, Sanierungen),

— Technologiefelder und Branchen (z. B. Hightech-Gebiete, Biotechnologie, Informations- und Kommunikationstechnik),

— wirtschaftliche Ziele (hohe laufende Rendite oder hohe Rendite beim Exit),

— Standortprioritäten (z. B. Bundesländer, Regionen),

— Form der Mittelbereitstellung (direkte Beteiligungen, stille Beteiligungen),

— Zeitdauer der Beteiligung,

— Art und Umfang der den Unternehmen verfügbar gemachten Managementunterstützung,

— Risikobereitschaft,

— Kooperationsstrategien mit anderen Beteiligungsgebern.

Aus der Ausprägung dieser Merkmale leiten sich verschiedene *Typen von Beteiligungsgebern* ab. Die prinzipielle Systematik der Typen bestimmt sich danach, ob es sich um Beteiligungsgeber handelt, die

- mehr renditeorientiert oder mehr förderorientiert entscheiden,

- regional oder national bzw. international tätig sind,

- bereit sind im Frühphasenbereich der Unternehmensentwicklung Engagements einzugehen oder nicht,

- in Technologieunternehmen investieren oder in etablierte Wachstumsunternehmen.

Die Beteiligungsgesellschaften verfügen über unterschiedliche Erfahrungen, auch die Qualitätsansprüche treten differenziert auf. Unternehmen, die eine Beteiligungsfinanzierung in Erwägung ziehen, sollten sich deshalb vor Beginn von Beteiligungsverhandlungen über die Ziele, Merkmale und Erfahrungen der in Betracht gezogenen Beteiligungsgesellschaften informieren und abwägen, ob Interessenübereinstimmungen zwischen Beteiligungsgeber und Beteiligungsnehmer erreichbar sind.

Einen Überblick über das Profil aller Beteiligungsgesellschaften gibt das vom Bundesverband der Kapitalbeteiligungsgesellschaften (BVK) herausgegebene Directory mit Leitfaden (BVK, Residenz am Deutschen Theater, Reinhardtstr. 27c, 10117 Berlin, Telefon: 030/3069820). Im Internet ist unter der Adresse (http://www.bvk-ev.de) eine abfrageorientierte Recherche unter den Mitgliedern des Verbandes möglich.

Unternehmen und Privatpersonen als Beteiligungsgeber nehmen zu den Beteiligungsnehmern meist direkte Kontakte auf. Beide Seiten sprechen sich entweder auf Veranstaltungen, Investmentforen oder Messen direkt an oder sie nehmen die Vermittlungsfunktionen von Netzwerken oder Beteiligungsagenturen in Anspruch.

4.3.2 Renditeorientierte Beteiligungsgeber

Renditeorientierte Beteiligungsgesellschaften bilden Fonds, für die Versicherungen, Privatpersonen, Pensionsfonds, Industrieunternehmen, private und öffentliche Banken Geldgeber sind. Die Geldgeber zahlen deshalb in diese Fonds ein, weil sie eine überdurchschnittlich hohe Rendite erwarten. Der jährliche interne Zinsfuß soll über dem anderer Anlagemöglichkeiten liegen.

Zu den renditeorientierten Beteiligungsgebern gehören

- die Venture-Capital-Gesellschaften (VC-Gesellschaften) und

- die Kapitalbeteiligungsgesellschaften von Banken und Versicherungen.

VC-Gesellschaften sind unabhängige Beteiligungskapitalgeber. Ihre *Anlagestrategien* weisen folgende Merkmale auf:

- Venture-Capital-Gesellschaften beteiligen sich an innovativen Unternehmen mit hohem Wachstums- und Renditepotenzial und qualifiziertem Management bei durchaus gegebenen Risiken.

- Sie gehen direkte Minderheitsbeteiligungen am Gesellschaftskapital ein (zwischen 25 und 49 Prozent). Für diese direkten Beteiligungen besteht als echtem Eigenkapital keine Verzinsungs- und Rückzahlungspflicht der Unternehmen. Die Gesellschaften sind nicht an einer Abschöpfung anfallender Gewinne interessiert. Diese sollten möglichst reinvestiert werden, um eine hohe Wertsteigerung der Gesellschaftsanteile zu erreichen.

- Die Gesellschaften verfolgen das Ziel, ihren Gesellschaftsanteil nach einer begrenzten Beteiligungsdauer (3 bis 10 Jahre) mit hohem Gewinn zu veräußern. Je erfolgreicher die wirtschaftliche Entwicklung der Unternehmen im Beteiligungszeitraum vor sich geht und je höher damit der Unternehmenswert ist, desto größere Gewinne bzw. im Verhältnis zum eingesetzten Kapital höhere Renditen lassen sich beim Verkauf erzielen.

- Im Interesse einer erfolgreichen wirtschaftlichen Entwicklung bieten die Gesellschaften ihren Beteiligungsnehmern neben Kapital Managementunterstützung. In das Tagesgeschäft wollen sie sich nicht einmischen, da dies originäre Aufgabe des Managements ist und beim Beteiligungsgeber hohe Kosten verursacht. Aber bei Krisen schalten sie sich zeitweilig auch ins operative Geschäft ein. Ihre Kontroll- und Mitspracherechte beziehen sich – planmäßiger Geschäftsverlauf unterstellt – auf grundlegende Entscheidungen. Diese Rechte regelt der Beteiligungsvertrag.

- Auch wenn bestimmte Bandbreiten fixiert sind, handeln Kapitalgeber und -nehmer die Beteiligungskonditionen im Einzelfall aus.

Entsprechend dieser Merkmale legen Venture-Capital-Gesellschaften strenge Maßstäbe bei der *Auswahl* derjenigen Unternehmen an, die aus den Fonds eine Beteiligung erhalten. Markt- und Absatzvolumen, Marktposition, Alleinstellungsmerkmale der Produkte und Verfahren, Ertragskraft, Produktpalette, langfristige Wettbewerbsfähigkeit und Verkaufsmöglichkeiten der übernommenen Gesellschaftsanteile sind wichtige Indikatoren des Erfolgspotenzials der Unternehmen. Hinzu kommt das Vertrauen in das Management des Unternehmens, die vorgegebenen Wachstumsziele zu realisieren. Dabei geht es nicht um die formale Qualifikation, sondern um bisherige Erfahrungen, Kooperationsfähigkeit, Kontaktnetze, Marktkenntnisse, Führungsfähigkeiten, persönliche Integrität, Wachstumsorientierung u. ä.

Diese Prinzipien und Merkmale der Venture-Capital-Gesellschaften finden sich im Prinzip bei allen auf den Exit ausgerichteten renditeorientierten Beteiligungsgesellschaften wieder. Sie führen dazu, dass nur ein beschränkter Kreis von Technologieunternehmen Zugang zu diesen Gesellschaften findet, nämlich solche, die den hohen Wachstums- und Renditeerwartungen der Gesellschaften entsprechen. Andere Technologieunternehmen fallen durch das Bewertungsraster der Gesellschaften durch. Aus 100 Unternehmensanfragen nach Beteiligungen entstehen erfahrungsgemäß zwei bis drei Beteiligungsverträge.

Da bei jungen Unternehmen die Wachstumspotenziale oft nicht deutlich erkennbar sind und damit das Risiko, zu scheitern bzw. nicht die notwendigen Renditen zu erreichen, hoch ist, scheuen VC-Gesellschaften oft Engagements in neu gegründeten oder jungen Unternehmen. Um dennoch auch für diese Unternehmen den Zugang zu Beteiligungskapital zu ermöglichen, haftet der Staat im Rahmen von Förderprogrammen für einen Teil des Risikos, sofern der Beteiligungsgeber dies wünscht und dafür ein Entgelt entrichtet (vgl. Abschnitt 4.4). Das bewirkte, dass in Deutschland die Anzahl von Beteiligungen und der Anteil des Beteiligungskapitals in den frühen Phasen der Unternehmensentwicklung bedeutend stieg.

Kapitalbeteiligungsgesellschaften (KBG) von Banken und Versicherungen entstehen als Tochterunternehmen, da eine direkte Risikofinanzierung den Banken per Gesetz verboten ist. Sie verfolgen Renditeziele, wobei sie vor allem laufende Erträge anstreben. Ihr Investitionsschwerpunkt ist die Finanzierung etablierter Wachstumsunternehmen. In junge und kleine Unternehmen investieren sie seltener. Die Beteiligungsbeträge wären für sie zu klein und damit die Managementkosten für die Auswahl und Betreuung der Unternehmen zu hoch. Die Betreuungsaktivitäten gegenüber den Unternehmen sind relativ gering. Ihre Tätigkeit ist regional kaum begrenzt.

Die *Kapitalbeteiligungsgesellschaften der Sparkassen*, Volksbanken, Raiffeisenbanken und deren Dachorganisationen verfolgen neben erwerbswirtschaftlichen Zielen auch solche der regionalen Wirtschaftsförderung. Im letzteren Fall bieten sie mittelständischen Unternehmen in ihrer Region zumeist stille Beteiligungen zu günstigen Konditionen an, wobei sie häufig das Refinanzierungsangebot aus ERP-Mitteln nutzen. Zunehmend wenden sich die Sparkassen auch innovativen Unternehmen zu und gewähren diesen direkte und stille Beteiligungen. Die Beteiligungsgesellschaften verfolgen dann das Ziel, an der Wertsteigerung der Unternehmen zu verdienen. Sie begleiten dazu die Unternehmen, um die Erfolgschancen zu verbessern.

Eine Sonderform der VC-Gesellschaften sind die *Seed-Capital-(SC-)Gesellschaften*. Sie investieren vor allem frühe Entwicklungsphasen von Technologieunternehmen. Sie verbinden die Bereitstellung von Beteiligungskapital mit Managementunterstützung. Wie VC-Gesellschaften sind sie am Wertzuwachs der Beteiligung und damit an einer (hohen) Rendite interessiert, einige von ihnen verfolgen aber auch Ziele der Wirtschaftsförderung. Meist wirken sie regional begrenzt.

Wenn auch renditeorientierte Beteiligungsgesellschaften das Wachstums- und Renditepotenzial der Unternehmen streng bewerten, bevor sie die Entscheidung über eine Beteiligung treffen, so haben die hohen Geschäftsrisiken neuer oder expandierender Technologieunternehmen doch zur Folge, dass einige Unternehmen während des Beteiligungszeitraumes scheitern. Um so wichtiger ist es für die Beteiligungsgesellschaften, dass zum Portfolio solche Unternehmen gehören, bei deren Veräußerung ein Vielfaches des investierten Kapitals an Gewinn erzielt wird. Wie hoch die *Rendite eines Beteiligungsfonds* ist, hängt demnach maßgeblich davon ab,

— wie hoch der Anteil der Stars am Portfolio ist,

— welche Relation zwischen erzieltem Verkaufserlös und investiertem Kapital bei den Stars und bei den durchschnittlichen Unternehmen vorliegt,

— wie viel Unternehmen ausfallen und

- wie hoch die Managementkosten des Fonds für die Auswahl, Beratung und Betreuung der Unternehmen sind.

Eine Renditeberechnung für Beteiligungsfonds geht vom Kapitalbedarf der Unternehmen, den Einzahlungen an den Fonds, den Erlösen und den Managementkosten der Fonds aus (Pleschak/Werner 1996). Zu berücksichtigen ist, dass der Kapitalbedarf entsprechend der Lebensphasen der Unternehmen in mehreren Finanzierungsrunden anfällt. Außerdem entsteht mit der Beteiligung ein Hebeleffekt, der bewirkt, dass je DM Beteiligungskapital etwa 1 bis 2 DM weiteres Kapital aus anderen Quellen für die Finanzierung mobilisiert wird (Wupperfeld 1996). Zusätzlich sind die Effekte aus dem Programm „Beteiligungskapital für kleine Technologieunternehmen" zu beachten, sowohl hinsichtlich des Koinvestments bzw. der Refinanzierung als auch aus der Sicht der anteiligen Risikoübernahme durch die öffentlichen Banken.

Wichtigste *Erlösquelle* des Fonds sind die Einnahmen beim Desinvestment. Sie sind abhängig vom Unternehmenswert. Da genaue Angaben über den Wert der Unternehmen zum Exitzeitpunkt im Voraus nicht verfügbar sind, bietet es sich an, Variantenrechnungen durchzuführen, die auf unterschiedlichen Annahmen über das wirtschaftliche Wachstum der Unternehmen beruhen. So lassen sich Aussagen zum Unternehmenswert ableiten aus Erfahrungswerten über

- die Umsatz- und Gewinnentwicklung der Unternehmen,

- die Gewinnfaktoren bezogen auf das eingesetzte Kapital bei unterschiedlichem Erfolg der Unternehmensentwicklung,

- die Gewinnfaktoren bezogen auf das eingesetzte Kapital in Abhängigkeit von der Art des Desinvestments beim Exit.

Bei der Berechnung der Erlöse ist weiter zu beachten, dass einige Unternehmen (etwa 25 bis 30 Prozent) während des Beteiligungszeitraumes scheitern. Auf die stille Beteiligung entrichten die Unternehmen ab dem ersten Gewinnjahr ein Beteiligungsentgelt. Die stillen Beteiligungen kaufen die Unternehmen nach Ablauf des Beteiligungszeitraumes zum Nominalwert zurück.

Die Höhe des gewinnunabhängigen Entgelts für die stille Beteiligung hängt von der Politik des Beteiligungsgebers ab; zwei Fälle bilden die Extrema:
- relativ niedriges Niveau, da der Beteiligungsgeber dem Unternehmen keine Substanz über laufende Entgeltzahlungen entziehen will,

- deutlich über dem Kapitalmarktniveau für Kredite liegendes Niveau aufgrund einer hohen Risikoeinstufung.

Über das gewinnabhängige Entgelt für die stille Beteiligung wird eine deutliche Partizipation am Gewinn gerade bei risikobehafteten, aber potenziell ertragsstarken Unternehmen angestrebt. Seine Berechnungsweise wird genau festgelegt, um dem Beteiligungsnehmer wenig Gestaltungsspielraum zu lassen. In jedem Fall ist eine Obergrenze festgelegt (entweder in Prozent des Gewinns oder der stillen Einlage). Häufig wird ein Agio vereinbart (bei planmäßiger oder vorzeitiger Rückzahlung der Einlage). Gerade im letzten Fall will der stille Gesellschafter eine Partizipation am Gewinn sicherstellen und verhindern, dass er in gewinnstarken Jahre nicht mehr Beteiligter ist, nachdem er zuvor das Unternehmensrisiko mittrug.

Renditeorientierte Kapitalgeber schließen ausschließlich stille Beteiligungen in der Regel nur mit etablierten, ertragsstarken Unternehmen ab. Nur bei diesen besteht eine ausreichend große Sicherheit, dass sie ihren Zahlungsverpflichtungen (Beteiligungsentgelte, Rückzahlung der Einlage) nachkommen und auch ein gewinnabhängiges Entgelt zahlen können.

Die Managementkosten werden in die Renditeberechnung als Prozentsatz des gezeichneten Kapitals einbezogen. In den ersten Jahren des Beteiligungszeitraumes ist dieser höher, weil mehr Aufwand für die Auswahl und Betreuung der Unternehmen anfällt.

Günstige Bedingungen für die Entwicklung des Venture-Capital-Marktes sind gegeben, wenn

– auf der Grundlage einer qualitativ hochwertigen Forschung neue Produkte und Verfahren zur industriellen Nutzung reif sind,

– die Leistungs- und Wettbewerbsfähigkeit der Unternehmen es ermöglicht, neue Märkte zu erschließen,

– das Unternehmensmanagement für Beratung und Betreuung offen ist und das Corporate Identity des Unternehmens auf Wachstum ausgerichtet ist,

– steuerliche Anreize für institutionelle Investoren gegeben sind (Lessat u. a. 1999),

– die öffentliche Hand das Risiko der Finanzierung von frühen Lebensphasen der Unternehmen mitträgt,

– günstige Bedingungen für die Veräußerung von Unternehmensanteilen nach Ablauf des Beteiligungszeitraumes, z. B. für einen Börsengang, existieren.

4.3.3   Förderorientierte Beteiligungsgesellschaften

Auch Unternehmen, die den hohen Wachstums- und Renditeanforderungen von Kapitalbeteiligungsgesellschaften und VC-Gesellschaften nicht entsprechen, benötigen für den Aufbau und das Wachstum Eigenkapital. Eine verbesserte Eigenkapitalbasis erweitert den Spielraum für zusätzliche Kreditfinanzierungen oder die Nutzung öffentlicher Förderprogramme. Das Beteiligungskapital soll einen Hebeleffekt für die Gesamtfinanzierung auslösen.

Für diese Unternehmen bieten öffentlich getragene Einrichtungen wie die Mittelständischen Beteiligungsgesellschaften (MBG), bundeslandbezogene Gründungs- bzw. Innovationsfonds, die tbg Technologie-Beteiligungs-Gesellschaft mbH der Deutschen Ausgleichsbank oder die Kreditanstalt für Wiederaufbau (KfW) Beteiligungen an. Da sie selbst nicht über nennenswerte eigene Mittel verfügen, refinanzieren sie sich über Förderprogramme des Bundes und der Länder, von denen die ERP-Mittel die größte Bedeutung haben. Daher werden ihre Beteiligungskonditionen bezüglich Beteiligungsbetrag, Beteiligungsform, Entgeltregelungen und Rückzahlungszeitpunkte im Wesentlichen durch die Modalitäten dieser Programme bestimmt. Bei Ausfällen können sie bei einigen Programmen über Bürgschaftsbanken auf Garantien des Bundes oder der jeweiligen Bundesländer zurückgreifen.

Diese Beteiligungsgeber leisten wesentliche Beiträge zur Anlauffinanzierung bis zu dem Zeitpunkt, an dem die Unternehmen für andere Kapitalgeber attraktiv werden. Sie beteiligen sich an großvolumigen Finanzierungspaketen, die ein einzelner Kapitalgeber nicht allein finanzieren würde. Die meist gewählte Form der stillen Beteiligung kommt Unternehmern oft entgegen, da sie keine Gesellschaftsanteile abtreten müssen. Zudem vermindern relativ niedrige Beteiligungsentgelte die Kapitalkosten. Allerdings ist die Managementunterstützung im Vergleich zu den anderen Beteiligungsgesellschaften geringer. Die große Anzahl von Engagements und die knappen personellen Kapazitäten beschränken die Möglichkeiten der Beratung und Betreuung der Unternehmen.

Bis Ende des Jahres 1997 beteiligten sich die *Mittelständischen Beteiligungsgesellschaften* (MBG) an über 4 600 mittelständischen Unternehmen mit über 2 Mrd. DM. Die MBG Baden-Württembergs ist mit derzeit rund 1 000 gehaltenen Beteiligungen einsamer Spitzenreiter in Deutschland, gefolgt von der Bayerischen MBG (Haller 1999). Allerdings ist der MBG-Anteil am Volumen von Beteiligungen deutlich geringer. Das zeigt, dass sich die Mittelständischen Beteiligungsgesellschaften insbesondere kleinen und mittleren Unternehmen widmen. Obwohl sich in den neuen Bundesländern die MBG erst in der ersten Hälfte der 90er Jahre herausbildete, hatte die MBG Sachsen Ende 1998 bereits mehr als 290 Beteiligungen mit 460 Mio. DM. Voraussetzungen für ein Engagement von Sachsens MBG sind: überzeugendes Unternehmenskonzept, geordnete wirtschaftliche Verhältnisse und – bei bestehenden Unternehmen – gute Ertragslage, positive Zukunftsaussichten, zustimmende Stellungnahme der jeweiligen Kammer und eines externen Fachgutachters, gesicherte Gesamtfinanzierung. Gründe für die Ablehnung von Beteiligungsanträgen sind:

– Unrealistische, nicht nachvollziehbare Konzepte,

– fehlende Gesamtfinanzierung, keine Hausbank,

– kaufmännische Defizite bei den Beteiligungsnehmern (Hanke 1999).

Die *förderorientierten Beteiligungsgeber* greifen auf öffentliche Förderprogramme zurück. Dadurch ist für den Beteiligungsnehmer kein oder nur ein sehr geringer Verhandlungsspielraum zur Entgeltregelung gegeben. Das gewinnunabhängige Entgelt orientiert sich am jeweils geltenden Kapitalmarktzins. Manche förderorientierten Gesellschaften bieten gestaffelte Zinssätze mit niedrigen Werten in den ersten Jahren der Laufzeit an. Die Entgeltregelung ist aber festgeschrieben für den gesamten Beteiligungszeitraum und damit die Liquiditätsbelastung für das Unternehmen über einen langen Zeitraum planbar. Das gewinnabhängige Entgelt ist auch im Falle sehr hoher Unternehmensgewinne i.d.R. niedriger als der fixe Bestandteil. Ein Nachbezugsrecht für gewinnlose Jahre wird selten vereinbart. Die meisten förderorientierten Beteiligungsgeber verzichten auf ein Agio. Jene Beteiligungsgeber, die ein Agio erheben, begründen dies mit dem hohen Risiko, das ihre Einlage mitträgt, oder mit günstigen Beteiligungsentgelten in der Anlaufphase, in denen die Liquidität des Beteiligungsnehmers geschont werden soll. Oder es stellt einen Ausgleich für die Aufwendungen zur Managementunterstützung des Beteiligungsgebers dar, die nicht gesondert in Rechnung gestellt werden. Häufig stellen die Zahlung einer Bearbeitungsgebühr und einer Garantieprovision zusätzliche Kostenkomponenten dar. Prinzipiell soll die Beteiligung nach Ablauf ihrer Laufzeit in einem Betrag zurückgezahlt werden. Es besteht jedoch – falls das Unternehmen dazu nicht in der Lage ist – die Möglichkeit einer tranchenweisen Rückzahlung bzw. einer vorherigen Umwandlung in ein Darlehen.

Auch förderorientierte Beteiligungsgesellschaften prüfen den potenziellen Beteiligungsnehmer nach volkswirtschaftlichen oder regionalen Aspekten, nach den Chancen der Erreichung der Unternehmensziele, den Risiken, der Sicherheit der Entgeltzahlungen und den Managementfähigkeiten der Geschäftsleitung. Förderorientierte Beteiligungsgesellschaften orientieren sich in ihren Entscheidungen daran, inwieweit die kapitalnachfragenden Unternehmen den Kriterien der Förderprogramme entsprechen, aus denen sie sich selbst refinanzieren bzw. die ihre Entgelte absichern.

Bei Verlusten, die aus risikobehafteten Beteiligungen resultieren, kommen diese Gesellschaften in Probleme. Die Verluste aus Ausfällen können sie durch die Beteiligungsentgelte nur schwer ausgleichen. Da das gewinnabhängige Beteiligungsentgelt auf wenige Prozent der Beteiligungssumme beschränkt ist, partizipieren sie am Gewinn eines besonders erfolgreichen Engagements kaum oder nur unbedeutend mehr als am Gewinn eines mittelmäßigen Engagements. Die Möglichkeiten der Gewinnerzielung zum Ausgleich von Verlusten aus Ausfällen sind also stark beschränkt. Entscheidend für ihre Geschäftätigkeit ist daher, wie sich die Ausfallquote im Beteiligungsbestand entwickelt bzw. in welchem Umfang ihnen Förderprogramme Ausfälle ersetzen. Solche Förderprogramme des Bundes oder des jeweiligen Landes tragen zwar einen wesentlichen Ausfallanteil, aber es verbleibt dennoch ein durch Einnahmen aus dem Beteiligungsgeschäft zu tragender Eigenanteil.

Dies führt dazu, dass nur in begrenztem Umfang großvolumige Investments in Form stiller Beteiligungen an risikobehafteten Neugründungen möglich sind. Auch lassen die beschränkten Kontroll- und Informationsrechte sowie die angesichts der großen Anzahl an Engagements knappen personellen Kapazitäten wenig Spielraum für eine nennenswerte Managementunterstützung. Aber gerade diese benötigen die meisten Technologieunternehmen zur Bewältigung der vielfältigen Aktivitäten beim Management.

4.3.4 Business Angels

Neben Institutionen treten auch Privatpersonen als Beteiligungsgeber auf. Sie bringen ihr freies Vermögen und ihre unternehmerischen Erfahrungen im oberen Management direkt in solche Unternehmen ein, die finanzielle und nicht-finanzielle Unterstützung benötigen. Kapitalgeber- und Coachingfunktion fallen zusammen. Deshalb werden diese Privatinvestoren auch als Business Angels bezeichnet. Sie gehören zum *informellen Beteiligungskapitalmarkt*, das ist der nicht organisierte Teil des gesamten Beteiligungskapitalmarktes (Hemer 1999a; Hemer 1999b).

Die *Beteiligungsstrategie der Business Angels* ist durch folgende Merkmale gekennzeichnet:

- Beteiligungsvergabe in frühen Lebensphasen der Unternehmen, um die Unternehmensentwicklung nachhaltig beeinflussen zu können,

- risikofreudige, wenn auch aus finanzieller Hinsicht kleinvolumigere Engagements,

- längerfristigeres Interesse an der Begleitung der Unternehmen,

- unkomplizierte, schnelle Vermittlung der Erfahrungen an das Unternehmensmanagement, insbesondere hinsichtlich der Kenntnisse über die Branche und die Märkte, des Zugangs zu Netzwerken sowie der unternehmerischen Erfahrungen und des spezifischen technischen und kaufmännischen Know-hows.

- Auswahl von Beteiligungsnehmern in örtlicher Nähe.

Diese Beteiligungsstrategie erweist sich besonders für junge Unternehmen vorteilhaft. Business Angels sind oft als Einzige bereit, in Frühphasen die Finanzierungslücken von Technologieunternehmen zu schließen, wenn sich Banken und auch Beteiligungsgesellschaften noch zurück halten. Das Engagement der Business Angels gibt den anderen Investoren ein Signal, sich bei der nächsten Finanzierungsrunde zu beteiligen. Die Beteiligung eines Business Angels ist für ein Technologieunternehmen gewissermaßen ein Gütesiegel. Business Angels und Beteiligungsgesellschaften verhalten sich damit komplementär. Wenn Unternehmen schnell wachsen, übersteigt ihr Kapitalbedarf die Finanzierungsmöglichkeiten von Business Angels und Beteiligungsgesellschaften werden aktiv.

Potenzielle Beteiligungspartner von Business Angels sollten deren Erwartungen ausleuchten, da diese durchaus differenziert auftreten. So gibt es solche Business Angels, die in erster Linie an einer hohen Rendite am Ende der Laufzeit der Beteiligung interessiert sind, aber auch solche, die mehr eine hohe laufende Rendite erwarten. Wieder andere wollen dagegen selbst unternehmerisch tätig sein oder unternehmerisches Handeln unterstützen. Die Unternehmensstrategie und die Interessen der Business Angels sollten übereinstimmen.

Privatinvestoren wirken meist anonym, da sie ihren Reichtum nicht direkt präsentieren wollen. Um die Suchkosten der Unternehmen nach Privatinvestoren in Grenzen zu halten, existieren Vermittlungsagenturen, Börsen bzw. Netzwerke. Sie stellen Erstkontakte zwischen Kapital und Erfahrungswissen suchenden Unternehmen und potenziellen Privatinvestoren her. Unternehmen und Investor erwarten von diesen vermittelnden Einrichtungen Vertraulichkeit, Flexibilität, Seriosität und Aufwandsarmut (Dorn 1997). In Deutschland entstehen gegenwärtig 15 bis 20 derartige Netzwerke, sie sind meist regional organisiert. Erste bundesweite Business Angels Netzwerke existieren in Form des BAND e.V. (Business Angels Netzwerk Deutschland), das neben Business Angels auch Tutoren und Mentoren vermittelt und das BAV (Business Angels Venture), ein von der Deutschen Bank zusammen mit dem Gerling-Konzern, der tbg Technologie-Beteiligungs-Gesellschaft mbH und dem Bundesverband deutscher Kapitalgesellschaften finanziertes und durch das Fraunhofer-Institut für Systemtechnik und Innovationsforschung betriebene Netzwerk. Sein Kennzeichen ist die qualifizierte Prüfung der Angebote und Anfragen sowie die moderierte persönliche Vermittlung zwischen Business Angel und Beteiligungsnehmer. Die *Leistungen des BAV* bestehen in

– Identifikation attraktiver, wachstumsstarker junger Unternehmen oder Unternehmensgründungen,

– Plausibilitätsprüfung und Qualifizierung von Businessplänen,

– Akquisition und Bewertung potenter Privatinvestoren,

– Vermittlung der Partner,

– Moderation des Vermittlungsprozesses,

– Beratung der Unternehmer sowie der Investoren.

Eine vertrauliche Behandlung jedes Vorgangs sowie eine seriöse Begleitung gehören zu den Grundsätzen des Business Angel Venture.

4.3.5 Corporate-Venture-Gesellschaften

Großunternehmen bilden hierbei eigene Fonds, um dadurch an neu gegründeten Unternehmen, unter Umständen auch an anderen Beteiligungsgesellschaften, mitzuwirken. Die Fonds werden von Gesellschaften gemanagt, die den Prozess des Unternehmensaufbaus von der Ideenfindung bis zur Vermarktung begleiten. Für die Großunternehmen bringt das folgende Vorteile (Schween 1996):

– Beobachtung neuer technologischer Entwicklungen als Ausgangspunkt für eventuelle neue Geschäftsfelder, Sicherung des Zugangs zu neuen Technologien,

– Diversifikation oder Bereinigung des Unternehmensprofils,

– Offenhaltung von Optionen für die Unternehmensentwicklung,

– Stärkung unternehmerischer Elemente in der Unternehmensstruktur, Förderung von Talenten und von Spin-offs aus dem eigenen Unternehmen.

Für die jungen Unternehmen erweist es sich als vorteilhaft, dass erfahrene Manager als Coach wirken und Kontaktnetze zugänglich werden, dass sie materielle und personelle Ressourcen des Mutterunternehmens nutzen können, insbesondere deren Netzwerke,

Marktzugänge und Vertriebskanäle sowie vor allem, dass sie über Beteiligungen ihren Unternehmensaufbau finanzieren können. Innovationsfähigkeit, Flexibilität, Motivation und Effizienz des Beteiligungsnehmers wirken positiv auf den Kapitalgeber zurück. Corporate-Venture-Gesellschaften identifizieren Mitarbeiter, die sich mit chancenreichen und interdisziplinären Geschäftsideen mit Potenzialen für eine Technologieführerschaft unternehmerisch betätigen wollen. Spezielle Unterstützungsprogramme dienen dem Coaching der potenziellen Gründer bei der Ausarbeitung der Unternehmenskonzeption und ihrer Umsetzung, aber auch bei der Bewertung von Technologien, der Beschaffung von Personal, der Ausgestaltung des Managements. Im Rahmen dieser Starthilfe erhalten die Gründer Freiräume, um sich als neue organisatorische Einheit entfalten zu können. Dem liegt die Erfahrung zugrunde, dass sich neue Geschäfte oft einfacher und schneller in neuen, unabhängigen Organisationen aufbauen lassen (Schnell 2000).

Bei Siemens Nixdorf, wo dieses Starthilfeprogramm unter dem Namen „New Stars" läuft, ist die Unternehmenskonzeption die Verhandlungsgrundlage zwischen Mutterunternehmen und Gründer (Ueberreiter 1999). Unterstützung gibt Siemens Nixdorf vor allem solchen Geschäftsideen, die sich bei ihrer Verwirklichung über mehrere Abteilungen oder Geschäftseinheiten entstehen, denn diese sind häufig nur unter großen Schwierigkeiten durchzusetzen.

Junge Unternehmer sollten sich darüber informieren, welche Ziele die Großunternehmen im Einzelfall mit dem Corporate Venturing verfolgen. Es könnten mehr finanzielle Ziele oder aus der Unternehmenskultur abgeleitete, aber auch technologiebezogene Ziele sein. Zielübereinstimmung zwischen Beteiligungsnehmer und Beteiligungsgeber ist eine wichtige Ausgangsbedingung für eine erfolgreiche Entwicklung von Unternehmen.

Voraussetzungen für eine erfolgreiche Entwicklung der jungen Unternehmen sind:
— eindeutige organisatorische Abgrenzung und Schnittstellengestaltung,
— vertragliche Regelungen über die Ressourcennutzung,
— Passfähigkeit der unternehmerischen Konzepte,
— Vereinbarung der strategischen Ziele bezüglich des Exits des Beteiligungsgebers.

Unternehmen beteiligen sich aber nicht nur über eigene Gesellschaften mit Fonds an jungen oder neugegründeten Unternehmen, sondern sie gehen auch einzelfallbezogen mit anderen Unternehmen Beteiligungen ein. Meist sind strategische Überlegungen dafür der Ausgangspunkt, beispielsweise das Erschließen von Synergien für FuE, Fertigung, Marketing und insbesondere den Vertrieb, das Bereitstellen von Know-how für den Beteiligungspartner und die Deckung von Kapitalbedarf für das Wachstum.

4.4 Förderung von Finanzierungskonzepten mit Beteiligungskapital

Zur Entwicklung des Beteiligungskapitalmarktes bieten sich verschiedene Förderungen an. Ansatzpunkte dieser Förderung enthält die Tabelle 30.

Tabelle 30: Ansatzpunkte der Förderung von Beteiligungskapital (Kulicke 1998)

Öffentliche Förderung von privatem Beteiligungskapital
Risikoabsicherung von Engagements durch öffentliche Ausfallbürgschaften
Zuschüsse zum Prüf- oder Managementaufwand der Beteiligungsgeber
Zuschüsse zu den Kosten einer Refinanzierung über den Kapitalmarkt
Verbilligung der Entgelte für Beteiligungsnehmer durch Zuschüsse
Bereitstellung öffentlichen Beteiligungskapitals
Ausstattung förderorientierter Beteiligungsfonds mit öffentlichem Startkapital für Beteiligungsinvestments
Refinanzierung von Engagements privater oder förderorientierter Beteiligungskapitalgeber aus öffentlichen Mitteln

Folgende Förderungen sind für Technologieunternehmen gegenwärtig von besonderer Bedeutung:

Beteiligungskapital für kleine Technologieunternehmen (BTU)

Beteiligungsgeber verhalten sich zum Teil zurückhaltend gegenüber jungen Technologieunternehmen, denn FuE-Risiken und Marktrisiken bewirken auch Finanzierungsrisiken. Um Beteiligungsgeber anzuregen, sich dennoch auch in frühen Phasen des Lebenszyklus an Technologieunternehmen zu beteiligen, fördert der Staat Beteiligungskapital für kleine Technologieunternehmen. Die Fördermaßnahme „Beteiligungskapital für kleine Technologieunternehmen" (BTU) fußt auf den Erfahrungen eines zuvor gelaufenen Modellversuchs, der das Ziel verfolgte, die Akzeptanz von Beteiligungskapital bei Gründern zu erhöhen und den Beteiligungsgesellschaften Möglichkeiten zu geben, Erfahrungen bei der Auswahl und Betreuung junger Technologieunternehmen zu schaffen (Kulicke/Wupperfeld 1996).

Für die Förderung im Programm BTU bestehen zwei Zugangsvarianten:

- Bei der *Koinvestmentvariante* geht die tbg Technologie-Beteiligungs-Gesellschaft mbH der Deutschen Ausgleichsbank als Koinvestor eine stille Beteiligung bis zu 3 Mio. DM an einem Technologieunternehmen ein, sofern sich ein Beteiligungskapitalgeber (Leadinvestor) in mindestens der gleichen Höhe an diesem Unternehmen beteiligt. Der Leadinvestor beteiligt sich im Allgemeinen direkt und übt somit einen großen Einfluss aus. Die tbg trägt bei einem Scheitern des Technologieunternehmens innerhalb eines begrenzten Zeitraumes anteilig das Ausfallrisiko des Leadinverstors. Dieser muss dafür aber ein Entgelt oder einen Gewinnanteil des Exit-Erlöses zahlen.

- Bei der *Refinanzierungsvariante* stellt die KfW finanzielle Mittel in Form zinsgünstiger Darlehen für Beteiligungskapitalgeber zur Refinanzierung von Beteiligungen an Technologieunternehmen zur Verfügung. Die KfW refinanziert bis zu 70 Prozent der Beteiligungen, wobei diese höchstens knapp 4 Mio. DM betragen können. Die restlichen 30 Prozent muss der Beteiligungskapitalgeber selbst aufbringen. Die KfW übernimmt für den Refinanzierungsanteil das Ausfallrisiko. Sie kann vom Beteiligungsgeber eine Gewinnbeteiligung verlangen.

Für die Beteiligungsnehmer entstehen daraus folgende Vorteile:

– Erleichterter Zugang zu Beteiligungskapital durch bedeutende Risikoeinschränkung beim Beteiligungsgeber,

– Verbesserung der Eigenkapitalbasis und Nutzbarmachung des Hebeleffekts der Beteiligungen,

– Nutzung des Erfahrungswissens des Beteiligungsgebers,

– Bewahrung der Sicherheiten für nachfolgende Finanzierungsrunden,

– günstiges Beteiligungsentgelt.

Für die Beteiligungsgeber vermindern zinsgünstige Refinanzierung und anteilige Risikoabsicherung die Hürden, sich in frühen Lebensphasen in kleinen Technologieunternehmen zu beteiligen.

Das Koinvestmentmodell der tbg ist gebunden an einen Leadinvestor, der ein angemessenes finanzielles Fundament hat und über das erforderliche Management-Know-how verfügt, um Unternehmen wirkungsvoll zu unterstützen. Der Leadinvestor kann eine kompetente Privatperson oder auch eine Beteiligungsgesellschaft sein. Die tbg beteiligt sich mit dem gleichen Betrag in Form einer stillen Beteiligungen am Unternehmen wie der Leadinvestor.

Wenn die Fördermöglichkeiten aus dem BTU-Programm erschöpft sind, kann die tbg-Beteiligung aufgestockt werden, sofern der Leadinvestor seine Beteiligung in gleichem Maße erhöht. Für BTU-geförderte Unternehmen kann über tbg-Beteiligungen auch der Gang an die Börse erleichtert werden, ebenso unterstützt die tbg im Rahmen ihres Technologiebeteiligungsprogramms Gründer mit Beteiligungen in den Phasen der Erarbeitung der Unternehmenskonzeption und der Aufnahme der Produkt- und Verfahrensentwicklung (Posselt 1999).

Förderung technologieorientierter Unternehmensgründungen in den neuen Bundesländern (FUTOUR)

Angesichts der Bedeutung technologieorientierter Unternehmen für den Innovationsfortschritt, den volkswirtschaftlichen Strukturwandel und den Aufbau von Innovationspotenzialen, aber auch vor dem Hintergrund der schwierigen wirtschaftlichen Startbedingungen von jungen Technologieunternehmen fördert das Bundesministerium für Wirtschaft und Technologie (BMWi) die Gründung und den Aufbau von Technologieunternehmen. Bereits in den zurückliegenden Jahren geschah dies in den alten und in den neuen Bundesländern mit den Modellversuchen TOU mit Zuschüssen und Beratungsleistungen (Kulicke 1993; Pleschak/Werner 1998). Die Ziele der jetzigen Fördermaßnahme FUTOUR (Förderung und Unterstützung von technologieorientierten Unternehmensgründungen in den neuen Bundesländern und Berlin-Ost) bestehen darin, die Gründung technologieorientierter Unternehmen durch Bereitstellung von Finanzierungslösungen in der Kombination von Zuschüssen und stillen Beteiligungen sowie Beratungsangeboten anzuregen und für eine erfolgreiche Entwicklung der Unternehmen Unterstützung zu leisten.

Die stillen Beteiligungen bei FUTOUR haben Eigenkapitalcharakter, was günstige Voraussetzungen für das Einbringen weiteren Kapitals in das Unternehmen schafft. Die Gründer geben für die stille Beteiligung keine Anteile ihres Unternehmens ab und es werden keine Sicherheiten, auch keine persönlichen Bürgschaften gefordert. Allerdings ist für die stille Beteiligung Beteiligungsentgelt zu entrichten. Es besteht aus einer jährlichen Festverzinsung sowie im Falle der Gewinnerwirtschaftung zusätzlich aus einer gewinnabhängigen Vergütung. Die Beteiligungen gewährte bisher in allen Fällen die tbg Technologie-Beteiligungs-Gesellschaft mbH der Deutschen Ausgleichsbank, es können aber prinzipiell auch andere Beteiligungsgesellschaften zu gleichen Bedingungen die Finanzierung übernehmen.

Untersuchungen zu den Wirkungen der FUTOUR-Förderung auf der Grundlage der Auswertung von 130 Unternehmenskonzeptionen und von 50 Tiefengesprächen mit FUTOUR-geförderten Unternehmern zeigen Folgendes (Pleschak/Stummer/Ossenkopf 2000):

- Die stillen Beteiligungen des Finanzierungskonzepts bei FUTOUR führen die Gründer an das Wesen und an die Chancen bzw. Probleme der Beteiligungsfinanzierung heran. Sie erkennen, dass Beteiligungen das risikotragende Eigenkapital der jungen Unternehmen entscheidend verbessern und davon Hebelwirkungen für die Aufnahme weiterer Beteiligungs- und Fremdkapitals, aber auch für das Unternehmensimage ausgehen. Die Untersuchungen belegen, dass die Gründer während des Förderzeitraumes aufgrund dieser Erfahrungen eine wesentlich offenere Haltung vor allem gegenüber direkten Beteiligungen einnehmen. Dadurch werden sie zu potenziellen Interessenten für das Programm „Beteiligungskapital für kleine Technologieunternehmen" (BTU). Auf diesem Wege ist es den Unternehmen dann möglich, den Kapitalbedarf für das Wachstum zu decken. Da die geförderten FUTOUR-Unternehmen ihren Lebenszyklus alle mit Forschung und Entwicklung, auch mit Anteilen industrieller Grundlagenforschung beginnen, tun sich Beteiligungsgeber zum Gründungszeitpunkt schwer, in den neu gegründeten Unternehmen Engagements einzugehen. Nach Abschluss des Förderzeitraumes liegen dagegen marktreife Produkte vor und die Wachstumspotenziale sind genauer abzusehen, so dass Entscheidungen über die künftige Unternehmensfinanzierung sowohl von den Unternehmen als auch den Beteiligungsgebern fundierter möglich sind. FUTOUR unterstützt das Zustandekommen der für Ostdeutschland so wichtigen technologieorientierten Unternehmensgründungen und bereitet die Unternehmen für den Risikokapitalmarkt vor.

- Untersuchungen zur wirtschaftlichen Entwicklung der im Modellversuch TOU-NBL geförderten Unternehmen zeigten, dass für das Wachstum signifikante Faktoren die Haltung der Gründer zum Wachstum und zu Beteiligungen, die frühzeitige Durchführung von Marketingaktivitäten, die Kundennähe und die Komplexität der Innovationsvorhaben sind (Pleschak/Werner 1999). Hinsichtlich dieser Aspekte haben sich die Ausgangsbedingungen für die Unternehmensentwicklung bei der FUTOUR-Förderung wesentlich verbessert. Nicht nur mehr Gründer sind bereit, Beteiligungen einzugehen, sondern auch ihre Wachstumsorientierung ist deutlicher ausgeprägt. Marketingaktivitäten binden die Gründer frühzeitiger in die Forschung und Entwicklung ein. Diese Veränderungen dürften sich vorteilhaft auf die künftige wirtschaftliche Entwicklung der Unternehmen auswirken.

- Durch die stillen Beteiligungen erhöht sich der wirtschaftliche Druck auf die Unternehmen. Die Beteiligungsentgelte und der Zwang zur Rückzahlung nach Ablauf des Beteiligungszeitraumes regen die Gründer an, von Anfang an über den Förderzeitraum hinaus zu denken. Von Zuschüssen allein gehen keine Orientierungen für langfristiges wirtschaftliches Denken aus.

Beratung der Unternehmen

Die Deutsche Ausgleichsbank hat eine eigene Beteiligungsagentur in Berlin, um einerseits kleinen und mittleren kapitalsuchenden Unternehmen Hilfestellungen bei der Suche nach kompetenten Beteiligungskapitalgebern zu gewähren. Andererseits finden Beteiligungsgesellschaften sowie kapitalgebende und managementerfahrene Unternehmen und Privatpersonen über die Agentur mittelständische Unternehmen mit Wachstumspotenzialen. Die kapitalsuchenden Unternehmen und die Anbieter von Beteiligungskapital stellen Anträge auf Aufnahme in den Vermittlungsservice der Unternehmens-Beteiligungs-Agentur. Das ermöglicht, die Seriosität und Kompetenz zu überprüfen und Partner zusammenzuführen, die auch zueinander passen. Ergibt sich für die Unternehmen Beratungsbedarf, z. B. bei der Präzisierung der Unternehmenskonzeption, dann ist es zusätzlich möglich, über die Beratungsagentur kompetente Partner zu vermitteln.

Die Deutsche Börse AG und die Kreditanstalt für Wiederaufbau bieten einen Service an – das „Deutsche Eigenkapitalforum" –, der die Effizienz und die Transparenz auf dem Beteiligungsmarkt steigert. Über Internet (http://www.exchange.de/ekforum) können sich eigenkapitalsuchende Unternehmen und Privatpersonen ebenso präsentieren wie Anbieter von Beteiligungskapital.

4.5 Unternehmerische Entscheidungen bei Beteiligungsfinanzierung

4.5.1 Präzisierung der Unternehmenskonzeption

Jede Finanzierungsentscheidung – so auch die Entscheidung über die Einwerbung von Beteiligungskapital – setzt Klarheit über die eigene *Unternehmenskonzeption* voraus. In der Unternehmenskonzeption drücken sich die Ziele und im Weiteren die Philosophie des Unternehmens aus. Die Unternehmenskonzeption ist die Visitenkarte des Unternehmen, sie hat – wie bereits im 1. Kapitel dargestellt – eine zentrale Funktion für die Unternehmensentwicklung. Unternehmensintern bildet sie die Richtschnur für die gesamte Arbeit des Managements und der Mitarbeiter und ist in diesem Sinne zugleich Planungs- und Kontrollinstrument. Sie hilft Engpässe zu erkennen und Maßnahmen zur Unternehmensentwicklung zu definieren bei Wahrung des Gesamtzusammenhangs aller Unternehmensbereiche. Als externes Kommunikationsinstrument ist sie Verhandlungsgrundlage mit Kapitalgebern, Beteiligungspartnern und Projektträgern. Da sich sehr schnell die inneren und äußeren Bedingungen eines Unternehmens ändern, darf die Unternehmenskonzeption kein starres Führungsinstrument sein, sie bedarf in bestimmten Zeitabständen einer Aktualisierung und Präzisierung.

Für Beteiligungsgeber sind folgende *Wertvorstellungen* in den Technologieunternehmen besonders wichtig:
−   Markt- und Kundenorientierung,
−   Streben nach Wettbewerbsvorteilen,
−   technologische Kompetenz,
−   Innovationsbereitschaft,
−   Gewinnerwirtschaftung und Rentabilität,
−   Bekenntnis zum Wachstum,
−   Teamorientierung,
−   Bereitschaft des Management zur Beratung und Betreuung.

Unternehmen, die sich auf kleine Nischenmärkte orientieren, traditionelle Produktlinien bevorzugen, mehr familienorientiert wirken und Wert auf unternehmerische Selbständigkeit legen, sind nicht die typischen Partner von renditeorientierten Beteiligungsgesellschaften. Nicht nur das Corporate Identity eines Unternehmens prägt den Eindruck der Beteiligungsgeber, sondern auch die Persönlichkeitsmerkmale des Unternehmers bzw. Managementteams. Offenheit, Kreativität, Innovationsfreude, Verantwortungsbewusstsein und Risikobereitschaft wirken dabei auf einen Beteiligungsgeber anziehender als überzogene Eigenständigkeit, Eitelkeit, Geltungsbedürfnis und Überheblichkeit. Vor allem ist es die Wachstumsorientierung, die Beteiligungsgeber vom Managementteam erwarten.

Nicht alle Technologieunternehmen entsprechen mit ihrer Unternehmenskonzeption den *Erwartungen von Beteiligungsgebern.* Untersuchungen in Unternehmen, die eine Förderung im Modellversuch TOU-NBL erhielten, zeigten beispielsweise, dass viele Technologieunternehmen zurückhaltende *Wachstumsziele* aufwiesen. 48 Prozent von 98 befragten geförderten Unternehmen hatten zum Zeitpunkt der Gründung das Ziel, künftig als kleine überschaubare Einheit bestehen zu bleiben und 34 Prozent wollten nur risikomindernd wachsen. Lediglich 8 Prozent der Unternehmen strebten ein schnelles Wachstum an und wollten bewusst alle Möglichkeiten der Erweiterung nutzen (Pleschak/Werner 1998). Dagegen verfolgten in den alten Bundesländern 24 Prozent der im Modellversuch TOU geförderten Gründer das Ziel, schnell zu wachsen. Die Sorge ostdeutscher Gründer, auf dem Markt zu bestehen und Image aufzubauen, führte zu sicherheitsorientierten Überlegungen und der Überbetonung der Vorteile kleiner Einheiten wie: Überschaubarkeit des Unternehmens, geringer Kommunikationsaufwand, flexibles Reagieren, Motivation der Mitarbeiter. Sie übersehen dabei aber, dass dauerhafte Innovationstätigkeit Unternehmenswachstum bedingt. Dass dies auch die ostdeutschen Gründer zunehmend erkennen, zeigt sich an Hand der Wachstumsziele FUTOUR-geförderter Gründer, die in den Jahren 1997 bis 1999 ihr Unternehmen gründeten. Von 49 befragten Gründern strebten immerhin 42 Prozent ein schnelles Wachstum an (Pleschak/Stummer/Ossenkopf 2000). Je konsequenter sich die Unternehmen den Wachstumsfragen stellen und Wachstumspotenziale ausnutzen, desto günstiger entwickeln sich die Bedingungen für Beteiligungsfinanzierungen.

Beteiligungsgeber werten auch kritisch *Managementdefizite von Unternehmen.* Daraus resultiert nach ihrer Auffassung ein hoher Betreuungsaufwand und ein hohes Risiko sowie eine geringe Wettbewerbsfähigkeit der Unternehmen. Diese Faktoren führen sie in großer Häufigkeit als „mittleres" und „hohes Hemmnis" für Beteiligungen an jungen Technologieunternehmen in den neuen Bundesländern an (Pleschak/Werner 1998).

Managementprobleme, die sich negativ auf die Einwerbung von Beteiligungskapital auswirken, ergeben sich aus:

– Nichtbeherrschung des Projektmanagements mit der Konsequenz einer gegenüber dem Projektplan späteren Markteinführung von Produkten und Verfahren,

– zu optimistischer Planung der wirtschaftlichen Entwicklung,

– Unterschätzung der Schwierigkeiten bei der Markteinführung,

– Fehlern bei der Ermittlung des Kapitalbedarfs,

– mangelnden Erfahrungen bei der Inanspruchnahme von Finanzierungsquellen und Scheu bei der Zusammenarbeit mit Kapitalgebern,

– unzureichend entwickeltem Controlling,

– nicht ausreichender Ertragskraft.

Viele Unternehmen haben objektiv *Beratungs- und Unterstützungsbedarf* für ihr Management, sie halten sich aber aus verschiedensten Gründen bei der Inanspruchnahme von Beratungsleistungen zurück. Beteiligungsfinanzierungen bieten die Chance, die Bereitstellung von Kapital mit der Managementunterstützung der Unternehmen durch die Beteiligungsgeber zu verbinden. Offenheit der Unternehmen gegenüber einer Beratung und Unterstützung durch Beteiligungsgeber – auch bei der Präzisierung der Unternehmenskonzeption – ist ein wichtiger Faktor für den Erfolg der Beteiligungsgespräche.

Bei manchen Unternehmen ist zum Zeitpunkt der Gründung das Interesse, weitere Gesellschafter in den *Gesellschafterkreis* aufzunehmen, gering. Das ist mit solchen Standpunkten verbunden wie, ein „eigenes Unternehmen" aufzubauen, Unabhängigkeit und Selbständigkeit zu wahren, Entscheidungen selbst treffen zu wollen und keine Schulden zu machen. Im Prozess des Unternehmensaufbaus öffnen sich dann mehr Gründer für Beteiligungen, weil sie erkennen, dass weitere FuE und der Vertriebsaufbau zu finanzieren sind, Fertigungsinvestitionen die Finanzierungskraft der Unternehmen übersteigen sowie Managementwissen und Erfahrungen für den Unternehmensaufbau benötigt werden.

Oft resultierten diese veränderten Haltungen aus der Situation, dass die Unternehmen Kapital für Markteinführung und Fertigungsaufbau benötigen, aber selbst noch nicht über die erforderliche Finanzierungskraft verfügten. Da andere Finanzierungsquellen nicht zugänglich sind, besteht dann in einer Beteiligungsfinanzierung die Hoffnung für eine Problemlösung. In dieser Situation haben aber Unternehmen gegenüber Beteiligungsgesellschaften keine günstige Verhandlungsposition, weil sie kein attraktives Anlageobjekt darstellen. Die Aufnahme eines Beteiligungsgebers stellt eine strategische Unternehmensentscheidung dar und dient nicht in erster Linie dem Überbrücken einer schwierigen Liquiditäts- bzw. Finanzierungssituation. Sieht man eine Beteiligung lediglich unter kurzfristigen Finanzierungsaspekten, verkennt man die strategische Bedeutung des Einbindens von Beteiligungsgesellschaften in ein Unternehmen.

Ein wichtiger Bestandteil der Unternehmenskonzeption ist das *Finanzierungskonzept*. Für den Beteiligungsgeber ist die Stimmigkeit des Finanzierungskonzepts wichtig. Eine geordnete Finanzierung ist die Grundlage für die erfolgreiche Führung eines jeden Unternehmens. Vernachlässigt dies ein Unternehmen, dann führt das häufig

– zur Unterschätzung des Kapitalbedarfs,

– zu ständigen Liquiditätsengpässen,

– zu Einschränkungen bei ursprünglich geplanten Veränderungsmaßnahmen,

– zu hohen Finanzierungskosten.

Im *Finanzierungsplan* sollen alle Einzahlungen und Auszahlungen vollständig, zeitpunkt- und beitragsgenau ausgewiesen werden, damit keine Unterdeckungen und damit Finanzierungsprobleme auftreten. Da Beteiligungsgeber im Allgemeinen nicht das Ziel haben, kurzfristige Liquiditätsprobleme über Beteiligungsvergabe zu lösen, interessieren sie sich in erster Linie für die langfristigen Finanzpläne. In Kapitalbindungsplänen sind gegenübergestellt:

• Kapitalverwendung (Auszahlungen), z. B. für langfristige Sach- und Finanzinvestitionen, Eigenkapitalentnahmen, Rückzahlung langfristiger Kredite und

- Kapitalherkunft (Einzahlungen), z. B. Eigenkapitalerhöhung, Aufnahme langfristigen Fremdkapitals, Verkauf von Vermögensanteilen, verdiente Abschreibungen.

Aus dem Kapitalbindungsplan lässt sich schließen, ob langfristig ein Gleichgewicht zwischen Einnahmen und Ausgaben besteht bzw. ob zusätzliches Kapital zu beschaffen ist. Da sowohl junge als auch schnell wachsende Unternehmen nur beschränkte Möglichkeiten haben, die Auszahlungen durch Einzahlungen aus Umsatzerlösen auszugleichen, muss der Kapitalbedarf auf anderen Wegen gedeckt werden. Die Selbstfinanzierung durch Einbehalt von Gewinn bietet oft nur einen geringen Finanzierungsspielraum. Das Finanzierungskonzept stellt somit meist einen Mix aus verschiedenen Finanzierungsquellen dar.

Aus der Unternehmenskonzeption und dem darin eingeordneten Finanzierungskonzept leiten sich die *Motive und Erwartungshaltungen an Beteiligungsgeber* ab. Da ist zunächst die Erwartung, den sich längerfristig abzeichnenden Kapitalbedarf des Unternehmens mit Beteiligungen zu decken. Begründungen hierfür ergeben sich daraus, dass

- andere Finanzierungsquellen versagen, z. B. hinsichtlich der Finanzierung der Markteinführung und des Vertriebaufbaus,

- anderen Kapitalgebern das Risiko zu hoch ist und sich deshalb nicht an der Finanzierung beteiligen,

- die eigenen Gewinne nicht ausreichen, um für andere Finanzierungsquellen wie für Förderprogramme oder öffentliche Darlehen, die eigenen Anteile aufbringen zu können,

- neben finanzieller Unterstützung auch nicht-finanzielle Unterstützungsleistungen durch die Beteiligungsgeber erwartet werden.

Keinesfalls sollte aber das Motiv für die Einwerbung einer Beteiligung daraus hervorgehen, dass kurzfristig Liquiditätsprobleme oder krisenhafte Situationen bestehen. Die Hoffnung, mit einer Beteiligungsfinanzierung diese zu lösen, dürften sich immer nicht erfüllen, denn Beteiligungsgeber haben aus ihrem wirtschaftlichem Interesse heraus die erfolgreiche Unternehmensentwicklung auf lange Sicht im Auge. Auch sollten nicht überzogene Erwartungen bestehen, dass Beteiligungen eine besonders kostengünstige Finanzierung darstellen. Gewinnunabhängige und gewinnabhängige Beteiligungsentgelte für stille Beteiligungen sind zusammen höher als ein Zins für Fremdkapital. Das Problem besteht aber darin, dass Fremdkapitalgeber aufgrund des Risikos nicht bereit wären, Darlehen zu gewähren.

Unternehmen haben an Beteiligungsgeber neben den finanziellen auch *nicht-finanzielle Erwartungen*. Welche sind das? Sie hoffen auf Unterstützung bei

- der Öffnung neuer Märkte, dem Finden von Vertriebspartnern, der Überwindung von Markteintrittsbarrieren und der Auftragsbeschaffung,

- der Einbindung in Netzwerke, die FuE-Know-how vermitteln, günstige Kooperationsmöglichkeiten bieten und Produktsynergien erschließen,

- der Verbesserung des Unternehmensimages,
- der Erfahrungsvermittlung für das Unternehmensmanagement und bei
- der Vorbereitung von Verhandlungen mit weiteren Kapitalgebern.

Nicht alle Unternehmen erkennen, dass gerade VC- und SC-Gesellschaften solche nicht-finanziellen Unterstützungsleistungen gewähren können und auch wollen, weil sich damit die Wachstumsbedingungen für die Unternehmen verbessern und die Unternehmenswerte steigen. Dafür muss der Unternehmer aber Geschäftsanteile abgeben und dem neuen Teilhaber Mitspracherechte einräumen. Unternehmen, die

- die volle unternehmerische Selbständigkeit nicht verlieren wollen,
- kein Unternehmenswachstum anstreben,
- den Kapitalbedarf auf anderen Wegen kostengünstig decken können,

sind keine Partner für VC- und SC-Gesellschaften.

Mit welcher Häufigkeit *Motive für die Einwerbung von Beteiligungskapital* auftreten, zeigte eine Befragung derjenigen ostdeutschen Technologieunternehmen, die sich auf Investmentforen der VDI/VDE-Informationstechnik GmbH Teltow präsentierten (Pleschak/Kulicke/Stummer 1998). Diese Foren haben das Ziel, kapitalsuchende Unternehmen und Beteiligungsgeber zusammen zu führen. Von 49 Unternehmen, die sich bis 1998 auf Investmentforen präsentierten, benötigten 80 Prozent Kapital, 45 Prozent wollten Kenntnisse über das Verhalten von Beteiligungskapitalgebern und über den Ablauf von Beteiligungsverhandlungen erhalten, 14 Prozent benötigten Beratungsleistungen und 8 Prozent wollten für sich Netzwerke öffnen (Mehrfachnennungen).

Tatsächlich erreichten 20 Prozent dieser 49 Unternehmen einen Beteiligungsvertrag bzw. eine Beteiligungszusage, weitere 18 Prozent fanden einen Beteiligungsgeber über andere Wege als den des Forums. 21 Unternehmen lehnen trotz Teilnahme am Investmentforum Beteiligungen mit folgenden Gründen grundsätzlich ab (Mehrfachnennungen):

- Verlust der unternehmerischen Unabhängigkeit (11 Unternehmen),
- andere Finanzierungsquellen ausreichend oder kostengünstiger (10 Unternehmen),
- Netzwerke des Kapitalgebers nicht ausreichend (4 Unternehmen),
- Managementaufwand für Beteiligungsaufnahme zu hoch (3 Unternehmen),
- Beratungsfunktion des Kapitalgebers nicht ausreichend (3 Unternehmen).

Einige Unternehmen äußerten, dass der Leidensdruck aufgrund fehlenden Kapitals nicht so hoch wäre, dass dieser den Preis der Aufgabe der unternehmerischen Selbständigkeit ausgleiche. Man war dann eher bereit, die Unternehmenskonzepte abzuändern. Während stille Beteiligungen problemlos akzeptiert wurden, existierten gegenüber direkten Beteiligungen Vorbehalte. Diese Haltungen waren auch der Unkenntnis des Wesens und der Merkmale der Beteiligungsfinanzierung geschuldet. Wie die Untersuchungen zum FUTOUR-Förderprogramm zeigen, sind jetzt schon bessere Ausgangsbedingungen gegeben (Pleschak/Stummer/Ossenkopf 2000).

4.5.2 Bewertung und Auswahl von Beteiligungsgebern

In Deutschland existieren eine große Anzahl von Beteiligungsgesellschaften und von Beteiligungsgebern des informellen Beteiligungskapitalmarktes. Technologieunternehmen stehen deshalb vor dem Problem, den ihrer Situation am besten gerecht werdenden Beteiligungspartner auszuwählen. Dazu bedarf es aus Unternehmenssicht einer Bewertung möglicher Beteiligungsgeber. Umgekehrt unterziehen Beteiligungsgeber die kapitalsuchenden Unternehmen auch einem mehrstufigen Bewertungs- und Prüfprozess. Dementsprechend erfolgt sowohl aus der Sicht von Beteiligungsgeber als auch vom Standpunkt der Beteiligungsnehmer schrittweise die Einschränkung potenzieller Kandidaten für eine Partnerschaft.

Die *Beteiligungsprüfung* durch den Beteiligungsgeber soll deutlich machen

- die Übereinstimmung der Unternehmenskonzeption und der Erwartungen des Unternehmens mit der Anlagepolitik der Beteiligungsgesellschaft (z. B. bezüglich Technologiegebiet, Höhe des Kapitalbedarfs, Kooperation mit anderen Kapitalgebern, auch Kofinanzierungen mit weiteren Beteiligungskapitalgebern, geografischer Lage),

- die Chancen und Risiken der Unternehmen, um sowohl auf der Grundlage des Wachstums des Unternehmenswertes eine hohe Rendite für den Fonds zu gewährleisten als auch die Managementkosten für die Beratung und Betreuung der Unternehmen in einer vertretbaren Größenordnung zu halten. Um selbst effizient zu arbeiten, halten sich Beteiligungsgeber im Allgemeinen an die in Tabelle 31 angegebenen Grundsätze.

Tabelle 31: Grundsätze einer effizienten Arbeit von Beteiligungsgebern

Nur in Branchen investieren, von denen man etwas versteht
Schnelle Vorauswahl und Grobbewertung von Anfragen (Kriterien: erfahrenes Managementteam, Wachstumsmarkt, führende technologische Position, Nutzung staatlicher Förderprogramme)
Vorhandensein eines Netzwerkes für die Bewertung und Betreuung von Unternehmen, Integration regionaler Netzwerke innovationsunterstützender Dienstleistungen
Konzentration auf risikoreiche Unternehmen mit überdurchschnittlichen Erfolgschancen
Aktive Betreuung und Managementunterstützung der Unternehmen bei strategischen und teils auch operativen Problemen, z. B. der Finanzierung und dem Marketing, Hilfestellung für Unternehmen bei Erschließung weiterer Finanzierungsquellen
Einbindung der Unternehmen in internationale Netzwerke
Kurze informelle Entscheidungswege
Streuung des Risikos

Die Beteiligungsprüfung durch die Beteiligungsgesellschaft beginnt in der Regel mit einer *Grobanalyse*, in der das schriftliche Unternehmenskonzept bewertet wird. Bereits in diesem Prüfungsstadium wird der größte Teil der Anfragen abgelehnt. Abbildung 2 verdeutlicht dies. Das bestätigt, wie wichtig eine hohe Qualität der Unternehmenskonzeption für das Zustandekommen einer Beteiligung ist. Jeder Beteiligungsgeber hat ein spezielles „*Suchprofil*", an dem er eingehende Anfragen und Bewerbungen um Beteiligungskapital misst. Passt das kapitalsuchende Unternehmen nicht in dieses Profil, dann kommt es gar nicht erst zu Beteiligungsverhandlungen. Tabelle 32 verdeutlicht beispielhaft das Suchprofil der ehemaligen Technologieholding VC GmbH (Friese 1999).

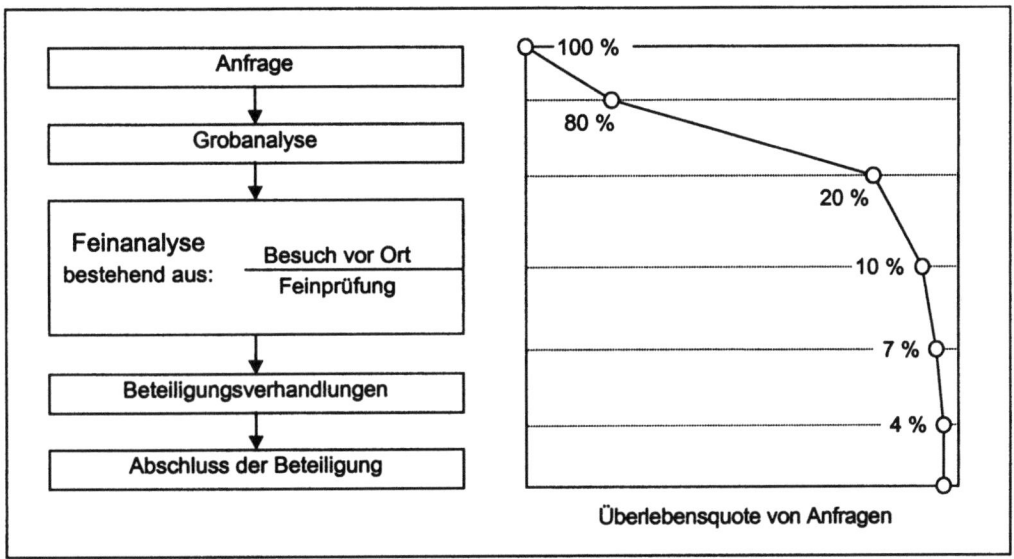

Abbildung 2:   Überlebensquote von Anfragen auf Beteiligungen in Prozent (Schröder 1992:192)

Tabelle 32:   Suchprofil einer VC-Gesellschaft

Kriterium	Merkmal
Industriefokus	Informations- und Kommunikationstechnik
	Automation, elektronische Komponenten und Sensoren
	Neue Materialien und chemische Technologien
	Life Sciences (Biotechnologie und Medizintechnik)
Geschäftskonzept	Potenzial zum Markt- oder Technologieführer
	Umsatzpotenzial über 20 Mio. DM
Management	Qualifiziertes Management
	Motiviertes Team
Standort für Erstinvestments	Deutschland, Österreich, Schweiz, Frankreich
Investitionsphase	Early Stage: Seed, Start-up, Later Stage
Finanzierungsbedarf	0,5 bis 20 Mio. DM, höhere Volumina im Finanzierungssyndikat

Nach der Grobanalyse folgt eine intensive Prüfung aller wesentlichen Chancen- und Risikofaktoren von jungen Technologieunternehmen (*Feinanalyse*). Wichtige Bewertungskriterien bei der Feinanalyse sind in Tabelle 33 angegeben.

Tabelle 33: Bewertungskriterien bei der Feinanalyse aus Sicht des Beteiligungsgebers (nach Kulicke/Wupperfeld 1996:78)

Gründer	Produkt/Idee
Persönlicher Eindruck	Kundennutzen
Managementfähigkeit	Vorteil gegenüber Konkurrenzprodukt, Alleinstellungsmerkmale
Kooperationsfähigkeit	
Marktorientierung, Branchenkenntnis	Existierender Prototyp
Zuverlässigkeit/Seriosität	Vermarktungsreife, Wettbewerbsfähigkeit
Wachstumsorientierung	Hohes Innovationsniveau
Unternehmen	**Markt**
Plausibles Unternehmenskonzept	Existenz eines Marktes
Gesunde Finanzsituation	Großes Marktvolumen
Positiver Eindruck	Hohes Marktwachstum
Sichere Marktposition	

Unternehmen, die wissen, welche Kriterien Beteiligungsgeber bei der Prüfung der Unternehmen ansetzen, gehen besser vorbereitet in Beteiligungsverhandlungen. Deshalb sollten die Unternehmen wissen:

- In welche Branche investiert die Gesellschaft?

- Welche Referenzen weist der Beteiligungsgeber auf?

- Welche Kriterien werden zur Bewertung der Anfragen herangezogen?

- Auf welcher Grundlage beurteilt die Gesellschaft den Wert der Unternehmen (Vergangenheitsdaten, zukünftige Erwartungen, Exitmöglichkeiten)?

- Welche Relation zwischen Gewinnerwartung und Verlustrisiko ist für den Beteiligungsgeber akzeptabel?

- Welche Mitspracherechte fordert die Gesellschaft?

- Welche Informationspflichten legt die Gesellschaft den Unternehmen auf?

- Welche Exitstrategien sind typisch?

- Wie hoch sind die Anteile der Beteiligungsgeber an den Unternehmen?

- Welche Lebensphasen von Unternehmen bzw. Finanzierungsanlässe finanziert der Beteiligungsgeber vorzugsweise (Seed, Start-up, Expansion, Buy-out, Bridge-Financing, Turn-around, vgl. Tabelle 34) und trifft er förder- oder renditeorientierte Entscheidungen?

- Ist der Beteiligungsgeber international, bundesweit oder regional tätig?

- Ist das Investitionsvolumen der Beteiligungsgeber begrenzt? Sind Nachfinanzierungen bzw. mehrere Finanzierungsrunden möglich?

- Welche Beteiligungsentgelte fallen an?

– Kann der Beteiligungsgeber Beratung und Unterstützung geben? Wie intensiv und in welcher Form?

Tabelle 34:   Anlässe für eine Finanzierung mit Beteiligungskapital

Frühphasenfinanzierung (Early-Stage-Financing)
Finanzierung der Gründungsvorbereitung, Gründung, Entwicklung und Konkretisierung des Unternehmenskonzeptes (Seed-Financing)
Finanzierung der Entwicklungsarbeiten bis zur Marktreife des Produktes (Start-Up-Financing)
Finanzierung der Markteinführung, der Produktionsvorbereitung, der Aufnahme der Produktion, des Aufbaus der Vertriebsorganisation und der ersten Wachstumsphase (First-Stage-Financing)
Finanzierung der späten Entwicklungsstadien (Later-Stage-Financing)
Finanzierung des Unternehmenswachstums, des Ausbaus der Vertriebsorganisation, der Produktion und der Erschließung neuer Märkte (Expansion-, Development-Financing)
Finanzierung der Börsenvorbereitung (Bridge-, Mezzanine-, Replacement-Financing)
Finanzierung von Gesellschafterwechseln (Buy-Outs): Übernahme von Unternehmen durch deren Management (Management-Buy-Out), überwiegend mit Fremdkapital finanzierter Unternehmenskauf (Leveraged-Buy-Out), Unternehmenskauf durch von außen eintretende Manager mit finanzieller Unterstützung durch eine Beteiligungsgesellschaft (Management-Buy-In)
Finanzierung von Unternehmenssanierungen (Turn-Around-Financing)

Eine detaillierte Checkliste für Unternehmen, die auf erforderliche Informationen über Beteiligungsgeber, Unterlagen und Verhandlungspunkte für Beteiligungsgespräche und auf zweckmäßiges Gesprächsverhalten hinweist, geben Schäfer und Hillenbrand (1999).

So wie einerseits die Beteiligungsgesellschaften die Unternehmen analysieren und bewerten, so prüfen andererseits die Unternehmen, welche *Vorteile und Nachteile* für sie mit der Finanzierung über Beteiligungskapital verbunden sind, welche Beteiligungsgesellschaften passfähig zu ihrer eigenen Strategie sind und ob Anlagepolitik der Beteiligungsgesellschaft und eigene Unternehmensziele weitgehend in Übereinstimmung stehen. Tabelle 35 stellt die Untersuchungskomplexe zusammen, die aus Unternehmenssicht in Vorbereitung und bei Durchführung von Beteiligungsverhandlungen zu bearbeiten sind.

Tabelle 35: Untersuchungskomplexe für Unternehmen, die die Aufnahme einer Beteiligung erwägen

Festlegung der Unternehmensstrategie bezüglich Wachstum und Aufnahme weiterer Gesellschafter, Definition der langfristigen wirtschaftlichen Entwicklungsziele, der Erfolgspotenziale und Gefährdungsfaktoren
Ermittlung des lang- und mittelfristigen Kapitalbedarfs nach Jahren und Verwendungszwecken
Zusammenstellung und Bewertung der möglichen Finanzierungsvarianten
Einordnung der Beteiligung in das gesamte Finanzierungskonzept und Bestimmung des Hebeleffekts der Beteiligungen
Ermittlung des nicht-finanziellen Unterstützungsbedarfs
Analyse der Leistungsangebote und Beteiligungskonditionen, der Stärken und Schwächen von Beteiligungsgesellschaften
Prüfung der Passfähigkeit der Beteiligungspolitik der Gesellschaften zur eigenen Unternehmenskonzeption
Analyse der Netzwerke und Erfahrungen der Beteiligungsgesellschaften und Bewertung aus der Sicht des eigenen Unterstützungsbedarfs, Abschätzung der Vorteile aus der unternehmerischen Begleitung durch Beteiligungsgesellschaften
Aufgreifen von Anregungen aus Gesprächen mit Beteiligungsgebern für die Verbesserung der Unternehmenskonzeption, Entwicklung von Verständnis für die Bewertung des Unternehmens durch die Beteiligungsgesellschaft
Vergleich der Kapitalkosten für vorgeschlagene Finanzierungskonzepte und der Konsequenzen für das Unternehmenswachstum
Durchführung der Beteiligungsverhandlungen mit dem Ziel des Abschlusses eines Beteiligungsvertrages
Umverteilung von Gesellschaftsanteilen

Ausdruck der *Passfähigkeit* zwischen Konzeption bzw. Erwartungshaltungen der Unternehmen und Strategie von Beteiligungsgesellschaften sind folgende Sachverhalte:

- Der Beteiligungsgeber besitzt Erfahrungen in der Branche und auf dem Technologiegebiet des Unternehmens.

- Der Beteiligungsgeber kann ausreichend Kapital bereitstellen und ist in der Lage, weitere Wege zur Kapitalbeschaffung zu öffnen.

- Geeignete Netzwerke des Beteiligungsgebers helfen, die Wachstumsvorstellungen zu verwirklichen.

- Persönliche Kontakte und Beziehungen entsprechen beiderseitigen Vorstellungen, die Haltungen über Unternehmensstruktur und Führungsstil passen zueinander.

- Die geplante Unternehmensentwicklung kommt den Renditeerwartungen der Beteiligungsgesellschaft entgegen.

Hinsichtlich der nicht-finanziellen Unterstützung weichen Erwartungshaltungen der Unternehmen und mögliche Leistungen der Beteiligungsgeber des Öfteren voneinander ab. Renditeorientierte Beteiligungsgeber beraten und betreuen ihre Unternehmen aus zwei Gründen: Die Unterstützung in Krisensituationen soll dazu beitragen, Ausfälle zu vermeiden und damit das eigene Risiko zu mindern. Die strategische Beratung, Kontaktvermittlung und Einbindung der Unternehmen in Netzwerke soll das Wachstum der Unternehmen unterstützen. Die Unternehmen erwarten vor allem Unterstützung beim Marketing und Vertrieb, das können aber nicht alle Beteiligungsgeber realisieren. Die umfangreichste Unterstützung leisten sie auf dem Gebiet der Finanzierung und bei der Lösung strategischer Probleme. Untersuchungen von Schefczyk (1999) weisen darauf hin, dass Vertreter von VC-Gesellschaften relativ häufig in Gremien (Beirat, Aufsichtsrat, Gesellschafterausschuss) ihrer Portfoliounternehmen mitarbeiten, als dass sie eine intensive, kontinuierliche Beratungsunterstützung im engeren Sinne leisten. In die technikorientierte Entscheidungsfindung sind sie nur mit geringer Intensität beratend eingebunden. Förderorientierte Beteiligungsgesellschaften können aufgrund der hohen Anzahl eingegangener Engagements nur in sehr beschränktem Umfang Managementunterstützung leisten.

Gespräche mit Unternehmern zeigten, dass Unternehmen Beteiligungsgesellschaften ablehnen, wenn diese

– von außen zusätzliche Geschäftsführer einsetzen wollen,

– unrealistische Renditeforderungen stellen,

– keine brauchbaren Netzwerke und Beratung bieten,

– überzogene Kontrollmechanismen einführen wollen,

– sich das Recht vorbehalten, das Management des Unternehmens auszuwechseln,

– vom betreffenden Technologiegebiet nichts verstehen.

4.5.3 Beteiligungsverhandlungen

Die Aufnahme von Kontakten zwischen potenziellen Beteiligungsnehmern und Beteiligungsgebern erfolgt entweder durch beiderseitige Direktansprache auf Veranstaltungen, Foren oder im Ergebnis von Veröffentlichungen und Anzeigen oder mit Hilfe von Netzwerken, die diese Kontakte vermitteln. Erfahrungen zeigen, dass für das Zustandekommen eines Beteiligungsvertrages etwa ein halbes Jahr erforderlich ist. Unternehmen sollten also rechtzeitig ihre Gespräche mit eventuellen Beteiligungsgebern aufnehmen.

Für eine erste Kontaktaufnahme genügt eine kurze schriftliche Darstellung des Beteiligungswunsches. Daraus sollte der Unternehmensgegenstand, die vorhandenen und vorgesehenen Märkte und der benötigte Kapitalbedarf hervorgehen. Aufgrund dieser Angaben kann der angesprochene Beteiligungsgeber über sein Interesse entscheiden. Für weitere Prüfungen und zur Vorbereitung von Beteiligungsverhandlungen benötigt der potenzielle Beteiligungsgeber die detailliert ausgearbeitete Unternehmenskonzeption. Vor der Übersendung dieser Unterlagen sollte das Unternehmen eine Geheimhaltungserklärung verlangen.

Gegenstand der Beteiligungsverhandlungen sind vor allem die Erfolgs- und Wachstumspotenziale des Beteiligungsnehmers. Sie leiten sich aus der Unternehmenskonzeption ab und begründen den Wert eines Unternehmens. Vom Unternehmenswert ist abhängig, wie viel Kapital der Beteiligungsgeber in ein Unternehmen einbringen muss, um Geschäftsanteile zu erhalten (z. B. als direkte Beteiligung und als Agio) und welche Chancen sich für ihn bieten, die Geschäftsanteile gewinnbringend zum Exitzeitpunkt zu veräußern. Der Unternehmenswert wird nicht nur vom Produkt- und Leistungsprogramm des Unternehmens, der Marktposition und den Kundenbeziehungen bestimmt, sondern auch von der Technologieposition des Unternehmens, den Patent- und Markenrechten, den Erfahrungen des Managements und der Unternehmenskultur. Des Weiteren beziehen sich die Beteiligungsverhandlungen auf die Art und Weise der Ausgestaltung der direkten und stillen Beteiligungen (vgl. Tabelle 36).

Tabelle 36:   Gegenstand von Beteiligungsverhandlungen

Direkte Beteiligungen

Bewertung des Unternehmens und Kaufpreis für den Gesellschaftsanteil

Form der Kapitalbereitstellung, z. B., ob ein Agio gezahlt wird oder eine stille Beteiligung bzw. ein Gesellschafterdarlehen und wie die Entgeltregelung hierfür ist

Optionsregelungen für eine der tatsächlichen Unternehmensentwicklung angepasste Umverteilung der Gesellschaftsanteile (z. B. Abtreten von Gesellschaftsanteilen bei Übertreffen oder Unterschreiten der Pläne zur wirtschaftlichen Entwicklung des Unternehmens)

Managementunterstützung der Kapitalgeber und Form ihrer Abgeltung

Mitsprache-, Informations- und Kontrollrechte

Stille Beteiligungen

Höhe der Einlage

Auszahlungsmodalitäten (in einer Tranche, in mehreren) und Prozentsatz der Auszahlung

Laufzeit und gegebenenfalls Bedingungen und Konditionen einer Verlängerung der Beteiligung

Höhe des gewinnunabhängigen (fixen) und gewinnabhängigen (variablen) Beteiligungsentgelts

Berechnungsbasis für die gewinnabhängige Beteiligungskomponente, deren Obergrenze, zeitliche Staffelung in der Höhe, Zeitraum, ab der diese Komponente überhaupt zu zahlen ist, Nachbezugsrecht für gewinnlose Jahre

Höhe einer Garantieprovision

Höhe der Bearbeitungsgebühr bei Vertragsabschluß und Konditionen ihrer Fälligkeit

Regelungen zum Ausschluss bzw. zur Höhe der Verlustbeteiligung bzw. des Anteils am Substanzzuwachs des Unternehmens

Sicherheiten oder persönliche Garantien

Rückzahlungsmodalitäten: zum Nennwert mit oder ohne Agio (Einmalvergütung von der Einlage bei Beendigung der stillen Gesellschaft und deren Berechnungsweise), in einer Summe oder in Tranchen

Bedingungen einer vorzeitigen Kündigung durch Beteiligungsnehmer oder -geber

Kontroll-, Informations- und Mitentscheidungsrechte des stillen Gesellschafters

Umfang und Art einer nicht-finanziellen Unterstützung durch den Beteiligungsgeber

Auflagen

Im Beteiligungsvertrag ist für stille Beteiligungen im Allgemeinen ein einseitiges, vorzeitiges Kündigungsrecht für den Beteiligungsnehmer enthalten. Der Vertrag regelt dafür die Kündigungsfrist und die Berechnung eines Agios als Ausgleich für entgangene Teilnahme am Gewinn und gegebenenfalls am Substanzzuwachs der Folgejahre. Der Beteiligungsgeber hat dagegen nur in besonderen Fällen die Möglichkeit zur vorzeitigen Kündigung.

In jedem Beteiligungsvertrag sind auch die dem stillen Partner zustehenden *Mitsprache-, Kontroll- und Informationsrechte* detailliert festgehalten, wobei zwischen dem Regelfall und besonderen Unternehmenssituationen unterschieden wird. In der Regel ist der Beteiligungsnehmer verpflichtet, in folgenden Situationen die Zustimmung seines stillen Partners zur Entscheidungsfindung einzuholen:

– Änderungen der Gesellschaftsverhältnisse,

– Verkauf des Unternehmens oder wesentlicher Teile,

– Verlagerung, wesentliche Erweiterung oder Einschränkung des Betriebs,

– Abschluss von Verträgen außerhalb des gewöhnlichen Geschäftsverkehrs.

Der Beteiligungsnehmer verpflichtet sich dazu, bei Verlangen seinen Partner über die Geschäfts- und Betriebsverhältnisse zu informieren. Die Vorlage eines testierten Jahresabschlusses gehört zu den Standard-Informationspflichten. Meist wird auch die Vorlage von Zwischenbilanzen oder Quartals- und Halbjahresberichten vereinbart, damit sich der Beteiligungsgeber ein zeitnahes Bild über die wirtschaftlichen Verhältnisse machen kann. Diese Überwachungsrechte sind für den stillen Partner notwendig, da er als ungesicherter Kapitalgeber das Unternehmensrisiko mitträgt. Hierfür hat er das Recht zur Einsichtnahme in die Geschäftsbücher, er kann Prüfungen selbst durchführen oder durch Dritte vornehmen lassen.

Im Einzelfall kann der Beteiligungsvertrag bestimmen, dass die Stimmrechte in der Gesellschafterversammlung nicht den Anteilen am Gesellschaftskapital entsprechen, sondern der Beteiligungsgeber mehr Stimmrechte hat. Dies kann soweit gehen, dass der Beteiligungsgeber zwar anteilsmäßig Minderheitsgesellschafter ist, aber in der Gesellschafterversammlung die Stimmenmehrheit hat. Beteiligungsgesellschaften dürften aber nur in Sonderfällen eine solche Konstellation anstreben. Sie zielen vielmehr auf Investments, bei denen sie von der Qualität des Managements überzeugt sind und sich deshalb nicht intensiv um die Geschäftsführung kümmern müssen.

Da Beteiligungsgeber eine ungesicherte Beteiligung eingehen, haben sie naturgemäß ein großes Interesse an einem guten Überblick zur Geschäftsentwicklung. Dies geschieht über eine laufende schriftliche Berichterstattung des Beteiligungsnehmers (Jahresabschlüsse, Zwischenberichte), aber auch durch persönliche Gespräche, entweder vor Ort oder per Telefon. Um einen zeitnahen Einblick sicherzustellen, unterstützen die meisten Kapitalgeber ihre Beteiligungsnehmer frühzeitig bei der Einrichtung eines effizienten Informations- und Controllingsystems.

Viele Gründer und Unternehmer fürchten gerade die *Mitsprache- und Kontrollrechte* eines Beteiligungsgebers, da sie ihre unternehmerische Entscheidungsfreiheit bedroht sehen und Einmischungen erwarten. Letztlich muss jeder Minderheitsgesellschafter aber an einer vertrauensvollen und einvernehmlichen Zusammenarbeit interessiert sein, da er aus seiner Minderheitsposition allein die Geschäftsführung nur bedingt beeinflussen kann. Auch sollten die bisherigen Gesellschafter die Vorteile aus der unternehmerischen Begleitung durch Beteiligungsgesellschaften sehen.

Die Beteiligungsverhandlungen laufen meist in zwei *Schritten* ab:

- Ergebnis des ersten Schrittes ist ein Letter of intent, eine Absichtserklärung beider Partner, die Grundlage für nachfolgende Vertragsverhandlungen ist. Einmal hierbei getroffene Vereinbarungen stehen nur noch bei wesentlicher Änderung der zugrundegelegten Annahmen zur Disposition. Der Letter of intent trifft Aussagen über die Unternehmenssituation und die geplante Entwicklung des Unternehmens. Der Beteiligungsnehmer übernimmt Haftungen für die Richtigkeit der von ihm gemachten Angaben. Ein Maßnahmeplan legt das weitere Vorgehen bis zum Zustandekommen der Beteiligungsverträge fest und regelt die Zusammenarbeit.

- Im zweiten Schritt folgt eine umfassende Prüfung des Unternehmens (Due Diligence) und die Ausarbeitung der Beteiligungsverträge. Die Prüfung bezieht sich auf alle Komplexe der Unternehmenskonzeption. Externe Stellungnahmen von Steuerberatern, Wirtschaftsprüfern, Rechtsanwälten oder Marktforschungsinstituten tragen dazu bei, die Aussagen in der Unternehmenskonzeption kritisch zu werten. Die Beteiligungsnehmer greifen interaktiv in den Prozess der Meinungsbildung über das Unternehmen ein, nehmen Anregungen und Hinweise auf, entwickeln diese weiter und setzen sie in der weiteren konzeptionellen Arbeit um.

  Die Kosten dieser Phase sind relativ hoch. Sollte ein Unternehmen ungeachtet des vereinbarten Letter of intent in dieser Phase sein Interesse an einer Beteiligung zurückziehen, so muss es die entstandenen Kosten tragen.

Die Beteiligungsverhandlungen schließen mit den *Beteiligungsverträgen* ab. Die Beteiligungsverträge regeln die Zusammenarbeit zwischen Beteiligungsgeber und Beteiligungsnehmer. Im Allgemeinen handelt es sich um folgende drei Verträge (Koo 1997).

Der *Kooperationsvertrag* gibt die Bedingungen des Einstiegs des Beteiligungsgebers an. Außerdem sind in ihm die Verpflichtungen beider Seiten, Haftungen und Garantien sowie die zustimmungspflichtigen Geschäfte angegeben. Zustimmungspflichtig sind die Änderung von bestehenden Unternehmensverträgen, die Veräußerung von Unternehmensanteilen sowie Grundstückstransaktionen. Im Kooperationsvertrag ist die Einbindung des Beteiligungsgebers in die Unternehmensplanung angegeben. Bilanzen, Unternehmenskonzeptionen und Einzelverträge ergänzen den Kooperationsvertrag.

Der *Gesellschaftsvertrag* regelt den Verkauf von Geschäftsanteilen des Beteiligungsgebers und –nehmers sowie die Teilnahme an Gesellschafterversammlungen. Wird ein Beirat gebildet, dann ist eine Beiratsordnung anzugeben.

Der *Geschäftsführervertrag* legt die dienstrechtlichen Belange des Geschäftsführers fest. Oft sind Wettbewerbsverbote bzw. –klauseln enthalten. Sie sollen verhindern, dass die Geschäftsführer ohne Wissen des Beteiligungsgebers Geschäfte, die im Wettbewerb zum vereinbarten Geschäft stehen, aufbauen.

Die Beteiligungsverträge laufen je nach Finanzierungsanlass drei bis zehn Jahre. Die Verträge sind notariell zu bestätigen.

4.5.4   Auflösung der Beteiligung

Beteiligungsgeber und Beteiligungsnehmer einigen sich von vornherein auf eine Zeitdauer für die Beteiligung. Diese reicht je nach Beteiligungsanlass von drei Jahren bei Unternehmensübernahmen und Krisenbewältigungen bis zu zehn Jahren bei Wachstumsfinanzierungen. Die Auflösung der Beteiligung, der sogenannte Exit, kann auf verschiedene Weisen erfolgen. Am renditeträchtigsten für direkte Beteiligungsgeber ist die Börseneinführung. Andere Möglichkeiten des Exits sind der Verkauf der Unternehmensanteile an Dritte oder an die anderen Gesellschafter. Stille Beteiligungen werden durch Rückzahlung oder durch Umwandlung in ein Darlehen aufgelöst.

Die *Börseneinführung* eines Unternehmens (Initial Public Offering – IPO) ist für einen Beteiligungsgeber der weitaus gewinnträchtigste Weg zur Auflösung einer direkten Beteiligung, da hierbei das sechs- bis zehnfache des investierten Kapitals erlöst werden kann. Genauso steigen natürlich auch die Werte der Anteile der Altgesellschafter.

Allerdings kommt die Börseneinführung nur für sich gut entwickelnde Unternehmen mit hohen Wachstumsraten und weiteren hohen zukünftigen Wachstumschancen in Betracht. Mit der erfolgreichen Etablierung des „Neuen Marktes" in Frankfurt/Main besteht mittlerweile auch in Deutschland die Möglichkeit, speziell junge Wachstumsunternehmen an die Börse zu bringen (FAZ 2000, Einicke 1999; Leven 1999). Notwendig ist dafür neben der positiven Unternehmensentwicklung die Begleitung des Unternehmens durch erfahrene Institute oder Wertpapierhäuser, die die Aktien platzieren, im täglichen Börsengeschäft als Market Maker fungieren und das Unternehmen in allen relevanten Fragen, z. B. den Publizitätsanforderungen, unterstützen. Erfahrene Beteiligungsgesellschaften haben das Spezialwissen und die nötigen Netzwerkkontakte, um eine Börseneinführung vorzubereiten

Das VC-Geschäft entwickelte sich in den zurückliegenden Jahren in Deutschland schnell, da nunmehr über den „Neuen Markt" zusätzliche Exitmöglichkeiten vorhanden sind. Der Börsengang ist für VC-Gesellschaften essentiell, weil nur so die erforderlich hohen Renditen erreichbar sind. Je zeitiger eine VC-Gesellschaft einen Teil ihrer Anteile am Stammkapital mit hoher Rendite an die Börse bringen kann, desto höher ist der interne Zins dieses Kapitals.

Aus Unternehmenssicht ist zu klären, welche Strategien und Ziele das Unternehmen verfolgt und ob ein Börsengang sinnvoll ist. Zur Vorbereitung der Börseneinführung gehören: die Auswahl des Bankenkonsortiums und der Investor-Relations-Agentur, die

Unternehmensbewertung durch unabhängige Dritte, eine Steuer- und Rechtsberatung und die Ausarbeitung eines Erfolgsplans, der es attraktiv macht, Aktien zu erwerben. Es ist ein Emissionskonzept zu entwerfen, das Zulassungsverfahren einzuleiten und es sind auf der Grundlage von Broschüren die Stärken und die Zukunftsaussichten des Unternehmens darzustellen. Insbesondere sind die Wachstumschancen zu verdeutlichen und die strategische Positionierung am Markt sichtbar zu machen. Die „Erfolgs-Story" des Unternehmen soll dazu beitragen, Bedenken von Investoren zu entkräften. Die Alternativen der Investoren für die Finanzierung von Geschäftsideen sind vielfältig, deshalb ist Voraussetzung für die Akquisition von Eigenkapital, dass die Erfolgspotenziale, die Ertragsaussichten und die Qualität des Managements – insgesamt die Zukunftsaussichten – den Investoren glaubhaft vermittelt werden.

Unternehmen sollten sich darüber im Klaren sein, dass ein Börsengang nicht nur Kapital- und Imagevorteile bringt, sondern auch zu zusätzlichen Belastungen führt. Die Kosten, die mit einem Börsengang verbunden sind, erreichen bis zu 7, teilweise bis zu 10 Prozent des Emissionsvolumens (Kommunikationskosten, Druckkosten, Einführungsprovisionen an der Börse, Platzierungsprovision). Nach dem Börsengang müssen die Unternehmen mit höheren Publizitätspflichten und starken Kontrollen durch den Kapitalmarkt rechnen. Die Anteilseigner wollen ihre Mitbestimmungsrechte wahrnehmen. Die Unternehmen stehen in der Pflicht, die Öffentlichkeit am Geschehen im Unternehmen teilhaben zu lassen. Damit der Investor erkennen kann, ob die Erfolgsstrategien aufgehen, ist seitens der Unternehmen Transparenz notwendig.

Für Unternehmen verbessert der Börsengang die Möglichkeiten, sich zu einem weltweit operierenden Unternehmen zu entwickeln und die unternehmerischen Ziele zu verwirklichen. Der Bekanntheitsgrad steigt. Durch die Gewährung von Mitarbeiterbeteiligungen entwickeln sich Motivation und Engagement und es ist eine neue Stufe in der Ausprägung der Unternehmenskultur erreichbar.

Etwa die Hälfte der Unternehmen, die gegenwärtig am „Neuen Markt" in Frankfurt/Main gelistet sind, wurden durch VC-Gesellschaften finanziert und in ihrer Entwicklung unterstützt. Einige Unternehmen gehen auch an internationale Börsen, wie die Nasdaq in Washington oder deren europäischen Ableger Easdaq in Brüssel. Auch der „Neue Markt" selbst intensiviert in den kommenden Jahren den internationalen Verbund als Mitglied von EURO.NM, dem u. a. auch der Nouve Marché in Paris und der Nieuwe Markt in Amsterdam angehören.

Da die Börseneinführung relativ viel Kapital verlangt, investieren Beteiligungsgesellschaften hierfür noch einmal extra Mittel. Einige Beteiligungsgeber haben sich mit ihrem Investment ganz auf die Vorbereitung der Börseneinführung spezialisiert (sogenanntes Bridge Financing). Die Unternehmen nehmen durch eine Börseneinführung hohe Kapitalsummen für ihre weitere Entwicklung auf und können später durch die Emission neuer Aktien weiteres Eigenkapital einwerben.

Der weniger lukrative Exitweg ist der *Verkauf der Unternehmensanteile des Beteiligungsgebers an neue Gesellschafter* (Trade Sale) oder an die *Altgesellschafter* (Buy

Back). Im letzteren Fall bekommen die ursprünglichen Gesellschafter ihre volle unternehmerische Selbständigkeit zurück. Viele förderorientierte Beteiligungsgesellschaften gehen vorrangig diesen Exitweg, indem sie den Altgesellschaftern ein Vorkaufsrecht einräumen. Interessenkonflikte können auftreten, wenn der Beteiligungsgeber seine Anteile zum Exit veräußern will, aber die Gründungsgesellschafter nicht die finanziellen Möglichkeiten zum Rückkauf der Unternehmensanteile haben. Beteiligungsverträge sehen im Allgemeinen keine Einspruchsoption der Gründungsgesellschafter vor, an wen die Anteile verkauft werden sollen. Wenn die Gründer aber auch weiterhin die wesentlichen Know-how-Träger im Unternehmen sind, haben die Käufer und künftigen Anteilseigner meist ein hohes Interesse an einer einvernehmlichen Lösung. Die Deutsche Ausgleichsbank stellt deshalb den Altgesellschaftern Darlehen zum Rückkauf der Anteile oder zur Auflösung der stillen Beteiligung zur Verfügung. Bei atypischen stillen Beteiligungen kommt bei der Rückzahlung zum Nominalwert noch ein Anteil am Zuwachs des Unternehmenswertes hinzu.

Nicht immer können oder wollen die Altgesellschafter die Anteile zurück erwerben. Oftmals macht es Sinn, anstelle des ausscheidenden Beteiligungsgebers neue Gesellschafter (Beteiligungsgesellschaften, Privatpersonen oder andere Unternehmen) aufzunehmen. Dies ist für die weitere Unternehmensentwicklung hilfreich, wenn sich neben neuem Kapital auch neues Wissen und weitere Netzwerkverbindungen für das Unternehmen erschließen. Auch die Einbindung in einen Konzernverbund ist oftmals eine lohnende Option.

4.6   Zusammenfassung

Die Vorbereitung von Finanzierungsentscheidungen verlangt zusammengefasst folgende Untersuchungen:

- *Ermittlung des Kapitalbedarfs* für die einzelnen Jahre des Unternehmenswachstums, differenziert nach den Verwendungszwecken Forschung und Entwicklung, Fertigungsinvestitionen, Markterschließung, Umlaufvermögen, Infrastruktur. Der Ausweis des Verwendungszwecks ist erforderlich, weil die einzelnen Finanzierungsquellen nicht für alle Verwendungszwecke greifen.

- *Vorausbestimmung der erwarteten Umsatz-, Kosten- und Gewinnentwicklung*, um zu erkennen, welche Möglichkeiten der Selbstfinanzierung bestehen und wie langfristig verfügbare eigene Mittel mit öffentlichen Darlehen und Förderprogrammen kombiniert werden können.

- *Erarbeitung von Finanzierungsvarianten zur Deckung des Kapitalbedarfs.* Dazu sind die verschiedenen Möglichkeiten der Finanzierung durch Bankdarlehen, öffentlichen Darlehen, Förderprogramme mit Zuschüssen und eigenen Mitteln heranzuziehen, Beteiligungsfinanzierungen zu erwägen und ein solche Finanzierungsstruktur zu entwerfen, dass der Kapitalbedarf für die verschiedenen Verwendungs-zwecke und Jahre finanzierbar ist. Mit den zuständigen Hausbanken, Projektträgern, Ansprechpartnern und Beteiligungsgesellschaften sind Kontakte aufzunehmen, um die Machbarkeit der Finanzierungsvarianten aus der Sicht der Kapitalgeber überprü-fen zu lassen.

- *Ermittlung der Kapitalkosten* als Voraussetzung für die Auswahl der günstigsten Finanzierungsvariante. Dazu sind die Beschaffungskosten des Kapitals, wie Bear-beitungsgebühren, Disagio, die Nutzungskosten, wie Zinsen, Beteiligungsentgelt, und die Tilgung für die einzelnen Finanzierungsvarianten in den Nutzungsjahren des Kapitals zu analysieren, die sich daraus ergebenden Vor- und Nachteile abzuwägen und die für das angestrebte Unternehmenswachstum günstigste Variante auszuwäh-len.

- *Ableitung von Anforderungen an die Umsatz- und Gewinnentwicklung,* damit ein Cash-Flow zustande kommt, der sichert, dass die Kapitalkosten gedeckt werden können. Aus dem Vergleich der notwendigen wirtschaftlichen Entwicklung mit der der Finanzierung zugrundegelegten erwarteten Entwicklung leiten sich Präzisierun-gen der Unternehmensstrategie und der dafür erforderlichen Finanzierungsstrategie ab. Daraus können sich präzisierte Ausgangspunkte für die Finanzierungsrechnun-gen und neue Finanzierungserfordernisse ergeben.

5 Chancen und Risiken von Technologieunternehmen

5.1 Erfolgsfaktoren von Innovationen

5.1.1 Erfolgskriterien

Charakteristisches Merkmal von Technologieunternehmen ist ihre *Innovationstätigkeit*. Diese ist sehr komplex, denn neue Produkte, neue Märkte, neue Vertriebskanäle, neue Fertigungstechnik, veränderte Anforderungen an die Qualifikation des Personals, neue Zulieferbeziehungen und neue Kooperationspartner verbinden sich. Der Erfolg von Technologieunternehmen ist davon abhängig, ob es gelingt, die Innovationstätigkeit unter den Bedingungen der Komplexität und Neuheit zielgerichtet, effizient, in kurzer Zeitdauer und mit hoher Qualität durchzuführen und ob mit den Innovationsergebnissen Markterfolg erreicht wird.

Auf die Wirksamkeit der Innovationstätigkeit nehmen zahlreiche Faktoren Einfluss, beispielsweise

- die Aufnahmefähigkeit für neue wissenschaftlich-technische Erkenntnisse und für Kundenprobleme,
- die Aktualität, Genauigkeit, Zugriffszeit und Verarbeitungsgeschwindigkeit von Informationen,
- die Arbeitsdichte und die daraus resultierende Zeitdauer eines Innovationsprozesses,
- die Leistungsfähigkeit der in FuE eingesetzten technischen Mittel und ihre Ausnutzung,
- die Integration von Funktionen im Innovationsprozess,
- die Art und Weise des Zusammenwirkens der Innovationsakteure,
- die Freude an der Arbeit und Zufriedenheit mit dem Innovationsklima, die Selbstverwirklichung und erhaltene Anerkennung sowie die Möglichkeiten der Umsetzung eigener Ideen,
- die Nutzung der Instrumentarien des Projektmanagements.

Für die Konzipierung und Gestaltung von Innovationsprozessen ist es bedeutsam, diejenigen Faktoren zu kennen, die in herausgehobenem Maße den *Innovationserfolg* beeinflussen. Kennt man die Wirkungszusammenhänge zwischen diesen Faktoren und dem Erfolg, so ist es dem Management möglich, bewusst Erfolgspotenziale aufzubauen und Maßnahmen zu ihrer Ausnutzung einzuleiten. Dies darf aber nicht als deterministischer Prozess aufgefasst werden. Erfolg ist im Einzelfall immer von einer großen Palette unterschiedlicher Faktoren und Zusammenhänge zwischen ihnen abhängig. Da es sich bei Innovationen stets um komplexe Systeme handelt, zu deren Merkmalen auch Einmaligkeit zählt, sind nur sehr globale Aussagen über die Zusammenhänge zwischen Faktor und Erfolg möglich. Der Grad der Verallgemeinerung der Aussagen ist deshalb recht hoch. Im Einzelfall können die Wirkungen eines ausgewählten Faktors für ein Unternehmen so bedeutsam sein, dass andere Faktoren als erfolgsbestimmend nicht sichtbar werden. Auch ist zu beachten, dass die Erfolgsfaktoren branchen- und unternehmensspezifisch auftreten und deshalb allgemeine und prinzipielle Erkenntnisse zu den Erfolgsfaktoren mit den spezifischen, situationsbezogenen, aus den Unternehmens- und Umfeldmerkmalen entspringenden Entscheidungsaspekten verknüpft werden müssen.

Woran misst sich der Erfolg der Innovationstätigkeit? Letztlich ist ihr Ziel die Erhöhung der Leistungs- und Wettbewerbsfähigkeit eines Unternehmens und damit wirtschaftlicher Erfolg. Zwar stellen der erfolgreiche Abschluss eines FuE-Projekts, die Erreichung hoher Qualitätsparameter eines Produkts oder eine hohe Patentergiebigkeit auch Erfolgsparameter dar, aber zusammenfassend und direkt äußert sich Innovationserfolg in höherem Umsatz und geringeren Kosten sowie höherer Rentabilität sowohl aus Kunden- als auch aus Unternehmenssicht. Das Wachstum des Unternehmenswertes ist Ausdruck höherer Leistungs- und Wettbewerbsfähigkeit.

Die meisten empirischen Studien verwenden den *Umsatz* als Maßstab für die Unternehmensleistungen (Brüderl/Preisendörfer/Ziegler 1996). Dieses Erfolgskriterium berücksichtigt zwar nicht die Unterschiede in der Höhe der Vorleistungen, es ist jedoch leicht zu ermitteln. Die *Mitarbeiterzahl* ist keine betriebswirtschaftliche Kennzahl, aber man kann davon ausgehen, dass gerade junge Unternehmen nur bei erfolgreicher Entwicklung neue Mitarbeiter einstellen. Die Umsatzproduktivität bezieht den Umsatz auf die Mitarbeiter. Höhere *Produktivität* ist Ausdruck des positiven Tatbestandes, dass der Umsatz schneller als die Zahl der Mitarbeiter steigt.

5.1.2 Ergebnisse von Erfolgsfaktorenuntersuchungen

Empirische Untersuchungen verschiedener Autoren weisen auf die in Tabelle 37 angegebenen Erfolgsfaktoren für Innovationen hin. Nach Peters/Watermann (1990) zeichnen sich *besonders erfolgreiche innovative Unternehmen* durch folgende Merkmale aus:

— Primat des Handelns (Innovationsbereitschaft, Experimentierfreude),

— Nähe zum Kunden („der Kunde ist König"),

— Freiraum für Unternehmertum (unternehmerisches Engagement aller Manager und Mitarbeiter),

— Produktivität durch den Menschen („auf den Mitarbeiter kommt es an"),

— Sichtbar gelebtes Wertesystem (durchgängig einheitliche Unternehmensphilosophie und –kultur),

- Bindung an das angestammte Geschäft,

- Einfacher, flexibler Firmenaufbau (Kampf der Bürokratie),

- Straff-lockere Führung (soviel Führung wie nötig, so wenig Kontrolle wie möglich).

Tabelle 37: Erfolgsfaktoren für Innovationen im Ergebnis verschiedener empirischer Untersuchungen

Erfolgsfaktoren nach Cooper: in Trommsdorf (1990)
Einzigartigkeit und Überlegenheit, verbunden mit hohem Nutzen für den Kunden
Technologisches Niveau, technologische Synergien
Marktbedarf, Marktvolumen, Marktwachstum
Produkt- und firmengerechte Managementressourcen
Marktvorsprung
Einpassen des Neuprodukts in das Unternehmen
Klare Vorstellungen und Konzeptionen zum Innovationsprojekt
Erfolgsfaktoren nach Nagel (1989)
Geschäftsgrundsätze und Ziel-/Kontrollsysteme
Strategieorientierte Organisation
Verstärkte Nutzung des Mitarbeiterpotenzials
Effizientes Führungssystem
Marktnahes Informations- und Kommunikationssystem
Praktizierte Kundennähe
Erfolgsfaktoren nach Plinke (1990)
Globale Präsenz, regionale Fertigung, Forschung und Entwicklung in Kundennähe
Qualifiziertes, motiviertes Personal (mit internationaler Ausrichtung)
Innovationskraft/Technologieführerschaft
Kostenführerschaft
Produktpalette/Spezialisierung/Systemführer
Kundennähe/Kundendenken/Eingehen auf Kundenwünsche
Visionäre Führung (szenario-orientiert)
Flexibilität/Schnelligkeit und Reaktion
Produktqualität

Im Ergebnis einer massenhaften Untersuchung lenken Fraunhofer-Institute (1998) die Aufmerksamkeit auf folgende unternehmensinterne Aufgaben, um einen *Innovationserfolg* zu sichern:

- Verankerung der Innovationstätigkeit als Aufgabe der Unternehmensleitung,

- Forcierung simultaner Arbeitsweisen im arbeitsteiligen Innovationsprozess,

- Intensivierung der unternehmensinternen Kommunikation,

- Nutzung des Projektmanagements,

- kooperative Bearbeitung von Entwicklungsprojekten,

- Unterstützung der Kreativität und Ausnutzung moderner Methoden in der Innovationstätigkeit.

Zunehmende Bedeutung als Erfolgsfaktor für innovative Unternehmen gewinnen solche weichen Faktoren wie *Unternehmenskultur*, Führungsstil, Mitarbeitermanagement und Kommunikationssystem (Wagner/Kreuter 1998). Innovative Unternehmen messen diesen weichen Faktoren eine höhere Bedeutung bei als den harten Erfolgsfaktoren (wie Innovationsstrategie, Organisationsstruktur, Organisationsprozesse). Auf einer siebenstufigen Skala von 1 „keine Bedeutung für den Erfolg" bis 7 „sehr große Bedeutung" werteten die befragten innovativen Unternehmen die Unternehmenskultur und das Kommunikationssystem mit dem Prädikat 7. Unter den harten Faktoren nahm die Innovationsstrategie mit 6 den höchsten Rang ein. Nicht-innovative Unternehmen werteten die Bedeutung der Optimierung von Organisationsabläufen höher als innovative Unternehmen. Auch die Bedeutung des Faktors Führungsstil wurde in den nicht-innovativen Unternehmen höher eingeschätzt. Dezentrale Strukturen in innovativen Unternehmen führen zur Delegierung der Verantwortung und mindern die Bedeutung dieses Faktors. In weniger innovativen Unternehmen ist die interne Kommunikation stark formalisiert, das ist für Innovationen keine gute Bedingung.

In innovationsfreundlichen Unternehmen besteht Aufgeschlossenheit gegenüber Neuem, Risikobereitschaft, Fehlertoleranz, Zivilcourage und Anerkennung der Erfolge (Festel 1999). Der Innovationstätigkeit förderliche Eigenschaften hat Hauschildt (1997) zusammengestellt (vgl. Tabelle 38).

Die Kenntnis der Erfolgsfaktoren stellt für Innovationsentscheidungen eine *Hilfestellung* dar. Die Erfolgsfaktoren vermitteln Orientierungen und geben Hinweise für einen auf Erfolg gerichteten Unternehmensaufbau. Die Eigenverantwortung des Unternehmers und sein kreatives Herangehen an erforderliche Entscheidungen werden dadurch nicht ersetzt.

5.1.3 Erfolgsfaktoren von Technologieunternehmen

Der Erfolg von Technologieunternehmen ist zuerst vom Erfolg der Innovationen abhängig, die sie hervorbringen. Das bedeutet:

- Quelle des Erfolgs sind die Merkmale und Eigenschaften der Produkte, ihre Alleinstellung gegenüber Wettbewerbern, ihre Überlegenheit und Einzigartigkeit. Hieraus entsteht nicht nur der Kundennutzen – das entscheidende Kaufmotiv – sondern auch die Ausnahmestellung auf dem Markt.

Tabelle 38: Eigenschaften eines innovationsbewussten Unternehmens (Hauschildt 1997)

Elemente	Ausprägungen
Systemoffenheit	Präsenz auf Messen und Seminaren
	Publikationsfreudigkeit
	Offenheit für Informationsaufnahme und -abgabe
	Keine Abschirmung vor der Öffentlichkeit
Organisationsgrad	Organisation mit größeren Handlungsspielräumen
	Wenig organisatorische Verpflichtungen wie Dienstwege, Handlungsanweisungen, Kommunikationsverbote
	Management-by-Delegation
Informationsstil	Wenig geregelte Informationsbeziehungen
	Keine Dienstwege für innovative Informationen
	Vorrang innovativer Probleme gegenüber Routine- und Tagesfragen
Konfliktbewusstsein	Kein Verdrängen von Konflikten
	Ausnutzung von Konflikten für das Entstehen von Kreativität
Personalförderung	Förderung der Problembewusstheit
	Ringen um Durchsetzung neuer Ideen
	Ausprägung von Konfliktfähigkeit
Kompetenz und Verantwortung	Flexible Handhabung der Verantwortung
	Anreize und Belohnung für erfolgreiches Handeln
	Entfaltungsmöglichkeiten für die persönliche Entwicklung

- Voraussetzung für das Erreichen dieser Produktvorteile sind einerseits Innovationskraft und Technologieführerschaft, andererseits die genauen Kenntnisse der Kundenprobleme und -bedürfnisse. Kundenorientiertes Arbeiten beginnt bei der Formulierung der Pflichtenheftziele, geht über die Integration der Kunden in die Entwicklungsarbeit und reicht bis zur Vorbereitung der Kunden für die Nutzung der Innovation.

- Erfolg verlangt marktorientiertes Arbeiten in allen Phasen des Innovationsprozesses. Die Kenntnis des Marktes, der Wettbewerbssituation, des Marktwachstums und des Marktrisikos sind Voraussetzung für die Festlegung der eigenen Zeit-, Kosten- und Technologiestrategien und für die Festlegung der Pflichtenheftziele.

- Der Erfolg ist des Weiteren davon abhängig, wie die einzelnen Bestandteile des Produkt- und Leistungsprogramms zueinander passfähig sind, Synergien bei der Forschung und Entwicklung, Beschaffung und beim Vertrieb wirksam werden und die Unternehmenspotenziale optimal zur Wirksamkeit kommen.

- Innovationen verlangen ein Projektmanagement, das dem arbeitsteiligen und kooperativen Charakter von Innovationsprojekten entspricht, simultane Arbeitsweisen unterstützt, die Entfaltung der Kreativität der Mitarbeiter unterstützt, die unternehmensinterne Kommunikation fördert und dem wirtschaftlichen Druck, der aus den kürzer werdenden Lebenszyklen entspringt, Rechnung trägt. Die Ziele für Innovationen und die sich daraus ableitenden Projekte müssen dazu beitragen, die Unternehmensstrategien durchzusetzen.

Im Weiteren wirken auf den Erfolg von Technologieunternehmen aber auch Faktoren ein, die nicht direkt die Innovation betreffen, aber mit ihr im Zusammenhang stehen. Wie das *Modell der Erfolgsfaktoren für junge Technologieunternehmen* in Abbildung 3 (Werner 2000) zeigt, betrifft dies Persönlichkeitsaspekte, weitere unternehmensinterne und auch unternehmensexterne Faktoren sowie die strategischen Entscheidungen des Unternehmers in den Lebensphasen eines Unternehmens.

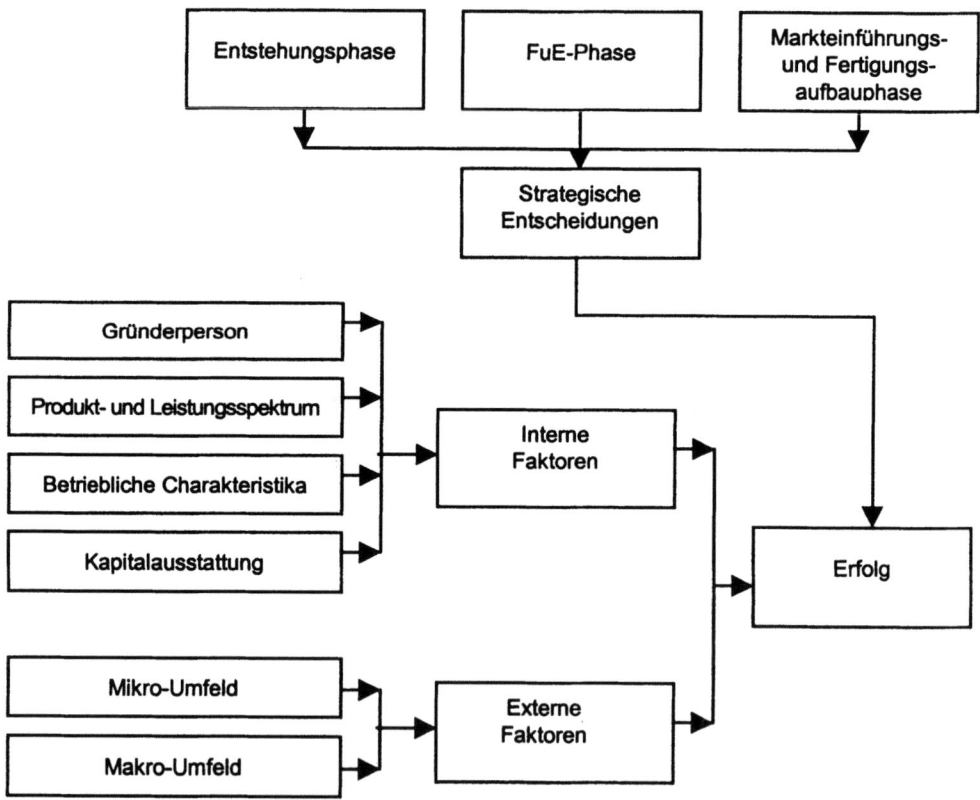

Abbildung 3:   Modell der Einflussfaktoren auf den Erfolg junger Technologieunternehmen (Werner 2000)

Persönlichkeitsmerkmale, die auf den Erfolg Einfluss nehmen, sind psychischer Art (Begabung, Charakter, Fähigkeiten, Erfahrungen und Einstellungen), physischer Art (Gesundheit, Fitness, Belastbarkeit) und soziodemografischer Art (Alter, soziale Herkunft). Unternehmern, die beispielsweise bereits zum Zeitpunkt der Gründung an ihre Entscheidungen wachstumsorientiert herangehen, ist bewusst, dass sie im Interesse des Erfolgs dauerhaft FuE auf hohem Niveau betreiben müssen, dass eine gewisse Mindestgröße des Unternehmens erforderlich ist, um die Fertigungs- und Marketingaufgaben rationell wahrnehmen zu können und dass zur Deckung des dafür erforderlichen Kapitalbedarfs Wachstum benötigt wird. Unternehmer, die bereit sind, weitere Gesellschafter in das Unternehmen einzubinden, schaffen sich günstigere Ausgangssituationen für die Unternehmensfinanzierung.

Das Produkt- und Leistungsprogramm wird vor allem durch die innovativen Produkte geprägt. Für den Unternehmenserfolg ist es aber u. U. wichtig, diese durch entsprechende Dienstleistungen zu ergänzen oder mit anderen Produkten zu kombinieren, weil damit Vorteile in der Ressourcennutzung oder Synergien bei der Vermarktung entstehen. Bezüglich der Unternehmenscharakteristika treten als Einflussfaktoren auf: Gründungssituation, Gründerkreis, Unternehmensgröße, Umfang externer Beteiligter. Einflussfaktoren auf dem Gebiet der Kapitalausstattung betreffen z. B. die Relation Eigenkapital–Fremdkapital, die Kapitalkosten und den Kapitalbedarf (vgl. Kapitel 4). Zum Feld der Einflussfaktoren des Mikroumfeldes gehören die Zielmärkte, die Einsatzgebiete der Innovationen und die Marktsegmente. Das Makroumfeld wird durch die allgemeine konjunkturelle Entwicklung beeinflusst. Der Einfluss strategischer Entscheidungen auf den Erfolg wurde im vorliegenden Buch in den Kapiteln 2 und 3 ausführlich behandelt.

Bei multivariaten Analysen des Zusammenhangs von Einflussfaktor und Erfolg erwiesen sich unter 29 Einflussfaktoren folgende fünf als signifikant für den Erfolg junger Technologieunternehmen (Werner 2000):

— Die Wachstumshaltung der Unternehmer,

— die offene Haltung der Unternehmer zur Erweiterung des Gesellschafterkreises,

— die Komplexität des Innovationsvorhabens,

— die Kundennähe,

— der frühzeitige Beginn der Vertriebsaktivitäten.

Aus anderer Sicht bewertet Brandkamp (2000) die Erfolgschancen von innovativen Unternehmensgründungen. Er untersucht, welche Technologiegebiete für junge und kleine Unternehmen chancenreich sind und welche Technologiegebiete diese Unternehmen überfordern. Die Bewertung erfolgt anhand des in Tabelle 39 angegebenen Bewertungsmodells. Chancenreich sind danach solche Technologiegebiete, bei denen die angeführten Kriterien entweder durch möglichst niedrige Kosten gekennzeichnet sind (das bezieht sich vor allem auf die Bereiche FuE und Fertigungsaufbau) oder die hohe Erlöse oder eine möglichst positive Differenz von Erlösen abzüglich Kosten ermöglichen.

Tabelle 39: Bewertungsmodell für die Erfolgschancen von Technologieunternehmen
(Brandkamp 2000)

Bereich Forschung und Entwicklung	
Ressourcenbedarf an Sachmitteln und Arbeit	Investitionen in Gebäude/Räume
	Ausgaben für die Ausstattung mit FuE-Technik
	Aufwand für Experimente und Tests
	Bedarf an Spezialisten
	Personalbedarf
	Verfügbarkeit geeigneter Mitarbeiter
Bedarf an Zeit und technologischen Informationen	FuE-Zeitbedarf bis Prototyp
	Zeitbedarf bis zur Markteinführung
	Komplexität des Projekts
	Technisches Entwicklungsrisiko
Bedarf an unterschiedlichen Informationsquellen und Netzwerken	Anteil der Grundlagenforschung
	Anzahl einfließender Technologien
Bereich Fertigungsaufbau	
Investitionsbedarf für den Fertigungsaufbau	
Durchlaufzeit der Aufträge	
Markteinführung und Marktdurchdringung	
Erlöse und Kosten bei der Markteinführung	Kosten für Schutzrechte und deren Durchsetzung
	Gefahr durch Substitutionstechnologien
	Zulassungskosten
	Möglichkeit, Nachfrage vom Wettbewerber abzuziehen
	Segmentierungsfähigkeit, Erschließbarkeit von Nischen
	Möglichkeit, kundenspezifische Lösungen zu entwickeln
	Maßnahmen zur Überzeugung von Kunden
Marktentwicklung und Marktentwicklungspotenzial	Anwendungsbreite
	Entwicklungsdynamik der Märkte
Marktdurchdringung und Weiterentwickelbarkeit	Weiterentwickelbarkeit
	Modularität

Zu den für innovative Gründungen *chancenreichen Technologiegebieten* gehören: Oberflächen- und Dünnschichttechnik, Mikroelektronik, Lasertechnik, Mikrosystemtechnik, Software- und Simulationstechnologien, Biotechnologien. Problematisch sind Gründungen auf dem Gebiet neuer Werkstoffe, da die hohen Anforderungen in der Entwicklung, Fertigung und Markteinführung nur unzureichend durch Ertragspotenziale kompensiert werden. Da die einzelnen Technologiegebiete spezifische Chancen und Risiken aufweisen, ist es vorteilhaft, technologiegebietsspezifische Managementhinweise zu geben. Am Beispiel von Biotechnologieunternehmen geschieht dies in Menrad u. a. (2000).

Im Allgemeinen bieten Technologiegebiete gute Entwicklungschancen für junge Unternehmen, wenn

– der Kapitalbedarf für Fertigung und Vermarktung gering ist,

– kundennah entwickelt und gefertigt wird,

– die Markteintrittsbarrieren gering sind,

– Forschung und Entwicklung in frühen Phasen des Produktionslebenszyklus oder in technologischen Grenzgebieten liegen oder auf völlig neuen Prinzipien oder Effekten beruhen,

– die FuE-Ergebnisse multivalent nutzbar sind,

– keine langen, zeitintensiven Erprobungs-, Test-, Genehmigungs- und Versuchszeiten den Entwicklungsfortschritt behindern,

– die technischen Risiken sowie Markt- und Finanzierungsrisiken kalkulierbar sind.

5.2 Erfolgschancen von Technologieunternehmen

5.2.1 Teamorientierung und Mitarbeitermotivation

Die Gründung von Technologieunternehmen erfolgt in großer Häufigkeit im Team. Dafür sprechen mehrere Faktoren:

– Die Erweiterung des Know-hows bzw. die Schließung von Wissens- und Erfahrungslücken durch ein gutes Zusammenwirken im Team,

– die gemeinsame Entscheidungsvorbereitung, gegenseitige Motivation und die Verringerung des auftretenden Risikos,

– die Möglichkeit der Arbeitsteilung und gegenseitigen Befruchtung innerhalb des Teams, insbesondere bei interdisziplinärer Zusammensetzung,

– die Einbeziehung eines breiteren Kreises von Mitarbeitern in die Führungstätigkeit,

– die Erhöhung des verfügbaren Eigenkapitals,

– die Erweiterung der Kapazität.

Gründung im Team kann aber auch zu Problemen führen, wenn Skepsis die persönlichen Beziehungen prägt, die Verantwortung und die Aufgaben nicht eindeutig abgegrenzt sind und keine geeignete Arbeitsteilung und Organisation gefunden wird. Differenzen im

Team entstehen, wenn sich die einzelnen Gründer im unterschiedlichen Maße ihrer unternehmerischen Funktion bewusst sind, die Priorität einzelner Ziele unterschiedlich werten oder Extreme zwischen „unnötigem Luxus" oder „falschem Sparen" auftreten. Vorteile einer Teamgründung gehen verloren, wenn in den Teams keine interdisziplinäre Zusammensetzung gegeben ist und nur technische Experten, aber keine betriebswirtschaftlichen und Management-Erfahrungsträger eingebunden sind. Interdisziplinäre Zusammensetzung ist Voraussetzung, um komplexe Problemlösungen für Kunden zu realisieren. Tabelle 40 gibt an, welche Aspekte für Einzel- bzw. welche für Teamgründungen sprechen.

Tabelle 40:   Vor- und Nachteile von Einzel- oder Teamgründungen

	Einzelgründung	Teamgründung
Vorteile	Volle Entscheidung und Verantwortung für das Unternehmen Keine aufwendigen Abstimmungsprozesse erforderlich Keine Behinderung durch unproduktive Diskussionen und Zerwürfnisse	Erweiterung des Know-hows und Schließung von Wissens- und Erfahrungslücken Ausgleich von Qualifikationsdefiziten Mehr Risikofreudigkeit durch Risikoteilung Bessere Möglichkeiten für Eigenkapitalfinanzierung Gegenseitige Motivation Arbeitsteilung im Gründerteam, höhere Kapazität Möglichkeiten der interdisziplinären Zusammenarbeit
Nachteile	Höheres persönliches Risiko Kein Wissens-, Informations- und Erfahrungsaustausch Unsicherheiten im Entscheidungsprozess Führungstätigkeit nur auf den Einzelgründer beschränkt	Unterschiedliche Präferenzstrukturen oder Wertvorstellungen, persönliche Konflikte Interessengegensätze und unterschiedliche Standpunkte, die Disharmonien bedingen Verlängerung des Entscheidungsprozesses Mögliches Scheitern einer zu Beginn fruchtbaren Kooperation aufgrund Nichterfüllung der weitgespannten Erwartungen Erlahmen des Engagements einzelner Beteiligter Steigende Koordinationskosten

Einzelgründer sehen ihre Vorteile darin, dass sie die volle Entscheidung und Verantwortung für ihr Unternehmen tragen, dass keine aufwendigen Abstimmungsprozesse erforderlich sind und keine unproduktiven Diskussionen die Unternehmensentwicklung behindern. Für bestimmte Gründer steht angesichts der Persönlichkeitsmerkmale von vornherein nur eine Einzelgründung zur Diskussion. Wer aber glaubt, durch eine Einzelgründung den auftretenden Auseinandersetzungen mit Mitarbeitern und Partnern aus dem Weg gehen zu können, der irrt. Unternehmerisches Tätigsein verlangt die Fähigkeit zu gemeinsamer Problemlösung und zum Streben nach einem Konsens. Das gilt auch für Einzelgründungen.

Teamorientiertes Management äußert sich letztlich in der *Beteiligung der Mitarbeiter* an ihrem Unternehmen. Diese kann erfolgen als

– Kapitalbeteiligung (Eigenkapitalbeteiligung in Form direkter oder stiller Beteiligungen, Gewährung von Darlehen durch die Mitarbeiter an das Unternehmen),

– Erfolgsbeteiligung (Gewinnbeteiligungen),

– immaterielle Beteiligung (Einbeziehung der Mitarbeiter in die Entscheidungsvorbereitung durch Information und Kommunikation).

Erfolgsbeteiligungen ermöglichen oft erst Kapitalbeteiligungen.

Mitarbeiterbeteiligungen motivieren zu hohen Leistungen und zum Einsatz des Potenzials im Interesse der Unternehmensentwicklung. Der aus höherer Leistungs- und Wettbewerbsfähigkeit resultierende zusätzliche Gewinn kommt sowohl dem Unternehmen als Ganzem als auch den einzelnen Mitarbeitern zugute. Die Mitarbeiter identifizieren sich dadurch mit ihrem Unternehmen, entwickeln unternehmerische Verhaltensweisen und erreichen eine höhere Arbeitszufriedenheit.

Bei börsenorientierten Unternehmen bietet sich über Aktienoptionen an, Anreize dafür zu schaffen, dass sich die Mitarbeiter und das Management voll für die Belange des Unternehmens einsetzen (Werner 1999; Körnert 1999). Um die Mitarbeiter an die Unternehmen zu binden, sollten solche Mitarbeiterbeteiligungsmodelle zum Einsatz kommen, bei denen der Gewinn aus den Optionen von Jahr zu Jahr ansteigt.

5.2.2 Ausgründungen

Ausgründungen sind Verselbständigungen von unternehmerisch interessierten Beschäftigten aus Hochschulen, Forschungseinrichtungen – im weiteren Sinne aber auch aus Unternehmen –, bei denen mit dem Personal auch technologische Erkenntnisse, FuE-Ergebnisse, Know-how auf den verschiedensten Gebieten und Nutzungsrechte für geschützte Erfindungen in ein neues Unternehmen fließen. Personal-, Wissens- und Technologietransfer fallen zusammen, was für die Umsetzung von FuE-Ergebnissen eine günstige Voraussetzung darstellt. Der klassische Technologietransfer über Technologiemittler scheitert dagegen oft, entweder weil bei den potenziellen Nutzern die Aufnahmefähigkeit für die neuen Erkenntnisse nicht gegeben ist oder weil die Technologieentwickler bei der FuE in zu geringem Maße die Anwendungsbedingungen und -möglichkeiten berücksichtigen. Bei Ausgründungen verringern sich die Schnittstellen im Innovationsprozess, wodurch dieser sich beschleunigt und geringeren Aufwand erfordert.

Im Interesse einer höheren Leistungs- und Wettbewerbsfähigkeit der deutschen Wirtschaft existieren derzeit zahlreiche Aktivitäten, die Wissens- und Technologiepotenziale von Hochschulen und Forschungseinrichtungen für wettbewerbsfähige Innovationen und Unternehmensgründungen zu nutzen. Die Erfahrungen zeigen, dass dies nur funktioniert, wenn die wirtschaftlichen Interessen der wissenschaftlichen Heimatinstitute mit denen der Unternehmensgründer, die den Technologietransfer vollziehen, übereinstimmen. Dies ist gegeben, wenn einerseits die Institute Lizenzerträge aus der Verwertung von Patenten erzielen oder über direkte Beteiligungen am Unternehmenswachstum partizipieren und andererseits die Gründer Vorteile beim Aufbau ihrer Unternehmen und bei der Vermarktung dadurch erreichen, dass sie auf die Erkenntnisse aus ihrer bisherigen Arbeit zurückgreifen können. Forschungseinrichtungen erhalten durch Ausgründungen Anregungen für ihre FuE dahingehend, die Markterfordernisse konsequenter zu berücksichtigen und der Herausbildung unternehmerischer Verhaltensweisen größere Aufmerksamkeit zu schenken.

Für Technologieunternehmen, die als Ausgründung entstehen, ergeben sich im Allgemeinen folgende spezifische *Entwicklungschancen*:
- Kooperation mit dem Heimatinstitut,
- Nutzung vorhandener Netzwerke,
- günstige Möglichkeiten der Personalgewinnung,
- Mitarbeit von Studenten und Doktoranden in der FuE,
- Einbindung von Erfahrungsträgern in den Gesellschafterkreis,
- kapitalsparender Unternehmensaufbau durch Mitnutzung von Forschungs- und Labortechnik, Infrastruktur sowie Übertragung von Nutzungsrechten,
- geringere Fixkostenbelastungen.

Besonders die beiden zuletzt angeführten Vorteile sind für die frühen Lebensphasen von Technologieunternehmen bedeutungsvoll (Burkhardt u. a. 1999).

Für das Heimatinstitut entstehen durch Ausgründungen folgende Vorteile:
- Verwertung geschaffener Arbeitsergebnisse,
- Erfahrungsrückfluss aus der Nutzung neuer wissenschaftlicher Ergebnisse,
- bessere Möglichkeiten der Erprobung und Testung,
- Erschließung neuer Finanzierungsquellen,
- stärkere Einbindung von Kunden- und Markterfordernissen in die FuE,
- Gewährung von wirtschaftlichen Anreizen für die Beschäftigten.

Gegen diese Vorteile stehen die Sorgen, leistungsfähige Wissenschaftler zu verlieren, ungewohnte Risiken einzugehen, sich der Marktchancen und der Markteintrittswiderstände nicht sicher zu sein, öffentliche und private Tätigkeitsbereiche zu vermischen und Potenziale für Grundlagenforschung verringern zu müssen. Eine Kultur für unternehmerische Aktivitäten in Hochschulen und außeruniversitären Forschungseinrichtungen wird sich deshalb nur längerfristig etablieren.

Forschungseinrichtungen haben vielfältige Möglichkeiten, potenzielle Gründer sowie junge, aber auch bereits im Wachstum befindliche Unternehmen zu unterstützen. Dazu gehört:

– Die Beratung in Patentangelegenheiten, die Beurteilung der Patentierbarkeit von Erfindungen und ihres ökonomischen Potenzials,

– der Abschluss von Lizenzverträgen,

– die Suche nach Lizenznehmern,

– Hilfe bei der Ausarbeitung von Unternehmenskonzeptionen,

– die Vermittlung von Kontakten zu Beteiligungskapitalgebern und Fördermittelgebern,

– Unterstützung bei der Gestaltung von Verträgen,

– Hilfen durch Erstaufträge und Kooperationsprojekte,

– Beteiligungen in Form von Geld- und Sacheinlagen,

– Auswahl marktrelevanter Projektthemen für Spin-offs.

Wissenschaftler sind nicht immer in ausreichendem Maße für Unternehmensgründungen sensibilisiert. Potenzielle Gründer aus Forschungseinrichtungen und Hochschulen sind zwar technisch und naturwissenschaftlich hoch gebildet, gegenüber Gründern aus Unternehmen weisen sie aber in geringerer Häufigkeit Unternehmenserfahrungen auf. Tabelle 41 belegt dies am Beispiel ostdeutscher FUTOUR-geförderter Gründer (Pleschak/ Stummer/Ossenkopf 2000).

Forschungseinrichtungen sollten dazu beitragen, *Gründungswilligkeit und Gründungsfähigkeit* herauszubilden. Das kann geschehen über die Genehmigung von Nebentätigkeiten oder Teilzeitbeschäftigungen in der Vorbereitungsphase einer Gründung, die Beratung der Gründer auf fachspezifischen und betriebswirtschaftlichen Gebieten, die Ermöglichung von Qualifizierungsmaßnahmen, die befristete Beurlaubung mit Wiedereinstellungszusage und über einmalige finanzielle Abfindungen bei Ausscheiden aus unbefristeten Arbeitsverhältnissen.

Günstige Bedingungen für Ausgründungen entstehen, wenn an der FuE der Forschungseinrichtungen industrielle Partner beteiligt sind. Das erhöht den Druck auf kunden- und marktorientierte FuE und auf die Erarbeitung nutzungsfähiger Forschungsergebnisse. In Kompetenzzentren für Zukunftstechnologien entsteht eine enge Kommunikation und Kooperation aller am Innovationsprozess Beteiligten, man verständigt sich über die Ziele, Schwerpunkte und Richtungen der Innovationstätigkeit. Das schafft eine innovatives Klima für Ausgründungen.

Tabelle 41: Soziodemografische Merkmale von Gründern FUTOUR-geförderter Unternehmen im Vergleich

Gründermerkmale	Gründer aus Hochschulen und Forschungseinrichtungen (n=82 Gründer)	Gründer aus Unternehmen (n=128 Gründer)
Häufigkeit von Unternehmens-erfahrungen in % (Mehrfachnennungen)		
• in FuE	32	69
• im Fertigungsbereich	10	52
• im Vertrieb	4	31
• im kaufmännischen Bereich	13	47
Keine Unternehmenserfahrung	57	0
Anteil der Gründer mit Erfahrun-gen in leitender Position in %	24	66
Durchschnittliche Zeitdauer der Arbeit in FuE in Jahren	4 (n=77)	8 (n=122)
Durchschnittliche Zeitdauer der Berufserfahrung in Jahren	5 (n=78)	14 (n=126)
Durchschnittsalter der Gründer bei Gründung in Jahren	36	41
Anteil promovierter Gründer in %	52	31
Anteil diplomierter Gründer in %	40	56
Anteil der Gründer mit wirtschafts-wissenschaftlichem Abschluss in %	1	6

Das Engagement der Forschungseinrichtungen für die Förderung von Gründungen zeigt sich beispielsweise deutlich an den Aktivitäten der *Fraunhofer-Venture-Gruppe*. Die Förderung richtet sich an solche junge und wachsende technologieorientierte Unternehmen, die Mitarbeiter der Fraunhofer-Institute gründeten oder die aus Kooperationen zwischen Fraunhofer-Instituten und Unternehmen hervorgingen. Aus Instituten der Fraunhofer-Gesellschaft gründeten sich in den letzten Jahren 250 selbständige Unternehmen mit über 1 000 Mitarbeitern aus. Vor diesem Hintergrund entschloss sich die Fraunhofer-Gesellschaft, institutsnahe Unternehmensgründungen zu fördern und nachhaltig zu unterstützen. Zu diesem Zweck gründete sie die Fraunhofer-Venture-Gruppe. Ihre Leistungen bestehen in Folgendem:

- Prüfung und Optimierung von Business-Plänen. Dafür stehen Unternehmensberater bereit, die der Venture-Gruppe der Fraunhofer-Gesellschaft angeschlossen sind.

- Vermittlung von Beteiligungs- und Risikokapital. Die Technologieunternehmen erhalten Unterstützung beim Kontaktaufbau mit Banken, Beteiligungsgesellschaften, VC-Gesellschaften und Business Angels. Hilfestellung leistet dabei das Busi-

ness Angels Netzwerk des Fraunhofer-Instituts für Systemtechnik und Innovationsforschung und der Deutschen Bank.

- Unterstützung bei der Gestaltung von Kooperationen der Unternehmen mit dem beteiligten Institut. Das betrifft z. B. die Gestaltung von Kooperationsverträgen, Lizenzverträgen und die Gewährung von Nutzungsrechten.

- Beteiligung der Fraunhofer-Gesellschaft. Die Fraunhofer-Gesellschaft bringt im Wege der Beteiligung neben Geldeinlagen auch ihr Know-how und Sacheinlagen in die Unternehmen ein. Die Beteiligung ist in der Regel auf maximal 25 Prozent des Stammkapitals begrenzt.

5.2.3   Nutzung von Beratungsleistungen

Der Aufbau eines Technologieunternehmens ist ein entscheidungsintensiver Prozess. Angesichts der Neuheit, Interdisziplinarität und Komplexität der Problemstellungen findet das Management in den Bewertungs- und Entscheidungssituationen unternehmensintern nicht immer sichere Lösungen. Gründe können dafür sein: fehlende eigene Erfahrungen, Informationen und Kenntnisse, eigene Voreingenommenheit, nicht gegebene Neutralität der in den Entscheidungsprozess einbezogenen Mitarbeiter. Oft stehen die Unternehmer unter Zeitdruck, da sie anfangs Entwickler und Unternehmer zugleich sind. Wenn die Problemlösung zu sehr vom Wissen und den Erfahrungen des einzelnen Unternehmers oder Gründerteams bestimmt werden, sind nicht immer objektive Entscheidungen gesichert. Unter diesen Umständen entsteht das Bedürfnis nach Beratung. Das Betätigungsfeld von Beratern liegt sowohl auf der strategischen Ebene der Unternehmensentwicklung, als auch im Bereich der operativen Lösung ausgewählter Einzelfragen der Unternehmenstätigkeit.

Der *Beratungsbedarf* hängt im Einzelfall von vielen Faktoren ab. Das eigene Wissen der Unternehmer und ihre unternehmerischen und technischen Erfahrungen bestimmen, ob ein Rückgriff auf Berater erforderlich ist. Auch die Fähigkeit der Gründer, heranreifende oder bereits existierende Problemsituationen als solche zu erkennen und bewusst eine Problemlösung anzugehen, beeinflusst, ob Beratungsbedarf artikuliert wird. Inhaltlich hängt der Beratungsbedarf vom Alter des Unternehmens ab und der Lebensphase, in dem es sich befindet. Ob dann ein Unternehmer einen objektiv gegebenen Beratungsbedarf auch gegenüber Beratern bekundet, hängt davon ab, welche Einstellungen er zu Beratern und zu ihrer Philosophie hat, welche Erfahrungen er mit Beratern machte, ob er bereit ist, zu lernen und Erfahrungen aufzunehmen und ob er sich Beratung finanziell leisten kann.

Die *Schwerpunkte des Beratungsbedarfs* folgen den Lebensphasen der Unternehmen. Während der FuE-Phase konzentrieren sich die Beratungswünsche auf die Präzisierung und Erfüllung der FuE-Pflichtenhefte und die Marktorientierung der FuE. Auf technischem Gebiet wird selten Beratung erwartet. Parallel zur FuE ergeben sich Beratungsprobleme aus der Vorbereitung der Markteinführung und dem Fertigungsaufbau. Hierbei erwarten die Unternehmer direkte Unterstützung bei der Auswahl der günstigsten Finanzierungswege und bei der Festlegung der Marketingmaßnahmen. Junge Unternehmen benötigen Hilfe beim Aufbau ihrer eigenen Netzwerke. Berater sollten deshalb vielfältige Kontakte haben und diese nutzen, um den betreuten Unternehmen „auf kurzem Wege harte Informationen" zu vermitteln. Danach rücken die Umsatz- und Gewinnentwicklung, die Bewältigung von Krisen sowie das Unternehmenswachstum in den Mittelpunkt der Beratung.

Technologieunternehmen haben folgende *Erwartungshaltungen an Berater*:

–   Hilfe beim Aufbau von Netzwerken und bei der Vermittlung von Kontakten,

–   Übermittlung von Erfahrungen und Arbeitsmethodiken,

–   Vermittlung von Denkanstößen als kritischer Gesprächspartner,

–   Eingehen auf die spezifische Problemsituation des Unternehmens,

–   Interaktion zwischen Gründer und Berater, gemeinsame Problemlösung, enges Vertrauensverhältnis,

–   ganzheitliche technische und betriebswirtschaftliche Beratung,

–   Erfahrungen im Umgang mit Technologieunternehmen,

–   Trennung von Diagnose- und Beratungsphase, um Ziele und Auftrag für Beratung fundiert fixieren zu können, Ausgestaltung der eigentlichen Beratungsphase als Problemlösungsprozess,

–   Nutzung von Elementen des Wissens-, Informations- und Technologietransfers,

–   Seriosität.

Es gibt aber auch Unternehmer, die nehmen externe Hilfe erst dann in Anspruch, wenn ihr eigener Handlungsspielraum erschöpft ist und das Unternehmen sich in Krisen befindet. Sie schätzen offensichtlich den Beratungsbedarf falsch ein.

Der Berater muss in der Lage sein, den Kern der technischen Erfindung zu erfassen, die Projekt- und Geschäftspläne zu hinterfragen, Problemsituationen vorausschauend zu erkennen, das Unternehmen bei seinen Außenkontakten zu unterstützen, Krisenprophylaxe zu betreiben und auf die Unternehmerpersönlichkeit Einfluss zu nehmen. Für ein junges Technologieunternehmen ist eine Beratungsform zweckmäßig, bei der Gründer und Berater gemeinsam nach den besten Lösungen suchen. Der Gründer bringt dabei sein spezielles Wissen ein, der Berater wirkt an der Lösungsfindung mit, und er begleitet die Umsetzung der erarbeiteten Lösung. Ein Erfolg der Beratung ist um so wahrscheinlicher, je frühzeitiger der Berater in die Problemerkenntnis und Problemlösung eingebunden ist. Je inniger der Kontakt zwischen Unternehmer und Berater ist, desto besser ist der Berater in der Lage, entstehende Probleme zu identifizieren. Der beste Berater kann nur sehr eingeschränkt wirksam werden, wenn „das Kind bereits in den Brunnen gefallen ist".

Beratung ist für die Unternehmen *„Hilfe zur Selbsthilfe"* und der Berater selbst „intelligenter Spiegel" oder Moderator des Gründers. Das setzt ein enges Vertrauensverhältnis zwischen Unternehmer und Berater voraus. Nur dann ist der Berater in der Lage, vorausschauend Problemsituationen zu erkennen, Entscheidungsprozesse des Gründers zu unterstützen sowie Kontakte, Informationen und Spezialberater zu vermitteln. Unternehmer müssen sich mit ihren Problemen den Beratern offenbaren. Wiederum darf sich der Berater nicht in sein Unternehmen „verlieben", weil sonst die Konsequenz in den Empfehlungen fehlen könnte.

Gute Berater lenken die Aufmerksamkeit der Unternehmer vom Teil aufs Ganze, von der Struktur zum Prozess. Sie betrachten verschiedene Modelle ohne Vorurteile, zerstören Dogmen und stellen Paradigmen in Frage. Beratung soll dazu beitragen, kreative Strategien zu entwickeln sowie Lern- und Selbstheilungsprozesse auszulösen. In die Beratungstätigkeit sollen die Mitarbeiter der Unternehmen eingebunden werden, um zugleich einen Beitrag zur Personalentwicklung zu leisten.

Eine spezielle Form der ganzheitlichen Beratung ist das *Coaching*. Es zielt darauf ab, die persönlichen Fragen und Probleme des Unternehmens durch den Coach vertrauensvoll aufzunehmen und gemeinsam nach einer Lösung der Probleme zu suchen. An den Coach sind hohe Anforderungen zu stellen: positive Grundhaltung, Fähigkeit zu motivieren, zu ermutigen und zu kommunizieren, Identifikation mit dem Unternehmer, Verständnis für das unternehmerische Umfeld.

Coaching soll den Unternehmer befähigen, seinen Platz besser auszufüllen. Im Unterschied zu der herkömmlichen Beratung ist der Aspekt der gemeinsamen Verantwortung besonders ausgeprägt. Die Unternehmensführung ihrerseits lernt aus der gemeinsamen Problemlösung und entwickelt eigene Fähigkeiten zur strategischen Arbeit und zur Wahrnehmung der Managementfunktionen.

Coaching ist erfolgreich, wenn

– die Unternehmer sich so mit den Veränderungen und Fortschritten identifizieren, dass sie selbst für die gemeinsam erarbeiteten Ergebnisse einstehen und sich der Coach im Hintergrund hält;

– die Unternehmer die Unterstützung durch den Coach gezielt einsetzen und sich die durch den Coach übernommenen Aufgaben im Zeitablauf deutlich verändern;

– die Beratung weitgehend zum selbst tragenden Erneuerungsprozess führt.

Beratung ist erfolgreicher, wenn Berater zugleich die Implementierung der vorgeschlagenen Veränderungen begleiten. Hierbei müssen Barrieren überwunden werden (emotionale Widerstände). Implementierung erfordert feste Verantwortungs- und Rollenaufteilung, gemischte Teams aus Mitarbeitern und Beratern, gemeinsame Identitätsfindung.

Der *Erfolg der Beratungstätigkeit* für die Unternehmen misst sich letztlich darin, ob und in welchem Umfang der Umsatz steigt und die Kosten sinken, ob die Marktanteile zunehmen, die Anpassungszeiten an Umfeldveränderungen sich verkürzen und schließlich, wie lange es dauert, bis die erwünschten Wirkungen eintreten. Für innovationsorientierte

Unternehmen misst sich der Wert der Beratungsleistungen auch daran, ob es gelungen ist, die Entwicklungsdauer und die Entwicklungskosten zu verringern, das FuE-Risiko einzuschränken, Fehlentwicklungen zu vermeiden und leistungsfähige, innovationsförderliche Arbeitsmethoden in FuE anzuwenden. Für die wirtschaftliche Entwicklung der Unternehmen ist es außerdem wichtig, mit Hilfe der Berater alle Möglichkeiten der Innovations- und Technologieförderung auszuschöpfen. Zu dem Nutzen aus der Beratung muss ihr Preis in einem vertretbaren Verhältnis stehen.

5.2.4 Beherrschung des Innovationsmanagements

Erfolgschancen für Technologieunternehmen erwachsen aus einem auf die *Innovationstätigkeit ausgerichteten Management*. Das bedeutet,

– erfolgversprechende Innovationsfelder auszuwählen,

– die Innovationsstrategien in Übereinstimmung mit den Unternehmensstrategien zu entwickeln,

– die Innovationsprojekte zu planen, zu steuern und zu kontrollieren,

– eine kreative Arbeitsatmosphäre und ein Innovationsklima zu sichern,

– das Innovationssystem im Unternehmen zu gestalten,

– innovationsfördernde Organisationsstrukturen durchzusetzen,

– eine wirksame Schutzrechtspolitik zu betreiben,

– die erforderlichen Ressourcen bereit zu stellen und

– FuE mit den Marketingaktivitäten eng zu verzahnen.

Um mit neuen Produkten und Verfahren dauerhafte Wettbewerbsvorteile zu erzielen, bedarf es einer *langfristigen Grundorientierung* aller damit verbundenen Prozesse. Unternehmensstrategien zum Aufbau neuer Geschäftsfelder, zur Erschließung neuer Märkte, zur Umsatz- und Gewinnsteigerung verlangen dementsprechende Produkt- und Prozessinnovationen sowie damit verbundene Entscheidungen über die Technologiestrategie (Führer oder Folger), die Zeitstrategie (Pionier oder Folger) und die Wettbewerbsstrategie (Kostenführerschaft, Differenzierung oder Konzentration auf Schwerpunkte). Ohne Analyse der strategischen Ausgangssituation (erkennbar durch Potenzialanalysen, Umfeldanalysen, Stärken-Schwächen-Analysen, Chancen-Risiko-Analysen) und ohne Bestimmung der strategischen Zielposition (mit Hilfe von Benchmarking, Marktforschung, Marktsegmentierung, Kundenanalysen) besteht die Gefahr, dass Innovationsprojekte in Angriff genommen werden, die sich entweder nicht ausreichend an den Unternehmenszielen orientieren oder lediglich die Reaktion auf momentan auftretende, unter Umständen aber kurzzeitige Probleme sind. Damit tragen sie nicht im erforderlichen und möglichen Umfang zur langfristigen Erhöhung der Wettbewerbs- und Leistungsfähigkeit der Unternehmen bei.

Innovationsprojekte, die durch Komplexität, Einmaligkeit, Neuheit, Risiko, Interdisziplinarität, Ziele und Begrenzungen gekennzeichnet sind, bedürfen eines ausgeprägten *Projektmanagements*, um einen kontinuierlichen und schnellen Innovationsprozess zu sichern. Im Mittelpunkt des Projektmanagements steht – wie bereits im Kapitel 3 herausgearbeitet – das Pflichtenheft, in dem die technischen, wirtschaftlichen, organisatorischen, marktseitigen und zeitlichen Ziele des Innovationsprojekts festgelegt sind. *Pflichtenhefte* gehen von den strategischen Entscheidungen der Unternehmen, den Kunden- und Marktanforderungen, den verfügbaren bzw. zu schaffenden Potenzialen und nutzbaren FuE-Ergebnissen aus. Ein qualifiziertes Projektmanagement erfordert:

- die Schritte des Ablaufs von Innovationsprojekten (Projektvorbereitung, Projektplanung, Projektrealisierung, Projektkontrolle, Einführung des Projektergebnisses) so zu definieren, dass die Mitarbeiter für ihre schöpferische Arbeit Ziele haben,

- der Kunden- und Marktorientierung der Pflichtenhefte, der Ermittlung des Kundennutzens und der Verzahnung von FuE und Marketing besondere Aufmerksamkeit zu schenken,

- die Zusammenhänge zwischen technischen, zeitlichen und wirtschaftlichen Parametern des Innovationsprojekts zu analysieren, um daraus Schlussfolgerungen für die Pflichtenheftziele ziehen zu können,

- die wirtschaftliche Bewertung der Innovationsprojekte in den Mittelpunkt zu stellen.

Tabelle 42 stellt die Aufgaben des Projektmanagements in Technologieunternehmen zusammen.

FuE-Beschäftigte neigen dazu, die in das Innovationsmanagement integrierten Marketingaufgaben wegzudrängen, weil sie sich zu sehr auf ihre technischen Entwicklungsaufgaben konzentrieren. Dabei übersehen sie, wie langwierig und aufwendig es sein kann, geeignete Märkte für die Innovationen zu finden. Gerade unter den Bedingungen, dass viele FuE-Projekte technologieinduziert entstehen, ist es kritisch zu vermerken, dass beispielsweise von 98 ostdeutschen technologieorientierten Unternehmen

- 40 Prozent erst nach FuE-Projektbeginn, also während des Entwicklungsprozesses, Kontakte mit Kunden und Absatzmittlern aufnahmen,

- 40 Prozent in der zweiten Hälfte der FuE-Phase nur teilweise, sporadische oder kaum entwickelte Kundenkontakte unterhielten,

- 28 Prozent ihre Vertriebsaktivitäten weitgehend erst nach der Produktentwicklung begannen (Pleschak/Werner 1998).

Eine Befragung von 62 sächsischen Unternehmen der Branchen Maschinenbau und Elektrotechnik ergab, dass nur 48 Prozent der Unternehmen das Marketing für die strategische Orientierung des Gesamtunternehmens nutzten, 27 Prozent sahen Marketing ausschließlich als Gegenstand von Werbung und Vertrieb und 24 Prozent verstanden darunter lediglich eine Teilfunktion des Unternehmens. Nur 31 Prozent der befragten Unternehmen werteten die verfügbaren Marktinformationen gezielt aus (Sabisch 1998).

Tabelle 42:   Aufgaben beim Projektmanagement in Technologieunternehmen

Ableitung der Ziele aus den strategischen Unternehmenszielen, den Markt- bzw. Kundenanforderungen und den technischen Entwicklungslinien bzw. Technologietrends
Bewertung der eigenen Unternehmens- bzw. FuE-Potenziale und Einschätzung der Machbarkeit des Projekts
Vergleich der Ziele mit technischen Lösungen oder konzeptionellen Vorstellungen der Wettbewerber (Benchmarking)
Prüfung der Nutzungsmöglichkeiten bereits vorliegender FuE-Ergebnisse anderer Einrichtungen (Technologietransfer), Vermeidung von Doppelentwicklungen
Durchführung von Informationsrecherchen, besonders Patentrecherchen und Festlegung des eigenen Patentierungskonzepts
Erarbeitung des Pflichtenhefts mit technischen, organisatorischen, wirtschaftlichen, ökologischen, zeitlichen und marktbezogenen Zielen
Erarbeitung eines sicheren Finanzierungskonzepts
Untersuchungen zum Einfluss der Innovationshöhe auf Kundennutzen und Marktpreis und zu den Zusammenhängen zwischen Innovationshöhe, Entwicklungsdauer und Entwicklungskosten
Bewertung des technischen und finanziellen Risikos sowie des Marktrisikos
Wirtschaftliche Bewertung der technischen Lösungen aus Kundensicht (Kundennutzen) und aus Unternehmenssicht
Strukturierung des Projekts in Aufgaben (Arbeitspakete), Ermittlung der günstigsten Parallelität zwischen den Teilaufgaben unter Berücksichtigung der verfügbaren Kapazitäten und Terminierung der Aufgaben, Meilensteine und Kapazitäten, Ermittlung des Kapitalbedarfs und Untersuchung der Finanzierungsmöglichkeiten
Untersuchung der Möglichkeiten und der Zweckmäßigkeit der Kooperation
Analyse der gesetzlichen Bestimmungen und der Regeln für die Zulassung bzw. Zertifizierung neuer Produkte

Um wirtschaftlichen Erfolg zu erzielen, ist es für Technologieunternehmen unabdingbar, dass das *Marketing* alle Lebensphasen eines Innovationsprojekts durchdringt. Im Rahmen der strategischen Arbeit tragen Marketingerkenntnisse dazu bei, die „Marschrichtung" für Innovationen festzulegen. In der FuE sind Kundenorientierung, Zeitorientierung und Wettbewerbsorientierung notwendig, um nicht Gefahr zu laufen, dass am Markt vorbei entwickelt wird, der Markt für die neuen Produkte bzw. Verfahren nicht aufnahmefähig ist oder eine zu lange Zeit für die Markteinführung anfällt. Das führt zu Gewinneinbußen oder zur Ein- bzw. Überholung durch die Konkurrenz.

Die eigentlichen Markteinführungsaktivitäten für die neuen Produkte in Form der Produktpolitik, Vertriebspolitik, Preis- und Konditionenpolitik sowie der Kommunikationspolitik soll dazu beitragen, noch bestehende Markteintrittsbarrieren abzubauen, das Image der Unternehmen zu stärken und den wirtschaftlichen Erfolg der Innovationen zu sichern. Diese Vielschichtigkeit des Marketing in Technologieunternehmen veranschaulicht Abbildung 4.

Abbildung 4:   Gestaltungsbereiche des Marketing

Gestaltungsempfehlungen für das Marketing von Technologieunternehmen gibt im Ergebnis einer empirischen Untersuchung in Schweizer Unternehmen die Tabelle 43 an.

Tabelle 43:   Erfolgsfaktoren und Gestaltungsempfehlungen für das Marketing junger Technologieunternehmen (Quelle: Frauenfelder/Meier 1998)

Gute Marktkenntnisse verbunden mit starker Marktausrichtung: Lerne die Kunden, die Wettbewerber und den Markt kennen, und richte das Unternehmen aufgrund dieser Informationen und einer schnellen Durchsetzung von Korrekturmaßnahmen bewusst auf die ausgewählten Zielmärkte aus.

Einfache Produktakzeptanz: Entwickle Produkte, die eine schnelle Akzeptanz ermöglichen. Die Produkte müssen sich durch einfach wahrnehmbare Vorteile, geringe Lernanstrengungen, geringe Anpassungskosten sowie hohen Kosteneinsparungen aus Kundensicht auszeichnen.

Gründliche Marktwahl beruhend auf hoher Marketingkompetenz: Achte darauf, dass im Unternehmen gutes Know-how und Erfahrungen im Marketing und Vertrieb vorhanden sind, und benutze diese Kompetenz, um Zielmärkte bewusst und aufgrund deren Wachstums- und Gewinnpotenzials auszuwählen.

Intensive Umfeldanalyse mit starker Marktsegmentorientierung: Achte auf die Chancen und Gefahren, die das Unternehmensumfeld bietet und beziehe diese Informationen in die Unternehmensplanung mit ein. Benutze diese Information insbesondere zur Formulierung segmentspezifischer Marketingpläne und Angebote.

Starke Konzentration auf Strategie, Planung und Effizienz: Entwickle eine klare, einfache und gut begründete Unternehmensstrategie, leite konkrete Maßnahmen daraus ab, plane diese und sorge für eine effiziente und gut kontrollierte Ausführung dieser Aktivitäten.

Einfache Technik verbunden mit starker Kundenorientierung: Komplexe Technologien allein sind nichts wert, außer sie äußern sich in der einzigartigen Befriedigung von Kundenbedürfnissen. Je komplexer die Technologie ist, desto professioneller muss das Erscheinungsbild des Unternehmens gestaltet werden, um eine schnelle Produkt- und Unternehmensakzeptanz zu erreichen.

Marketing als Bestandteil des Innovationsmanagements sollte vom dualen Marketing-konzept ausgehen. Dies äußert sich darin, dass „zum Einen dem funktionalen Kern des Marketings, das heißt dem Absatzbereich, die Rolle einer gleichberechtigten Unternehmensfunktion" zukommt. „Zum Anderen wird mit dem Marketing ein Leitkonzept der Unternehmensführung verbunden, welches im Spannungsfeld zwischen Konsumenten, Handel und Wettbewerbern eine marktorientierte Koordination aller betrieblichen Funktionsbereiche im Sinne von 'shared values' sicher stellen soll" (Meffert 1998).

5.2.5 Kooperation und Netzwerke

Der Wert einer Innovation wird immer mehr nicht nur von einem einzelnen Innovator bestimmt, sondern vom gesamten *Innovationssystem*, verstanden als Beziehungsgeflecht zwischen den innovationsrelevanten Akteuren. Technologieunternehmen sind hierin die Keimzellen für künftiges Wachstum. Sie verwerten aktuelle und auf hohem Innovationsniveau befindliche wissenschaftlich-technische Ergebnisse der Universitäten und außeruniversitären Forschungseinrichtungen, erhalten von dort Ideen, exklusive Lizenzen und andere Nutzungsrechte und vor allem innovative FuE-Potenziale in Gestalt von Mitarbeitern, Beratern, Gutachtern und Mitgliedern von Aufsichtsgremien oder Beiräten. Etablierte kleine und große Unternehmen treten für die Technologieunternehmen als Kunden und als Vertriebsmittler auf. Sie sind Partner für die Kooperation in FuE und Fertigung. Innovative Unternehmen bedürfen einer leistungsfähigen Innovationsinfrastruktur auf den Gebieten Beratung, Qualifizierung, Finanzierung und Patentierung. Gerade VC-Gesellschaften können die Aufgaben der Beratung und Finanzierung komplex wahrnehmen. Die enge Kopplung von Wirtschaft, Wissenschaft, innovativer Infrastruktur – wozu auch die Technologie- und Gründerzentren gehören – und direkter Vermittlung von persönlichem Wissen und von Erfahrungen schafft ein vorteilhaftes Klima für die Entwicklung von Technologieunternehmen.

Je besser es gelingt, die Forschungspotenziale an den Erfordernissen der industriellen Nutzung zu orientieren, eine hohe Leistungsfähigkeit der universitären und außeruniversitären Forschung zu gewährleisten und in den Unternehmen die Aufnahmefähigkeit für die Forschungsergebnisse zu sichern, desto wirksamer ist das *Zusammenspiel von Wirtschaft und Wissenschaft*. Für kleine Unternehmen sind die Verflechtungen zu den großen Unternehmen und den Forschungseinrichtungen unabdingbar, um im Innovationswettbewerb bestehen zu können. Eingebunden in die Netze sind auch FuE-Dienstleister, die auf ausgewählte FuE-Funktionen oder Objekte spezialisiert sind und die durch ihr FuE-Know-how die Innovationsprozesse beschleunigen und verbilligen. Transfereinrichtungen können dazu beitragen, die Probleme an den Schnittstellen im Innovationsprozess zu mindern und das Zusammenwirken aller Beteiligten zu moderieren.

Kooperation im Innovationsprozess erfordert Vertrauen und Gegenseitigkeit, offene Gespräche, ehrliches Ansprechen von Schwierigkeiten und Problemen, eindeutige Zielabstimmung, Verständigung über Vorgehensweisen, Interessenabstimmung und -koordination sowie vertragliche Regelungen. Abgestimmtes, koordiniertes Vorgehen stellt hohe Anforderungen an das Management von Netzwerken.

Künftige Entwicklungen könnten dahin gehen, rechtlich selbständige Unternehmen so zusammenzufassen, dass sie sich gemeinsam mit technologischem Wissen und Management-Know-how versorgen, dass stabile Kunden-Lieferanten-Beziehungen entstehen und dass der Zugriff auf ein gemeinsames Vertriebsnetz möglich ist (König/Spielkamp 1995). Strategische Allianzen, auch in Form von Technologie-Allianzen oder Technologie-Netzwerken sind Ausdrucksformen dieser Entwicklung (Ollig 1996). Für die Innovationswirksamkeit dieser multilateralen Beziehungen, Kooperationen und Netzwerke ist es wichtig, dass als Technologiegeber Forschungsinstitute eingebunden werden. Das befähigt diese einerseits, für ihre Forschungsergebnisse Anwendungen und Nutzer zu finden, aber – was noch wichtiger ist – aus dem Bedarf und der Nachfrage nach FuE-Ergebnissen die Ziele für die eigene FuE zu formulieren (Oppenländer 1996).

Zunehmender Systemcharakter und Komplexität der FuE, vertiefte Arbeitsteilung, erhöhter wirtschaftlicher Druck führen dazu, dass bei der Innovationstätigkeit dem Technologietransfer, der Arbeit in Netzwerken und der Herausbildung innovativer Milieus mehr Aufmerksamkeit zu geben ist.

Technologietransfer als Bestandteil des Innovationsprozesses setzt voraus:

– Eigene absorptive Kapazität für Informationen, damit der potenzielle Nutzen externen Wissens für die Unternehmen erkennbar ist und dieses für die eigenen Zwecke anpassungsfähig und weiter ausbaubar ist;

– Kommunikations- und Lernfähigkeit, um die Problemsituationen im Innovationsprozess richtig erfassen und widerspiegeln zu können;

– Einstellung auf den Partner, um problemgerechte und kompatible Transferangebote unterbreiten zu können;

– Schnittstellenmanagement, um Koordinations-, Zeit- und Informationsverluste zu vermeiden.

Der Erwerb von externen Know-how über Transfer hat nach Reinhard/Schmalholz (1996) eher komplementären und diskontinuierlichen Charakter. Dem selbst entwickelten Know-how kommt bei der Gewinnung technologischen Wissens die größte Bedeutung zu. Erfolgreicher Technologietransfer vollzieht sich vor allem direkt zwischen den Technologiegebern und Technologienehmern. Diese direkten Kontakte kommen beim Zusammenwirken in *Netzwerken* zustande (Koschatzky/Gundrum 1997).

Integration und Ganzheitlichkeit im Innovationsprozess ist auch erreichbar durch

– Kooperationsgemeinschaften zur Herausbildung stabiler Kooperationsbeziehungen,

– Verbundvorhaben für Innovationen, die von der FuE bis zum Markteintritt reichen,

– strategische Allianzen, um durch Verbindung unterschiedlicher Stärken strategische Erfolgspotenziale zu erschließen,

– virtuelle Informationssysteme, die den Ausgleich von Defiziten und die Kombination sowie das Bündeln von potenziellen kompetenten Kooperationspartnern ermöglichen.

5.2.6 Wirtschaftlichkeitsorientierung

Junge Technologieunternehmen erwirtschaften anfänglich nur selten Gewinn. Am Beginn des Lebenszyklus und der Marktperiode eines neuen Produkts entstehen einerseits hohe Kosten für die FuE und die Markteinführung, andererseits ist auch die Aufnahmefähigkeit des Marktes noch nicht voll entwickelt. Beides bewirkt, dass die Umsatzerlöse zunächst gerade die Kosten decken oder sogar geringer als die Kosten sind. Wie im Kapitel 4 herausgearbeitet, ergibt sich daraus ein Finanzierungsdilemma, denn gerade in den frühen Lebensphasen ist der Kapitalbedarf der Unternehmen im Allgemeinen hoch. Um die damit verbundenen Probleme möglichst gering zu halten, ist das Management gut beraten, an alle Entscheidungen nach den Grundsätzen und Prinzipien hoher Wirtschaftlichkeit heranzugehen. Im Kern heißt das: mit den verfügbaren Potenzialen ein möglichst hohes wirtschaftliches Ergebnis zu erzielen bzw. ein definiertes Ergebnis mit möglichst geringem Aufwand zu erreichen. Dies bezieht sich sowohl auf die einzelnen Innovationsprojekte als auch auf das Unternehmen als Ganzes.

Hohe Wirtschaftlichkeit verbessert die Entwicklungschancen des Unternehmens, weil sich die Ausgangsbedingungen für die Eigenkapitalbildung verbessern, Fremdkapitalgeber aufgrund des geringeren Risikos eher bereit sind, sich im Unternehmen zu engagieren und renditeorientierte Beteiligungsgesellschaften günstigere Chancen für das Wachstum des Unternehmenswertes vorfinden. Wirtschaftlichkeit ist Ausdruck erfolgsorientierter Arbeit des Management, begründet Unternehmensimage und kann über Erfolgsbeteiligungen die Mitarbeiter zu höheren Leistungen motivieren.

Die Grundgrößen jeder Wirtschaftlichkeitsüberlegung, Umsatz, Kosten, Gewinn, Rückfluss und Kapitaleinsatz (Pleschak/Sabisch 1996), sind in Technologieunternehmen auf vielfältige Weise beeinflussbar. Wichtige Aspekte sind:

- *Orientierung auf Umsetzung der FuE-Ergebnisse*

  FuE hat in einem Technologieunternehmen nur dann Sinn, wenn ihre Ergebnisse auf dem Markt verwertbar sind. Das schließt natürlich industrielle Grundlagenforschung nicht aus, verlangt aber, deren Ziele und Aufgaben problem- und anwendungsorientiert an den Bedürfnissen des Marktes und der Kunden zu formulieren. Eine ständige Überprüfung der Marktrelevanz der FuE kann helfen, die wirtschaftliche Verwertung der FuE-Ergebnisse zu verbessern. Dies ist nicht nur aus Sicht der Festlegung der technischen Ziele erforderlich, sondern auch, um eine schnelle Vermarktung der Ergebnisse zu erreichen.

- *Wirtschaftliche Bewertung der Innovationsprojekte*

Während der Begründung der technischen Ziele meist sehr umfangreiche Vorunter-suchungen über die Entwicklungstendenzen, die Patentsituation, die Wettbewerbs-lage und die Kundenanforderungen voraus gehen, sind die Untersuchungen zur wirt-schaftlichen Bewertung der Projekte eher oberflächlich und bleiben bei qualitativen Aussagen stehen. Für das Zustandekommen einer Kaufentscheidung beim Kunden ist es aber eine wichtige Vorbedingung, den Kundennutzen in Form von Kostener-sparnis auszudrücken und die Rentabilität oder Amortisationsdauer des vom Kunden eingesetzten Kapitals auszuweisen. Für das Technologieunternehmen ergeben sich daraus Anhaltspunkte für eine marktgerechte Preisbildung und unter Berücksichti-gung der eigenen Kosten Aussagen über die Höhe des erzielbaren Gewinns.

- *Bewertung der Zwischenergebnisse des Innovationsprozesses*

Im Innovationsprozess treten zahlreiche Entscheidungssituationen auf, bei denen aus verschiedenen Lösungsvarianten die günstigste auszuwählen ist. Die geschieht durch Erteilen von Prädikaten, durch Ermittlung des Grades der Zielerfüllung, durch das Bestimmen von Rangfolgen und die Ermittlung von Kennzahlen. Diese prozess-begleitende bzw. prozessintegrierte Bewertung erfolgt mit Hilfe funktions- bzw. anwendungsbezogener, fertigungsbezogener und zusammenfassender wirtschaftli-cher Kriterien. Die Bewertung soll sichern, dass neue Produkte den Kunden- und Marktanforderungen entsprechen, wirtschaftlich herstellbar sind und den Rentabili-tätserfordernissen des Unternehmens gerecht werden.

- *Wahrnehmung der Controllingfunktion*

Controlling ist Bestandteil der Unternehmensführung und unterstützt die Koordinie-rung aller Unternehmensbereiche, indem es auf der Grundlage von Planung und Kontrolle steuernd in die Unternehmensabläufe eingreift. Die Kontrolle des geplan-ten sachlichen, zeitlichen und finanziellen Ablaufs von Innovationsprozessen lässt Abweichungen erkennen. Sind deren Ursachen und Konsequenzen bekannt, dann ist es möglich, Korrekturmaßnahmen einzuleiten. Controlling in Technologieunter-nehmen bezieht sich zunächst auf die Innovationsprojekte. Dies ist erforderlich, um ein genaues Abbild über den Anfall der Entwicklungskosten, den Zeitverbrauch und die Inanspruchnahme der verfügbaren finanziellen Mittel für Fertigungsaufbau und Marketing zu haben. Die Controllingaktivitäten sind dabei vor allem an die Meilen-steinergebnisse gebunden. Mit der Markteinführung und dem Unternehmenswachs-tum prägen sich dann diejenigen Controllingaufgaben heraus, die die Umsatz-, Er-lös- und Kostenentwicklung betreffen und die sich aus der Herausbildung fester or-ganisatorischer Strukturen ergeben.

5.2.7 Beachtung wachstumsbeeinflussender Umfeldfaktoren

Umfeldfaktoren können für das Unternehmenswachstum förderlich sein oder das Wachstum behindern (Noch 2000). Technologieunternehmen können ihre Ziele umso erfolgreicher verwirklichen, je besser sie in der Lage sind, in ihrem Verhalten die Umfeldbedingungen zu berücksichtigen. Entscheidungen von Technologieunternehmen müssen so erfolgen, dass sie nicht kontrovers zu den objektiv gegebenen Bedingungen des Umfelds stehen und deshalb zu Unternehmenskrisen führen, bzw. sie müssen dazu beitragen, aktiv auf die Entwicklung und Veränderung des Umfelds Einfluss zu nehmen. Zu diesen Faktoren gehören (Olschowy 1990):

Soziodemgrafische Umwelttrends, wie

- Akzeptanz der Produkte und der Produktfunktionen durch die Kunden,

- Zusammensetzung des Kundenkreises hinsichtlich Risikofreude, Innovationsbereitschaft, bestehender Abhängigkeiten, Zahlungsfähigkeit, Erklärungsbedarf,

- regionale Verteilung des Kundenkreises unter Berücksichtigung spezifischer Normen, Regeln und Eigenheiten,

- Änderung der Kundenpräferenzen durch soziale Trends, Gesetzgebungen, Zulassungskriterien.

Wirtschaftliche Umwelttrends, wie

- Konjunkturverlauf,

- Wechselkursentwicklung,

- Preisentwicklung auf den Absatz- und Beschaffungsmärkten,

- Kauf- und Investitionskraft.

Arbeitskräftepotenzial, wie

- Verfügbarkeit geeigneter Arbeitskräfte,

- Know-how und Qualifizierung der Arbeitskräfte,

- Mobilität der Arbeitskräfte.

Technologische Umwelttrends, wie

- Technologielebenszyklen und Verlauf der Technologieanwendung,

- Leistungsfähigkeit und Ausgereiftheit von Technologien,

- Dynamik der technologischen Entwicklung,

- Multivalente Nutzbarkeit von Technologien.

Politische Umwelttrends, wie

- Gesetzliche Bestimmungen,

- Zulassungsvoraussetzungen und Normen,

- Wirtschafts- und Konjunkturpotenzial,

- staatliche Forschungs- und Technologiepolitik,

- Engagement und Aufgeschlossenheit für Schlüsseltechnologien.

Branchentrends (Porter 1989; Porter 1990), wie

- Wettbewerb in der Branche,

- Auftreten neuer Konkurrenten,

- Bedrohung durch Substitutionsprodukte,

- Marktmacht der Lieferanten mit der Gefahr des Entstehens von Abhängigkeiten,

- Marktmacht der Kunden, beispielsweise Ausdruck findend in Forderungen nach niedrigen Preisen oder bestimmten Qualitätsmerkmalen,

- Rivalität in der Branche in Form von Preiskämpfen, Werbeschlachten, gewährten Servicevorteilen oder der Errichtung von Markteintrittsbarrieren.

5.3 Scheitern von Technologieunternehmen

5.3.1 Krisen von Technologieunternehmen

Krisen können in der Entwicklung eines Technologieunternehmens wiederholt auftreten. Eine Krise liegt vor, wenn die Existenz eines Unternehmens aufgrund einer ungünstigen Konstellation von Störgrößen ernsthaft gefährdet ist (Hemer/Kulicke 1995; Hemer 1997). Nicht jede Störgröße oder Zielabweichung stellt dabei eine Krise dar, vielmehr wirken bei Krisen mehrere Ursachen endogener oder exogener Art so zusammen, dass sich eine Existenzgefährdung der Unternehmen ergibt. Erkennen die Unternehmer die Krisenursachen und stellen sie ab, dann kann die weitere Unternehmensentwicklung erfolgreich ablaufen. Das ist insbesondere dann der Fall, wenn prophylaktisch auf krisenauslösende Faktoren Einfluss genommen wird.

Junge Technologieunternehmen sind aufgrund der Vielzahl der auf sie wirkenden Risikofaktoren krisenanfällig. FuE- sowie Marktrisiko und Finanzierungsrisiko treten oft überlagert auf und führen zu kritischen Unternehmenssituationen. So zeigte eine Befragung von 42 Unternehmen, die im Modellversuch „Beteiligungskapital für junge Technologieunternehmen" (BJTU) begünstigt wurden, dass nur acht Unternehmen keinerlei

Krisen hatten, während 27 Unternehmen ernste oder existenzbedrohende Krisen durchliefen. Die größere Zahl dieser Unternehmen konnte jedoch die Krisen überwinden. Das zeigt sich darin, dass 32 Unternehmen als erfolgreich bzw. aussichtsreich bewertet werden konnten, zehn dagegen als wenig aussichtsreich (Kulicke/Wupperfeld 1996).

Krisenmerkmale dieser 42 analysierten Unternehmen waren: unstetige, instabile Geschäftsverläufe, diskontinuierliche Umsatzentwicklung, Nichterreichen der Gewinnzone, hohe negative Umsatzrenditen. Die Ursachen dafür lagen u. a. in Beschränkungen des Produkt- und Leistungsprogramms, in nicht ausgereiften Produkten, fehlendem Unternehmensimage, Abwehrreaktionen von Wettbewerbern, abwartendem Kaufverhalten von Kunden, Behinderungen durch staatliche Vorschriften oder Zulassungen, knapper Kapitalbasis, zeitintensiver Kapitalbeschaffung und in einer allgemeinen negativen konjunkturellen Situation. Für die jungen Technologieunternehmen kamen als Krisenursache die fehlenden Erfahrungen der Gründer und die daraus resultierenden Probleme bei der Erarbeitung ihrer Unternehmenskonzeptionen hinzu.

Wenn Krisen für Unternehmen auch unerwartete, scheinbar ausweglose existenzbedrohende Situationen hervorbringen, sind sie jedoch beeinflussbar und von begrenzter Dauer, wenn auch in ihrem Ausgang meist ungewiss (Krystik 1987). *Krisenmanagement* dient dazu, die Gefahren, Risiken und Probleme in der Entwicklung eines Unternehmens zu erkennen, prophylaktisch darauf Einfluss zu nehmen, dass keine Gefährdung des Unternehmens zustande kommt und bereits auftretende Krisen zu überwinden. Entsprechend der Art der Krisen unterscheidet Müller (1984):

- Strategisches Krisenmanagement bei Bedrohung der Erfolgspotenziale des Unternehmens (strategische Krise).

- Erfolgssicherndes Krisenmanagement bei Bedrohung der Erfolgsziele (Gewinnziele, Umsatzziele) des Unternehmens (Erfolgskrise).

- Liquiditätssicherndes Krisenmanagement bei Gefahr der Illiquidität bzw. Überschuldung des Unternehmens (Liquiditätskrise).

Die Insolvenz als die andauernde Unfähigkeit eines Unternehmens, seine finanziellen Verpflichtungen erfüllen zu können, ist die stärkste Ausdrucksform einer Krise. Wenn das Unternehmen zahlungsunfähig oder überschuldet ist und deshalb aus gesetzlich vorgeschriebenen Gründen ein Vergleichs- oder Konkursverfahren zu beantragen hat, ist meist die Liquidation des Unternehmens der Endpunkt einer Krise. Ein Vergleichsverfahren führt nur in den seltensten Fällen zum Überleben eines Unternehmens, ein Konkurs bedeutet das Aus eines Unternehmens. Die Krise endet in diesen Fällen mit dem Scheitern des Unternehmens.

5.3.2 Ursachen des Scheiterns von Technologieunternehmen

Die Nichtbewältigung von Krisen führt zum Scheitern von Unternehmen. Zwar geben die gescheiterten Gründer meist finanzielle Gründe und Zahlungsunfähigkeit als Grund des Scheiterns an, davor stehen aber in der Regel andere Probleme, die letztlich dazu führen, dass die Unternehmen die Kapital- und Liquiditätsreserven aufbrauchen.

Nach Untersuchungen der Deutschen Ausgleichsbank und des Verbandes der Vereinte Creditreform e.V. sind folgende *Gründe für das Scheitern* junger Unternehmen ausschlaggebend (BMWi 1996):

- Mangelhafte Unternehmerqualifikation,

- Mängel im Rechnungswesen (unzureichende Finanzerschließung, zu hohe Fixkostenbelastung, fehlende Liquiditätsübersicht, fehlende Übersicht über Kunden und Absatz, veraltete Buchungstechniken sowie lückenhafte Rechnungslegung),

- Unterschätzung der Risiken durch Geschäftspartner
  (verspätete Zahlungen, Forderungsausfälle),

- unzureichende Betriebsstruktur,

- falsches Absatzpotenzial,

- fehlerhafte Verwaltung und falsches Personalwesen,

- problematische Unternehmensgröße,

- äußere Einflüsse,

- private Umstände.

Deutlicher als bei anderen Unternehmen heben sich bei Technologieunternehmen solche Misserfolgsfaktoren hervor, die in den Risikobereichen Forschung und Entwicklung sowie Marketing und Vertrieb liegen. Da nur wenige Gründer von Technologieunternehmen aufgrund ihrer Ausbildung und bisherigen Berufstätigkeit über betriebswirtschaftliches Wissen und über Managementerfahrungen verfügen, entstehen auch hierdurch Gefährdungsfaktoren für die Unternehmen. Letztlich führen diese Faktoren zu Finanzierungsproblemen, die schließlich das Scheitern auslösen.

Erstmals haben Wupperfeld (1993) und Kulicke u. a. (1993) tiefer die *Ursachen des Scheiterns von Technologieunternehmen* untersucht. Ihr Untersuchungsgegenstand waren Unternehmen, die im Modellversuch TOU der alten Bundesländer gefördert wurden. Kriterium des Erfolgs der Fördermaßnahme war auch, ob die geförderten Unternehmen dauerhaft den Ansprüchen an ein technologieorientiertes Unternehmen genügten. Ein Unternehmen wurde im weiteren Sinn als gescheitertes Technologieunternehmen eingestuft, wenn es – obwohl weiterbestehend – auf das Niveau eines Ingenieurbüros, Dienstleistungsunternehmens u. ä. zurückgefallen war. Auch Kümmerexistenzen mit geringer Umsatztätigkeit wurden in diese Gruppe der im weiteren Sinn gescheiterten Technologieunternehmen eingeordnet.

Die Untersuchungen zu den in den alten Bundesländern im Modellversuch TOU zwischen 1983 und 1988 geförderten Unternehmen zeigten, dass von 317 Unternehmen mit abgeschlossenen Förderzeitraum bis Ende 1991 74 Prozent eine erfolgreiche Entwicklung nahmen. 14 Prozent dieser Unternehmen gingen in Konkurs bzw. wurden liquidiert. 12 Prozent der Unternehmen sind auf das Niveau eines Ingenieurbüros oder Dienstleisters zurückgefallen oder können lediglich als „Kümmerexistenz" bezeichnet werden. In Tabelle 44 ist angegeben, welche Bereiche das Scheitern dieser Unternehmen haupt- bzw. alleinursächlich oder mitursächlich auslösten.

Tabelle 44: Ursachen des Scheiterns für im Modellversuch TOU-ABL gescheiterte Unternehmen (Mehrfachnennungen möglich, Anteile in Prozent)

Ursachen des Scheiterns	haupt- bzw. alleinursächlich	mitursächlich	nicht ursächlich
Person der Gründer	38	42	20
Marketing/Vertrieb	30	41	29
Forschung und Entwicklung	18	32	50
Finanzierung	11	34	55
Unternehmensführung, Organisation, kaufmännischer Bereich	4	33	63
Produktion	0	11	89

Eine Analyse von Technologieunternehmen, die in den neuen Bundesländern eine Förderung im Modellversuch TOU-NBL erhielten, zeigte, dass bis 1996 von 125 Unternehmen, deren Förderzeitraum ein bis drei Jahre zurück lag, zehn scheiterten. Später durchgeführte Untersuchungen, die bis zum siebentem Geschäftsjahr der Unternehmen reichten und von einer Untersuchungsbasis von 221 geförderten Unternehmen ausgingen, ergaben eine Ausfallquote von 11,9 Prozent, davon scheiterten die meisten Unternehmen im Zeitraum des dritten bis fünften Geschäftsjahres. Im sechsten und siebenten Geschäftsjahr fiel kein Unternehmen aus.

Für die oben angeführten zehn gescheiterten Unternehmen fanden Gespräche über die *Ursachen des Scheiterns* statt (Pleschak 1997). Tabelle 45 gibt an, in welcher Häufigkeit einzelne Ursachen des Scheiterns auftraten. Dabei ist zu beachten, dass diese Ursachen nicht eindeutig voneinander abgrenzbar sind, zwischen ihnen treten Überschneidungen auf. In jedem gescheiterten Unternehmen wirken mehrere Faktoren aus unterschiedlichen Risikobereichen zusammen. Es ist deshalb sehr schwierig, eine hauptsächliche Ursache des Scheiterns für die Unternehmen anzugeben. Wenn dies nachfolgend dennoch versucht wird, muss man sich darüber klar sein, dass damit eine „Zuspitzung" der Probleme und zugleich eine Vereinfachung der Problemsituationen vorgenommen wird.

Tabelle 45: Häufigkeit von Ursachen des Scheiterns in den untersuchten Unternehmen (n=10, Mehrfachnennungen)

Ursachen des Scheiterns	Häufigkeit des Auftretens
1. Marketing	10
darunter	
Kein wettbewerbsfähiges Produkt	5
Abwartendes Kundenverhalten	4
Imageprobleme des Unternehmens	3
Mangelhaftes Marketing- bzw. Vertriebskonzept	3
Zusammenbruch des Zielmarktes	2
Zu späte oder nicht ausreichende Marketingaktivitäten	2
2. Forschung und Entwicklung	8
darunter	
Technische Entwicklungsziele nicht erreicht	4
Probleme mit Zulieferern bzw. Kooperationspartnern	3
Zu hohe Entwicklungskosten	2
Unterschätzung der kundenbezogenen Anpassarbeiten	2
3. Gründerpersönlichkeit	7
darunter	
Ungünstige Persönlichkeitsmerkmale	4
Konflikte zwischen Gründern	3
Fehlende Marktkenntnisse	3
Fehlende betriebswirtschaftliche Kenntnisse	1
Unzureichendes strategisches und operatives Management	1
4. Finanzierung	9
darunter	
Geringere Umsätze als geplant	8
Zu hohe Kosten	4
Unterschätzung des Kapitalbedarfs für Markteinführung und Fertigungsaufbau	3
Fehlerhaftes Finanzierungskonzept	2
Zu geringes Eigenkapital	2
Restriktives Verhalten der Hausbank	2
5. Unternehmenskonzept	4
darunter	
Zu enges Produkt- und Leistungsprogramm	4

165

Für vier Unternehmen liegt die hauptsächliche Ursache des Scheiterns auf dem Gebiet des Marketings. Für diese Unternehmen war entweder der Zielmarkt zusammengebrochen und somit für die Produkte keine Nachfrage mehr gegeben oder es zeigte sich, dass die Produkte nicht ausreichend wettbewerbsfähig waren, wodurch eine abwartende Kundenhaltung entstand. Hierbei wird deutlich, wie eng Ursachen des Scheiterns auf dem Gebiet des Marketings mit den Problemen aus einer wenig marktorientierten Forschung und Entwicklung zusammentreffen. In mangelhaften Vertriebskonzepten liegen weitere Ursachen für das Scheitern auf dem Gebiet des Marketings.

Drei Unternehmen scheiterten vor allem auf dem Gebiet der Forschung und Entwicklung. Sie erreichten nicht ihre technischen Entwicklungsziele gemäß der FuE-Pflichtenhefte. Damit verbunden waren zu hohe Entwicklungskosten, Probleme mit Kooperationspartnern und eine Unterschätzung der kundenbezogenen Entwicklungsarbeiten.

Für drei Unternehmen liegen die Ursachen des Scheiterns in den Merkmalen der Gründerpersönlichkeit. In einem Fall handelte es sich um einen Gründer, der einen externen Gesellschafter in das Unternehmen eingebunden hatte, um Synergien für das Unternehmen zu erschließen. Diese angedachten Vorteile kamen nicht zum Tragen, weil unterschiedliche Interessen zu Divergenzen im Gesellschafterkreis führten, die letztlich das Scheitern auslösten. In einem anderen Fall waren die Auffassungen der einzelnen Gründer im Gründerteam derartig voneinander abweichend, dass eine zielstrebige Unternehmensentwicklung nicht zustande kam. Im dritten Fall schenkte der Gründer den Fragen der wirtschaftlichen Entwicklung und eines soliden Finanzierungskonzepts nicht ausreichend Aufmerksamkeit. Das Kostenbewusstsein war nicht entwickelt.

Zwar traten in einer großen Zahl der untersuchten Unternehmen Finanzierungsprobleme auf, sie sind aber mehr oder weniger das Resultat der Krisen auf anderen Risikogebieten. So haben fast alle gescheiterten Unternehmen niedrigere Umsätze als geplant, die knappe Hälfte der Unternehmen gibt an, dass die Kosten zu hoch gewesen sind.

Im Vergleich zu allen geförderten Unternehmen fallen für die gescheiterten Unternehmen folgende Merkmale auf:

- Die Gründer gescheiterter Unternehmen kamen zu einen höheren Anteil aus Unternehmen als aus Hochschulen oder Forschungseinrichtungen und verfügten in größerer Häufigkeit über Unternehmenserfahrungen und Erfahrungen in leitender Position. Sie waren zu einem bedeutend geringeren Anteil promoviert und im Durchschnitt fünf Jahre älter. Offensichtlich waren industrielle Erfahrungen keine Garantie für einen Erfolg kleiner Technologieunternehmen.

- Der Anteil von Einzelgründungen war bei den gescheiterten Unternehmen wesentlich höher. Dies bestätigten bisherige Erfahrungen, dass Teamgründungen gegenüber Einzelgründungen erfolgreicher sind.

- Die wirtschaftliche Entwicklung der gescheiterten Unternehmen verlief tendenziell unterdurchschnittlich.

5.3.3   Fallbeispiele gescheiterter Unternehmen

☐ **Überschätzung der technischen Kompetenz**

Ein kleines Technologieunternehmen der Bauelementeindustrie hatte in seinem Produkt-
und Leistungsprogramm die Fertigung von Ersatzteilen, die Realisierung von Lohnauf-
trägen und die FuE für neue Bauelemente. Anfänglich entwickelte sich das Unternehmen
erfolgreich. 40 Prozent des Umsatzes aus den Leistungen außerhalb des FuE-Projekts
realisierte es außerhalb Deutschlands. Das Image eines Westberliner Partners öffnete den
Zugang zu internationalen und westdeutschen Märkten.

Bei der Markteinführung für die neuen Bauelemente zeigte sich, dass es dem jungen
Technologieunternehmen nicht gelungen war, mit dem FuE-Projekt den Kundenanforderungen gerecht werdende technische Lösungen zu erzielen. Die technische Entwicklung
ging bei den Wettbewerbern schneller voran als gedacht. Mit der internationalen Entwicklung konnte nicht Schritt gehalten werden. Die ursprünglich angestrebten Qualitäts-
und Kostenvorteile des neuen Bauelements gegenüber Konkurrenten kamen damit nicht
zustande. Die Gründer überschätzten ihre eigenen Fähigkeiten. Sie verfügten auch nicht
über alle erforderlichen Ausrüstungen, die Neuentwicklung erfolgreich abzuschließen.
Technische Teilprobleme waren nicht lösbar. Ihren beteiligten Gesellschafter informier-
ten die Gründer nicht über die entstandene Problemsituation und dieser wiederum
glaubte zu lange an die technische Kompetenz der Gründer.

Daraus folgten Unstimmigkeiten zwischen den Gesellschaftern. Der Umstand, dass das
Technologieunternehmen dem beteiligten Gesellschafter seine Probleme nicht offenbar-
te, führte zur Vertrauenskrise. Zwischen dem Sichtbarwerden erster Krisenzeichen und
dem Zusammenbruch lagen etwa zwei Jahre. Besonders erkennbar wurde die Krisensitu-
ation durch den Verlust des Hauptkunden. Der beteiligte Gesellschafter wirft sich in
diesem Zusammenhang vor, nicht selbst den Markt bearbeitet zu haben. Unter diesen
Bedingungen wäre für ihn frühzeitiger erkennbar gewesen, dass die Bauelemente nicht
mehr den Kundenanforderungen entsprechen. Die Gründer hätten dann auch die Krisen-
situation nicht kaschieren können. Er ist auch der Meinung, dass er die Schwellenangst
des Technologieunternehmens, zum Kunden zu gehen, unterschätzte. Er war der Hoffnung, dass sich bei den Gründern beim Verkauf unternehmerische Haltungen entfalten.
Heute ist er jedoch der Meinung, dass sich die Gründer auf diesem Gebiet nicht den
Anforderungen stellten und dass sie kein Gefühl für zeitgerechtes Marketing entwickelten. Aus der Sicht des beteiligten Gesellschafters wäre es erforderlich gewesen, frühzeitig Kontakt mit allen Kunden aufzunehmen, um die Kundenzufriedenheit zu ermitteln
und daraus abgeleitet in offener Diskussion auf die technische Entwicklung Einfluss zu
nehmen. Das geschah nicht bzw. zu spät.

☐ Verlust des Zielmarktes

Ein Ingenieur mit umfangreichen und jahrelangen unternehmerischen sowie technischen Erfahrungen baute ein Unternehmen für verschiedenartige Geräte der Mess-, Steuer- und Regeltechnik auf. Das FuE-Projekt war auf ein Fehlererkennungssystem für eine bestimmte Art von Verarbeitungsmaschinen gerichtet. Die Anregungen für diese Entwicklung gingen von einem Nutzer aus, der auch als Pilot- und Referenzkunde wirken wollte. Die Entwicklungsarbeiten verliefen planmäßig, allerdings verzögerten sich die Erprobungen, weil die Ansprechpartner beim potenziellen Erstkunden wechselten. Es musste dann sogar ein neuer Pilotkunde gesucht werden, was auch gelang. Als man mit der Installation des Fehlererkennungssystems an den dort vorhandenen Maschinen beginnen wollte, stellte sich jedoch heraus, dass gerade zu dieser Zeit solche neuen Maschinen auf dem Markt erschienen, bei denen der Fehler, der mit dem System erkannt werden sollte, nicht mehr auftrat. Der Maschinenhersteller hatte das Qualitätsproblem selbst erkannt und die technischen Lösungen verbessert. Die FuE-Arbeiten des Maschinenherstellers in dieser Richtung waren für das Technologieunternehmen nicht erkennbar. Damit fanden sich für das Fehlererkennungssystem auf dem deutschen Markt keine Kunden mehr. Potenzielle internationale Kunden, die noch Maschinen alten Typs einsetzen, nutzen zur Fehlererkennung billige Arbeitskräfte. Selbst wenn die entwickelten Fehlererkennungssysteme nicht verkauft werden konnten, so hat das Technologieunternehmen nach seiner Darstellung wichtige technische Erkenntnisse für andere FuE-Projekte gewonnen.

Die ursprünglichen Erwartungen des Unternehmens fußten darauf, dass es für das neue Prinzip das Patent besitzt, zeitlich früher auf dem Markt ist, über technische Erfahrungen verfügt und preislich gegenüber Konkurrenten günstiger liegt. Diese Erwartungen bestätigten sich so nicht.

☐ Unzureichendes wirtschaftliches Konzept

Ein Technologieunternehmen auf dem Gebiet der Heizungstechnik verfolgte das Ziel, Ergebnisse eines erfolgreich bearbeiteten Forschungsprojekts zu einem marktreifen Produkt zu führen. Gegenüber existierenden vergleichbaren technischen Lösungen sollten als Kundennutzen geringere Energiekosten und niedrigere Anschaffungspreise zum Tragen kommen. Andere Produkte oder Leistungen waren nicht vorgesehen, so dass sich das Unternehmen zunächst mit Hilfe von Förderung voll auf die FuE des neuen Produkts konzentrierte.

Das Personal des Unternehmens, auch zwei weitere Mitgesellschafter, kamen aus einem anscheinend leistungsfähigen Unternehmen der Region. Es zeigte sich aber, dass diese Mitarbeiter Defizite auf betriebswirtschaftlichem Gebieten (Marketing, Beschaffung) und bei der computergestützten Arbeit aufwiesen. Die eingestellten Mitarbeiter und auch die weiteren Gesellschafter hatten wenig Erfahrungswissen auf demjenigen technischen Gebiet, das der Innovation zugrunde lag. Das hatte in den Jahren des Bestehens des Unternehmens die Konsequenz, dass sich alle Sachfragen beim Gründer konzentrierten. Das überforderte ihn jedoch. Die zu geringen Erfahrungen der Mitarbeiter verzögerten den Fortschritt am Entwicklungsprojekt.

Die Arbeiten am FuE-Projekt in den frühen Lebensphasen des Unternehmens unterlagen folgenden zwei Unplanmäßigkeiten: Der Kooperationspartner an einer Fachhochschule erbrachte nicht die erwarteten FuE-Leistungsbeiträge, kostete aber viel Geld. Ein internationaler Baugruppenlieferant konnte Zulieferungen nicht in der erforderlichen Stückzahl bereitstellen. Letzteres führte dazu, dass das neue Produkt in einer abgerüsteten technischen Variante fertig gestellt werden musste.

Das Unternehmen betrieb zwar konsequent FuE, Marketingaufgaben wurden aber zu sehr hinaus geschoben. Man stellte dann fest, dass Kunden etwa ein halbes Jahr benötigen, bis eine Kaufentscheidung zustande kommt. Fehlender Umsatz und fehlendes Kapital zum Aufbau der Fertigung brachten das Unternehmen in eine schwierige Phase. Zu diesem Zeitpunkt überlegte der Gründer erstmals, ob der Unternehmensaufbau gescheitert sei. Er kam jedoch zum Entschluss, den begonnenen Weg des Aufbaus eines eigenen Unternehmens fortzusetzen.

Die Bemühungen, Kapital zu erschließen, führten zur Erweiterung des Gesellschafterkreises und damit in Verbindung zur Erhöhung des Stammkapitals. Außerdem brachte der Gründer ein weiteres Gesellschafterdarlehen in das Unternehmen ein. Es wurde jedoch mit Verlust produziert, weil die schlechte finanzielle Situation negative wirtschaftlichen Begleiterscheinungen bei der Beschaffung und Lieferung zur Folge hatte. Hinzu kam eine schlechte Organisation der Baustellenprozesse bei den Kunden. Nach Meinung des Gründers sei der Preis richtig bemessen, die Kosten aber zu hoch gewesen.

Offensichtlich ist es dem Gründer nicht ausreichend gelungen, sich auf Fragen der wirtschaftlichen Entwicklung des Unternehmens im Zusammenhang mit dem FuE-Projekt zu konzentrieren. Die Unternehmensfinanzierung war stets mit zu vielen Unsicherheiten versehen, die aus der schwierigen wirtschaftlichen Lage des Unternehmens resultierten. Das Kostenbewusstsein war nicht ausgeprägt.

☐ **Probleme im Gründerteam**

Ein technisch interdisziplinär zusammengesetztes Team von vier Ingenieuren gründete ein Technologieunternehmen mit dem Ziel, ein neues Verfahren und ein darauf beruhendes Gerät für die Bauindustrie zu entwickeln. Das Unternehmenskonzept schien schlüssig: das Unternehmen wollte sich auf innovative Leistungen beschränken, die Fertigung des Gerätes sollte in Kooperation erfolgen und der Vertrieb über Lizenzvergabe des Verfahrens. Diese Arbeitsteilung war rechtzeitig eingeleitet worden. Bedarf bei Kunden war gegeben, die angestrebten technischen Parameter des Gerätes sollten besser sein als die von Konkurrenzlösungen.

Bei den ersten praktischen Erprobungen stellte sich heraus, dass das Gerät bei anisotropen Bodenstrukturen nicht qualitätsgerecht arbeitete und nicht die erforderliche Leistung erbrachte. Diese war aber entscheidender Faktor des Kundennutzens. Die Gründer gerieten darüber in Streit, ob man dem Gerät ein anderes Prinzip zugrundelegen müsste oder ob das bis jetzt verwendete Prinzip noch ausreichende Vervollkommnungsmöglichkeiten böte. Sie kamen darüber in Zerwürfnisse, die sich innerhalb des Teams nur schwer lösen ließen, weil jeder Gründer, auch der geschäftsführende Gesellschafter, einen Anteil von 25 Prozent am Gesellschaftskapital hatte, u. U. auch, weil Sachkompetenz auf speziellen technischen Gebieten fehlte. Es fiel unter diesen Bedingungen schwer, Entscheidungen herbeizuführen. Hinzu kam, dass die Mentalität der Gründer unterschiedlich war. Technische Ignoranz und Genügsamsein mit Mittelmaß auf der Mehrheitsseite und Streben nach bestmöglichen technischen Lösungen auf der Seite der Minderheit, standen sich gegenüber. Im Prozess dieser Auseinandersetzungen musste der geschäftsführende Gesellschafter aus dem Unternehmen ausscheiden, er behielt aber seine Anteile an der Gesellschaft.

Die verbliebenen drei Gründer entwickelten das Gerät nach dem ursprünglichen Prinzip weiter, mussten sich aber einen neuen Lizenzpartner für den Vertrieb suchen, da der ehemalige Partner aufgrund des Nichterreichens der vereinbarten Leistungsparameter aus dem Vertrag ausstieg. Das Gerät wurde schließlich über einen neuen Vertriebspartner auf dem Markt in geringen Stückzahlen wirksam, konnte jedoch aufgrund der zu geringen Leistung keinen vollen Markterfolg realisieren. Die Lizenzeinnahmen deckten nicht die Kosten. Über ein Darlehen konnte die Liquidität zunächst gewahrt bleiben.

Die weitere Entwicklung des Unternehmens war dadurch gekennzeichnet, dass der innovative Charakter immer mehr verloren ging. Man führte zunächst mit seinem eigenen Gerät Bauleistungen aus, schließlich auch Bauleistungen jeder Art. Darauf war das Unternehmen aber gar nicht ausgerichtet. Zwischen dem verfügbaren Ingenieurpotenzial und dem eigentlichen Bauleistungspotenzial bestand eine enorme Diskrepanz. Das Unternehmen konnte die Kosten nicht mehr decken.

In dieser Phase übernahm der ehemals ausgeschiedene Gründer und Geschäftsführer aus Sorge um die übernommenen Darlehenshaftungen wieder das Unternehmen. Dagegen schieden die anderen drei Gründer nach und nach aus dem Unternehmen aus. Der neue Geschäftsführer erhöhte seinen Anteil am Gesellschaftskapital auf über 50 Prozent, dadurch war er entscheidungsfähig. Die Anteile der ausgeschiedenen Gründer verminderten sich dementsprechend. Trotz großer Bemühungen und Ausweitung des Bauleistungspotenzials gelang es mit dem gegebenen Unternehmensprofil jedoch nicht, das Unternehmen zu stabilisieren. Hauptursache des Scheiterns ist nach Auffassung dieses Gründers die nicht funktionierende Gründung im Team. Die Verantwortung und der Entscheidungsprozess waren nicht geregelt. Unterschiedliche Auffassungen und Verhaltensweisen der einzelnen Gründer erschwerten die Konsensfindung. Die technischen Unzulänglichkeiten des Erprobungsgeräts, an denen sich die Probleme im Team offenbarten, wären schneller erkennbar gewesen, wenn die praktische Erprobung des Gerätes früher eingesetzt hätte. Auf dem eigenen Versuchsstand konnten die Mängel der technischen Lösungen nicht erkannt werden.

☐ **Zerwürfnisse im Gesellschafterkreis**

Der Gründung eines technologieorientierten Unternehmens lagen zwei Ausgangspunkte zugrunde: erstens die Beteiligung eines auf dem gleichen Technologiegebiet arbeitenden Unternehmens, woraus Erfahrungsgewinn und Vertriebsunterstützung erwartet wurden und zweitens die Förderung im Modellversuch TOU-NBL. Das geförderte Unternehmen stellte sich das Ziel, ein neues Produkt auf dem Gebiet der Informationstechnik zu entwickeln, das die Produktpalette des beteiligten Partners ergänzen und dessen Vertrieb u. a. über die Vertriebskanäle des Partners erfolgen sollte. Selbst übernahm man ebenfalls für den Partner Vertriebsaufgaben. Das Unternehmenskonzept war demnach stark auf diese Partnerschaft ausgerichtet.

Die technischen Entwicklungsarbeiten verliefen planmäßig. Allerdings taten sich erhebliche Markteintrittsbarrieren auf, das angenommene Kundenpotenzial war real nicht vorhanden. Das Unternehmen hatte nicht die finanzielle Kraft, in breiterem Rahmen in Marketing zu investieren. Die schwache wirtschaftliche Position des Unternehmens bewog zudem den Gründer, sich bei der Ansprache von Kapitalgebern zurückzuhalten. Der Gründer sieht das Hauptproblem der Unternehmensentwicklung zu diesem Zeitpunkt darin, dass das beteiligte Unternehmen nicht den Erwartungen nachkam. Es engagierte sich weder für den Vertrieb des neuen Produkts (es war auf den Umsatzerfolg durch das neue Produkt nicht angewiesen), noch unterstützte es das junge Unternehmen durch ein Gesellschafterdarlehen. Da die Eigenkapitalbasis des Gründers nicht ausreichte, um eigene Wege zu gehen, suchte er Auswege über das Eingehen neuer Partnerschaften und den Aufbau neuer Geschäftsfelder. Diese Schritte wurden jedoch zeitlich zu spät eingeleitet, es fanden sich keine schnellen neuen Lösungen.

Der Gründer ist der Meinung, dass er hätte kritischer prüfen müssen, mit welchen Interessen sich das andere Unternehmen an seiner Gründung beteiligt. Ausgewogene Partnerschaftsverhältnisse seien notwendig. Er habe sich zu lange auf den Partner verlassen und zu wenig selbst für den Vertrieb getan. Die Unternehmensentwicklung wurde behindert, weil es zwischen den Gesellschaftern zu keinem Konsens in den Entscheidungen kam.

☐ Misserfolg bei der Markteinführung

Ein Technologieunternehmen entwickelte erfolgreich technische Lösungen zur Wasseraufbereitung und -desinfektion. Das Verfahren und die entwickelte Technik bewährten sich in Pilotlösungen und wurden patentiert.

Dennoch erzielte das Unternehmen keine nennenswerten Umsätze. Das hatte mehrere Ursachen:

- Überbewertung des Problems der Abwasserbeseitigung, wobei die entwickelte Lösung auch technisch überzogen und dadurch zu teuer war. Der Markt war deshalb nicht bereit, die Lösung anzunehmen.

- Unterschätzung der Wettbewerbssituation zwischen zwei Prinzipien zur Wasserdesinfektion, wobei das Konkurrenzprinzip durch Großunternehmen mit Image und Macht vertreten wurde.

- Abhängigkeit des Verkaufs der neuen Produkte in Deutschland vom Inkrafttreten einer staatlichen Verordnung. Diese verzögerte sich jedoch ebenso wie die Möglichkeiten, die zu verkaufenden Produkte zertifizieren zu lassen.

- Nichterfüllung des gesamten Spektrums der Marketingaufgaben durch den Gründer selbst.

Offensichtlich hätten bessere Chancen bestanden, mit den neuen Lösungen zur Wasserdesinfektion auf ausländischen Märkten wirksam zu werden. Davor scheute sich jedoch das Unternehmen aufgrund fehlenden Kapitals, mangelnden Selbstvertrauens und fehlender Fremdsprachenkenntnisse.

Die Umsatzverluste beim neuen Produkt gegenüber dem Plan konnten nicht durch andere Produkte oder Leistungen ausgeglichen werden. Zwar bemühte sich das Unternehmen um eine Erweiterung des Produktprogramms, dies gelang ihm aber nicht. Die Folge waren ständige Liquiditäts- und Finanzierungsprobleme. Das hohe Risiko und die geringe wirtschaftliche Kraft des Unternehmens erschwerten die Finanzierung. Ausstehende, nicht bezahlbare Lohn- und Sozialrechnungen führten schließlich zur Gesamtvollstreckung.

☐ **Probleme bei der Umsetzung des Unternehmenskonzepts**

Ein Berliner Technologieunternehmen, das unter Beteiligung eines anderen Technologieunternehmens gegründet wurde, konzentrierte sich auf die Entwicklung von Softwarewerkzeugen für die Betriebsführung von großen Anlagen. Bezüglich des Vertriebs sah das Unternehmenskonzept eine Arbeitsteilung mit dem beteiligten Unternehmen vor. Das neugegründete Unternehmen sollte die Ostmärkte, das Partnerunternehmen den Westmarkt bedienen.

Bei der Umsetzung diese Unternehmenskonzepts gab es folgende Probleme:

- Die ostdeutschen Unternehmen, zu denen gute Kontakte bestanden, gingen in andere Hände mit eigenem technologischen Potenzial über, wodurch sie als Kunden verloren gingen,
- die osteuropäischen Partner konnten aus finanziellen Gründern nicht als Kunden gewonnen werden,
- der Vertrieb von Systembestandteilen erwies sich als nicht machbar.

Damit war das Unternehmen auf den Partner angewiesen, der die Auftragsakquisition auf Westmärkten betrieb. Es gelang, in Westdeutschland einen Kunden für die schrittweise Einführung der Softwaremodule zu finden. Dieser Kunde sollte als Pilot- bzw. Referenzkunde wirksam werden. Unglücklicherweise wurde dieses staatlich subventionierte Unternehmen im Zusammenhang mit strukturpolitischen Entscheidungen stillgelegt. Damit kam die gedachte Ausstrahlung auf dem Markt nicht zustande. Dem Verkauf von Softwaresystemen standen nach Aussagen des Gründers große Vorbehalte gegenüber der Kompetenz ostdeutscher Unternehmen entgegen.

Für das Unternehmen erwies es sich als sehr hinderlich, selbst keine Akquisition zu betreiben. Es war zu sehr von der Zuweisung der Aufträge über den Partner abhängig. Diese hatten aber mehr den Charakter von ingenieur-technischen Dienstleistungen, wobei in die Auftragsbearbeitung Erkenntnisse aus dem FuE-Projekt einflossen. Nur die geringeren Kosten als beim beteiligten Partner sicherten zeitweise die Auftragslage. Vorteilhaft wäre die Einstellung eines eigenen Vertriebsmitarbeiters gewesen, finanziell war dies jedoch nicht möglich.

Diese Vermarktungsprobleme verschärften sich, weil in der technischen Konzeption der Kompatibilität der Software zu verschiedenen Rechnersystemen nicht ausreichend Aufmerksamkeit geschenkt wurde. Dadurch war der mögliche Kundenkreis von vornherein eingeschränkt.

Der fehlende Umsatz führte zu Liquiditäts- und Finanzierungsproblemen. Die Mitarbeiter konnten nicht im Unternehmen gehalten werden. Sie fanden zum Teil neue Arbeitsverhältnisse beim Partner.

5.3.4 Schlussfolgerungen für die Scheiterprophylaxe

Die Fallbeispiele belegen, dass in technologieorientierten Unternehmen im Allgemeinen mehrere Ursachen für Krisen und das Scheitern zusammen wirken. Ihr Ursprung liegt nicht in einer einzelnen Unternehmensentscheidung, sondern im Prozess der Entwicklung des Unternehmens über seine Lebensphasen.

In der Entstehungsphase erwachsen Gründern Probleme vor allem aus den mangelnden unternehmerischen Kenntnissen und Erfahrungen sowie aus Fehleinschätzungen bezüglich der Machbarkeit der FuE-Pflichtenhefte und hinsichtlich der eigenen Leistungs- und Wettbewerbsfähigkeit. Daraus entstehen Unsicherheiten in der Unternehmenskonzeption, die sich nachfolgend in Finanzierungsproblemen äußern. Einige Gründer gehen an die FuE in zu geringem Maße kunden- und marktorientiert heran und beginnen zu spät mit den Marketingaktivitäten. Das Projektmanagement ist zu wenig auf kurze Entwicklungszeiten ausgerichtet. Beides führt zu einem gegenüber dem Plan verspäteten Markteintritt, was Umsatzeinbußen bewirkt. Auch hieraus entstehen Finanzierungsprobleme. Die mit der Markteinführung verbundenen Aufgaben des Imageaufbaus, der Kundengewinnung und des Vertriebs werden oft in ihrer Bedeutung für die wirtschaftliche Entwicklung der Unternehmen unterschätzt.

Diese Faktoren können Krisen auslösen, die zur Gefährdung der Unternehmensexistenz führen, wenn es den Gründern nicht gelingt, die Ursachen zu bewältigen. Dabei ist es wichtig, nicht nur die Symptome wie beispielsweise Liquiditätsprobleme, zu beheben, sondern bis an den Anfang der Kausalkette vorzudringen. Krisenmaßnahmepläne müssen an den Quellen der Krisen ansetzen, um Veränderungen in denjenigen Unternehmensbereichen herbeizuführen, in denen über Erfolg oder Misserfolg entschieden wird.

Insofern betreiben Unternehmen am vorteilhaftesten eine Prophylaxe für Krisen und das Scheitern, wenn sie alle Entscheidungen bewusst am Erfolgskriterium messen. Bei bereits wirksam werdenden Krisen sind die Wirkungsketten im Unternehmen derart aufzufächern, dass die Quellen des Misserfolgs erkennbar und durch Gegenmaßnahmen ausgeschaltet werden. Da junge Unternehmen in dieser Hinsicht nur über geringe Erfahrungen verfügen, bedürfen sie der Beratung. Aufgabe der Berater in Technologieunternehmen ist es, den Unternehmen im täglichen Arbeitsprozess den Zusammenhang von unternehmerischen Entscheidungen und Erfolg bzw. Misserfolg zu verdeutlichen und rechtzeitig korrigierende Maßnahmen zur Diskussion zu stellen. Unternehmer und Berater legen sich quasi im Dialog des Beratungsgesprächs ständig Fragen vor, welche Faktoren die Unternehmensentwicklung im Einzelfall gefährden könnten und wie man dies verhindern kann.

Mit der Unternehmenskonzeption treffen die Gründer strategische Entscheidungen, die maßgeblich Erfolg oder Misserfolg begründen. Das betrifft insbesondere die aus der Marktforschung abgeleiteten Technologie-, Innovations-, Zeit- und Wettbewerbsstrategien sowie die Festlegung der Marktsegmente, die das Unternehmen bedienen will. Fehlentscheidungen hierbei führen zu strategischen Krisen.

Die Controllinginstrumente müssen so aufgebaut sein, dass die Unternehmen zur eigenen Interpretation der Unternehmensdaten in der Lage sind, Defizite und Fehlentwicklungen erkennen und darauf mit geeigneten Maßnahmen reagieren. Krisenindikatoren (Deppe 1992) können folgende Unternehmensdaten sein:

- Auftragsbestand,
- geplante und tatsächliche Stückzahlen und Preise,
- geplante und tatsächliche Kunden,
- Umsatz,
- Zielkosten und kalkulierte Kosten,
- Deckung des Kapitalbedarfs,
- Beschäftigte,
- Personalkosten,
- Reklamationen,
- Lagerbestände,
- Einhaltung der Meilensteintermine.

Mit diesen Daten können die Unternehmen Frühwarnsysteme aufbauen, die rechtzeitig Unterstützungsmaßnahmen erkennen lassen. Zum Krisenmanagement gehört (Röger 1993; Eichholz 1995; Paterak 1996):
- Regelmäßig Finanzpläne zu erstellen,
- Finanzierungsspielraum einzuplanen,
- alle Finanzierungsquellen zu nutzen,
- preiswertere Finanzierungsformen auszuwählen,
- weniger kapitalintensive Finanzierungsformen in Anspruch zu nehmen,
- Geschäftspläne mit der Hausbank abzusprechen,

- die Bonität der Geschäftspartner zu prüfen,

- Zahlungsmodalitäten vertraglich festzulegen,

- die Fälligkeit von Forderungen zu überprüfen,

- Inkassounternehmen in Anspruch zu nehmen,

- langfristig über Beteiligungen nachzudenken.

Lang- und mittelfristig ist jedoch bei FuE und Marketing anzusetzen, um die Erfolgsbe-
dingungen zu verbessern.

5.4 Anforderungen an den Unternehmer

An das Management von Technologieunternehmen ergeben sich aus der engen Verflechtung technischer, betriebswirtschaftlicher und organisatorischer Problemstellungen
hohe Anforderungen. Schon zum Gründungszeitpunkt eines Technologieunternehmens,
insbesondere bei der Ausarbeitung der Unternehmenskonzeption, kommt es darauf an,
die mit der Innovation verbundenen Fragen des Marketing, der Finanzierung, der Um-
satz-, Erlös- und Kostenrechnung zu bearbeiten und so zu lösen, dass sich das Unternehmen erfolgreich entwickeln kann. Gründer von Technologieunternehmen sind fast
immer technisch hochqualifizierte Fachleute, aber wie die empirischen Untersuchungen
sowohl in den alten als auch den neuen Bundesländern zeigen, haben viele Gründer
keine eigenen unternehmerischen Erfahrungen und es fehlt ihnen an betriebswirtschaftlichen und Managementwissen. Deshalb müssen sich viele Gründer dieses erst vor und
mit der Gründung aneignen.

Entrepreneurship-Development-Programme, die auf die Entwicklung von Gründungsfähigkeit und –willigkeit gerichtet sind, wollen vorrangig die unternehmerische Motivation
entwickeln, aber auch die betriebswirtschaftliche Kompetenz erhöhen. Unternehmereigenschaften und unternehmerische Persönlichkeiten sollen gestärkt werden. Zu diesen
Eigenschaften gehören z. B. (Sabisch 1999a):

- Selbständigkeit im Entscheidungsprozess und Verantwortungsbewusstsein,

- Begeisterungsfähigkeit,

- Zielstrebigkeit und Hartnäckigkeit in der Zielverfolgung,

- Durchsetzungsvermögen und Ausstrahlung auf andere,

- strategisches Denken,

- organisatorische Kompetenz,

- Kontakt- und Teamfähigkeit, Befähigung zur interdisziplinären Arbeit,

- Innovations- und Risikobereitschaft,

- Problemverständnis und Problemlösungsverhalten,

- Kreativität,

- Lernbereitschaft und Lernfähigkeit,

- Flexibilität und Anpassungsfähigkeit.

Für diese Programme ist charakteristisch, dass sich die Teilnehmer Eignungstests unterwerfen und ihre Geschäftsideen vor Aufnahme in die Teilnehmerliste einer Bewertung unterziehen. Der Lern- und Ausbildungsprozess ist aktionsorientiert und wird von Moderatoren bzw. den Teilnehmern selbst kooperativ gesteuert. Die Gründer entwickeln dabei ihre Geschäftsideen weiter und führen Präsentationen, Fallstudien, Marktanalysen, Gruppendiskussionen und Simulationsspiele durch. Dabei erhalten sie durch Trainingspersonal Unterstützung. Nach der Ausbildungsphase bekommen die Gründer Nachkontakte und Beratung. Im Rahmen der Programme wächst bei den Gründern das Selbstvertrauen, es bauen sich Schwellenängste ab, Initiative und Risikobereitschaft entwickeln sich.

Die Managementaufgaben beim Unternehmensaufbau sind davon gekennzeichnet, im Innovationswettbewerb zu bestehen und das Unternehmen erfolgreich zu entwickeln. Der schnelle Umschlag der Produkte und Technologien, ihre wachsende Komplexität und Interdisziplinarität, die Vertiefung der Arbeitsteilung und die daraus resultierende zunehmende Kooperation bewirken, dass ständig neue Qualifikationsanforderungen auftreten. Das bezieht sich nicht nur auf innovative Techniken und Technologien, sondern auch auf die Managementfähigkeiten der Führungskräfte. Innovationstätigkeit geht mit ständigem Lernen einher. Aufnahmefähigkeit für neue Erkenntnisse ist Voraussetzung dafür, diese selbst zu nutzen und weiter zu entwickeln. Qualifizierungsmaßnahmen in diesem Stadium der Unternehmensentwicklung sollten die praktische Handhabung von Methoden, Instrumentarien und Managementtechniken in den Mittelpunkt stellen. Trainingsveranstaltungen, Managementwerkstätten, Strategiedialoge, Workshops sind geeignete Formen der Qualifizierung. Welche Erfahrungen bei ihrer Nutzung vorliegen, zeigen Pleschak/Werner (1998).

Innovationen verlangen eine ganzheitliche Gestaltung aller Prozesse und Bereiche im Unternehmen. Forschung und Entwicklung, Fertigung, Marketing, Organisation und Management sind gleichermaßen am Auslösen, Hervorbringen und Umsetzen von Innovationen beteiligt. Diese Komplexität bewirkt genauso komplizierte Entscheidungssituationen wie die Turbulenz des Wirtschaftsgeschehens, ausgelöst durch Krisen, Eigenkapitalmangel, fehlende Liquidität, sich verändernde Marktsituationen. Das zwingt oft zu schnellem Reagieren, ohne dass Entscheidungen stabsmäßig vorbereitet werden können.

Bezüglich der Mitarbeiter hat die Unternehmensführung die Aufgabe, darauf hinzuwirken, dass diese sich für die Entwicklung des Unternehmens als Ganzes einsetzen, markt- und wirtschaftlichkeitsbezogen arbeiten, die Akquisition von Aufträgen und den Umgang mit Kunden nicht als „Chefsache" betrachten, ihre eigene Verkaufsfähigkeit für die meist erklärungsbedürftigen Produkte verbessern und sich Fremdsprachenkenntnisse anzueignen. In jungen und kleinen Technologieunternehmen fallen viele Funktionen zusammen, das hat bedeutende Vorteile, weil sich die Anzahl der Schnittstellen im Prozess vermindert, stellt aber auch höhere Qualifikationsanforderungen.

Die Qualifizierungsschwerpunkte liegen im Allgemeinen auf folgenden Gebieten:

– Erarbeitung in sich zusammenhängender Unternehmens-, Marketing- und Innovationsstrategien mit entsprechenden Schlussfolgerungen für die Formulierung von Zielen für Innovationsprojekte,

– Marketing für Innovationen,

– Innovationsfinanzierung,

– Projektmanagement für Innovationen,

– Voraussetzungen und Wege zum Unternehmenswachstum,

– Grundlagen und Entwicklungslinien der Schlüsseltechnologien.

Solche Unternehmereigenschaften wie Engagement, Zielformulierung, systematische Planung und Kontrolle, gezielte Informationssuche, Überzeugungskraft und Netzwerkarbeit sind der innovativen Atmosphäre in einem Technologieunternehmen sehr dienlich. Vorbildwirkung geht von der Unternehmensführung auf die Mitarbeiter aus, wenn diese es selbst versteht, sich auf die Ziele zu konzentrieren, die Herausforderungen im Innovationswettbewerb anzunehmen und sich konsequent für den Unternehmenserfolg einzusetzen. Das Aufgreifen neuer Chancen und deren Umsetzung über das Unternehmensteam – das trägt den unternehmerischen Erfolg.

Literaturverzeichnis

Baier, W.; Pleschak, F. (1996): Marketing und Finanzierung junger Technologieunternehmen. Wiesbaden: Gabler Verlag.

Berrios Amador, M.; Lohmann, K.; Pleschak, F. (Hrsg.): Beteiligungskapital in der Unternehmensfinanzierung. Wiesbaden: Gabler Verlag.

bmb+f (1999): Innovationsförderung. Hilfen für Forschung und Entwicklung. Bonn: Bundesministerium für Bildung und Forschung und Berlin: Bundesministerium für Wirtschaft und Technologie.

BMWi (1996): Insolvenzen: Vorsorge und Krisenmanagement. Gründerzeiten. Nr. 14. Bonn.

BMWi (1997): Wirtschaftliche Förderung in den neuen Bundesländern. Bonn: Bundesministerium für Wissenschaft.

BMWi (1999a): Mut zu Innovationen – Technologiepolitik. Wege zu Wachstum und Beschäftigung. Bonn: Bundesministerium für Wirtschaft und Technologie.

BMWi (1999b): Mit Erfolg am Markt – Wirtschaftliche Förderung. Hilfen für Investitionen und Innovationen. Bonn: Bundesministerium für Wirtschaft und Technologie.

Boutellier, R.; Hängge, R. (1996): Parallelisieren im Innovationsprozess: Simultaneous Engineering reduziert die Risiken. Zürich: io management.

Brandkamp, M. (2000): Technologien für innovative Unternehmensgründungen: Bewertung aus betriebswirtschaftlicher Sicht. Wiesbaden: Gabler Verlag.

Brüderl, J.; Preisendörfer, P.; Ziegler, R. (1996): Der Erfolg neugegründeter Betriebe – Eine empirische Studie zu den Chancen und Risiken von Unternehmensgründungen. Berlin.

Burkhardt, T.; Lohmann, K.; Marowsky, G.; Thome, C. (1999): Beteiligungskapital bei Aus- und Neugründungen von High-Tech-Unternehmen aus Forschungsinstituten: Erfahrungen im Bereich Lasertechnik im Raum Göttingen. In: Berrios Amador, M.; Lohmann, K.; Pleschak, F. (Hrsg.): Beteiligungskapital in der Unternehmensfinanzierung. Wiesbaden: Gabler Verlag.

Cohausz, H. B. (1993): Patente & Muster; Patente, Gebrauchsmuster, Geschmacksmuster. München: Vila Verlag Wilhelm Lampe.

Deppe, D. (1992): Dynamische Ertrags- und Finanzplanung zur Früherkennung und Abwehr von Unternehmenskrisen in mittelständischen Unternehmen. Bergisch Gladbach/Köln.

Dorn, H. (1997): Erfahrungen mit Seedfinancing/Neue Chancen mit „Business Angels". In: Stadler, W. (Hrsg.) (1997): Beteiligungsfinanzierung: Neue Chancen für Risikokapital. Wien: Manz 1997.

DtA (1999): Die Fördermaßnahmen der „Gründer- und Mittelstandsbank" des Bundes. Bonn: Deutsche Ausgleichsbank.

Eichholz, R. (1995): Stets liquid zu sein, ist die Schlüsselfrage. In: Die Wirtschaft, Nr. 10/1995.

Einicke, D. (1999): Vorteile eines Listings am Neuen Markt sowie Für und Wider eines Börsengangs an den internationalen Börsen Nasdaq oder Easdaq. In: Berrios Amador, M.; Lohmann, K.; Pleschak, F. (Hrsg.): Beteiligungskapital in der Unternehmensfinanzierung. Wiesbaden: Gabler Verlag.

FAZ (2000): Börsensegment Neuer Markt. In: Frankfurter Allgemeine Zeitung. Verlagsbeilage vom 6. März 2000.

Festel, G. (1999): F+E-Management in innovativen Unternehmen. In: io management. Nr. 7/8, 1999, S. 62-64.

FhG (1999): Work-out für Start-ups. In: Fraunhofer-Magazin 4/1999. München.

FhG (2000): Vom Forscher zum Unternehmer. Unternehmensbeteiligung und Gründungsförderung. Informationsmaterial. München.

Frauenfelder, P.; Meier, A. (1998): Marketing junger Technologieunternehmen. Zürich: io management.

Fraunhofer-Gesellschaft (1998): Erfolgsfaktoren von Innovationen: Prozesse, Methoden und Systeme? Ergebnisse einer gemeinsamen Studie der Fraunhofer Institute IPA, IAO, IPK. Stuttgart.

Friese, St. (1999): Finanzierung durch Venture Capital – Auswahlkriterien für Beteiligungsgeber und -nehmer. In: Tagungsmaterial zur Tagung „Beteiligungskapital in der Finanzierung von KMU- Grundfragen, Konzepte, Erfahrungen". Freiberg.

Gemünden, H.G.; Ritter, Th.; (1999). Innovationserfolg durch technologieorientierte Geschäftsbeziehungen – Ein Vergleich zwischen Ost- und Westdeutschland. In: Tintelnot, C.; Meißner, D. Steinmeier, I. (Hrsg.): Innovationsmanagement. Berlin, Heidelberg u. a.: Springer Verlag.

Geschka, H. (1990): Marketing – Konzeption für neue Produkte. In: Poth, L.G. (Hrsg.): Marketing. Düsseldorf.

Geschka, H. (1999): Differenziertes typbezogenes Innovationsmanagement für mittelständische Unternehmen. In: Tintelnot, C.; Meißner, D.; Steinmeier, I. (Hrsg.): Innovationsmanagement. Berlin, Heidelberg u. a.: Springer Verlag.

Haller, H. (1999): Zur Finanzierung junger, innovativer Unternehmen durch die Mittelständische Beteiligungsgesellschaft Baden-Württemberg GmbH. In: Koschatzky, K.; Kulicke, M.; Nellen, O.; Pleschak, F. (Hrsg.): Finanzierung von KMU im Innovationsprozess – Akteure, Strategien, Probleme. Stuttgart: Fraunhofer IRB Verlag.

Hanke, W. (1999): Beteiligungskapital – eine zukunftweisende Finanzierungsmöglichkeit für KMU in Sachsen. In: Berrios Amador, M.; Lohmann, K.; Pleschak, F. (Hrsg.): Beteiligungskapital in der Unternehmensfinanzierung. Wiesbaden: Gabler Verlag.

Hauschildt, J. (1997): Innovationsmanagement. 2. Auflage. München: Verlag Vahlen.

Heil, H. (1997): Entwicklung junger Unternehmen in West- und Ostdeutschland – DtA-Befragung mit Eigenkapitalhilfe geförderter Unternehmen. Wissenschaftliche Reihe, Band 6, Deutsche Ausgleichsbank. Bonn.

Hemer, J.; Kulicke, M. (1995): Krisen in jungen Technologieunternehmen. Karlsruhe: FhG-ISI.

Hemer, J. (1997): Krisen junger Technologieunternehmen. In: Koschatzky, K. (Hrsg.): Technologieunternehmen im Innovationsprozeß. Heidelberg: Physica-Verlag.

Hemer, J. (1999a): Business Angels und junge Technologieunternehmen. In: Koschatzky, K.; Kulicke, M.; Nellen, O.; Pleschak, F. (Hrsg.): Finanzierung von KMU im Innovationsprozess – Akteure, Strategien, Probleme. Stuttgart: Fraunhofer IRB Verlag.

Hemer, J. (1999b): Mobilisierung von Business Angels in Deutschland. In: Berrios Amador, M.; Lohmann, K.; Pleschak, F. (Hrsg.): Beteiligungskapital in der Unternehmensfinanzierung. Wiesbaden: Gabler Verlag.

Hofmeister, R. (1996): Business Plan: erfolgreiche Umsetzung von Geschäftsideen; ein leicht nachvollziehbarer Stufenprozeß. Wien: Wirtschaftsverlag Ueberreuter.

Ifex (1999): Von der Idee zum Unternehmen – Arbeitsbuch Business Plan – Ein praxisorientierter Leitfaden zur Existenzgründung in Baden-Württemberg. Informationszentrum für Existenzgründungen. Stuttgart.

ISI/DB (1996): Mit neuen Ideen wachsen und verdienen. Leitfaden zum Innovationsmanagement. Frankfurt am Main: Fraunhofer-Institut für Systemtechnik und Innovationsforschung, Deutsche Bank.

KfW (1999): Förderkreditprogramme. Frankfurt am Main: Kreditanstalt für den Wiederaufbau.

Kluge, G. (1999): Schutzrechtspolitik für technologieorientierte Unternehmen. In: Sabisch, H. (Hrsg.): Management technologieorientierter Unternehmensgründungen. Stuttgart: Schäffer-Poeschel Verlag.

König, H.; Spielkamp, A. (1995): Mittelständische Innovatoren als Quelle deutscher Wettbewerbsfähigkeit. In: Wachstum- und Wettbewerbsfähigkeit der ostdeutschen Industrie durch mittelfristig verläßliche Unterstützung unternehmerischer Innovationsstrategien. Schriften des Verbandes innovativer Unternehmen, 1995, Nr. 1, S. 34-69. Dresden.

Koo, R. (1997): Venture Finanzierungen II: Ein Leitfaden für Unternehmer und Risikokapitalgeber. In: Stadler, W. (Hrsg.) (1997): Beteiligungsfinanzierung: Neue Chancen für Risikokapital. Wien: Manz.

Körnert, J. (1999): Aktienoptionsprogramme für Führungskräfte als Finanzierungs- und Motivationsinstrument. In: Berrios Amador, M.; Lohmann, K.; Pleschak, F. (Hrsg.): Beteiligungskapital in der Unternehmensfinanzierung. Wiesbaden: Gabler Verlag.

Koschatzky, u. a. (1993): Zeit und Geld sparen in Forschung und Entwicklung. Ein Wegweiser zur Patentliteratur als Technikinformation. 2. Auflage. Düsseldorf: VDI-Technologiezentrum für Physikalische Technologien.

Koschatzky, K. (Hrsg.) (1997): Technologieunternehmen im Innovationsprozess. Heidelberg: Physica-Verlag.

Koschatzky, K.; Gundrum, U. (1997): Die Bedeutung von Innovationsnetzwerken für kleine Unternehmen. In: Koschatzky, K. (Hrsg.): Technologieunternehmen im Innovationsprozeß. Heidelberg: Physica-Verlag.

Koschatzky, K.; Kulicke, M.; Nellen, O.; Pleschak, F. (Hrsg.) (1999): Finanzierung von KMU im Innovationsprozess – Akteure, Strategien, Probleme. Stuttgart: Fraunhofer IRB Verlag.

Koschatzky, K.; Zenker, A. (1999): Innovative Regionen in Ostdeutschland – Merkmale, Defizite, Potentiale. Karlsruhe: ISI.

Krystek, U. (1987): Unternehmenskrisen – Beschreibung, Vermeidung und Bewältigung überlebenskritischer Prozesse in Unternehmungen. Wiesbaden: Gabler Verlag.

Kulicke, M. u. a. (1993): Chancen und Risiken junger Technologieunternehmen – Ergebnisse des Modellversuchs „Förderung technologieorientierter Unternehmensgründungen". Heidelberg: Physica-Verlag.

Kulicke, M.; Wupperfeld, U. (1996): Beteiligungskapital für junge Technologieunternehmen: Ergebnisse eines Modellversuchs. Heidelberg: Physica-Verlag.

Kulicke, M. (1998): Der Aufbau eines Marktes für Beteiligungskapital. Stuttgart: Fraunhofer IRB Verlag.

Kulicke, M. (1999): Aktuelle Situation der Innovationsfinanzierung. In: Koschatzky, K.; Kulicke, M.; Nellen, O.; Pleschak, F. (Hrsg.): Finanzierung von KMU im Innovationsprozess – Akteure, Strategien, Probleme. Stuttgart: Fraunhofer IRB Verlag.

Leopold, G.; Frommann, H. (1998): Eigenkapital für den Mittelstand. Venture-Capital im In- und Ausland. München: Verlag C.H.Beck.

Lessat, V. u. a. (1999): Beteiligungskapital und technologieorientierte Unternehmensgründungen: Markt – Finanzierung – Rahmenbedingungen. Wiesbaden: Gabler Verlag.

Leven, F.-J. (1999): Chancen am Neuen Markt – Erfahrungen von Neuemittenten. In: Berrios Amador, M.; Lohmann, K.; Pleschak, F. (Hrsg.): Beteiligungskapital in der Unternehmensfinanzierung. Wiesbaden: Gabler Verlag.

Meffert, H. (1998): Marketing: Grundlagen marktorientierter Unternehmensführung: Konzepte – Instrumente – Praxisbeispiele. 8. Auflage. Wiesbaden: Gabler Verlag.

Menrad, K.; Kulicke, M.; Lohner, M.; Reiß, Th. (1999): Probleme junger, kleiner und mittelständischer Biotechnologieunternehmen. Stuttgart: Fraunhofer IRB Verlag.

Müller, R. (1984): Krisenmanagement als organisatorisches Gestaltungsproblem. In: ZFO (1984) 4, S. 229-237.

Munser, R. K. (1998): Die Koordination kooperativer Forschung und Entwicklung. Zürich: io management.

Nagel, K. (1989): Die 6 Erfolgsfaktoren des Unternehmens: Strategie, Organisation, Mitarbeiter, Führungssystem, Informationssystem, Kundennähe. 3. Auflage. Landsberg am Lech: Verlag Moderne Industrie.

Noch, M. (2000): Einflussfaktoren auf das Wachstum von Technologieunternehmen. Diplom-Arbeit an der Fakultät Wirtschaftswissenschaften der TU Bergakademie Freiberg.

Noppeney, C. (1997): Quellen der Innovation. Zürich: io management.

Ollig, G. (1996): Vernetzung von Wissenschaft und Wirtschaft – Eine Voraussetzung für den Wirtschaftsstandort Deutschland. In: Entwicklung innovativer Strukturen in der Industrie mittels Vernetzung von Wissenschaft, Technik und Wirtschaft. Schriften des Verbundes innovativer Unternehmen e.V., 1996, Nr. 2, S. 7-15. Dresden.

Olschowy, W. (1990): Externe Einflussfaktoren im strategischen Innovationsmanagement: Auswirkungen externer Einflussgrößen auf den wirtschaftlichen Innovationserfolg sowie die unternehmerischen Anpassungsmaßnahmen. Berlin.

Oppenländer, K.H. (1996): Neue Formen des Transfers aus Forschungseinrichtungen in die Industrie – Chancen für den Wirtschaftsstandort Deutschland. In: Entwicklung innovativer Strukturen in der Industrie mittels Vernetzung von Wissenschaft, Technik und Wirtschaft. Schriften des Verbandes innovativer Unternehmen, 1996, Nr. 2, S. 16-31. Dresden.

Ossola-Haring, C.; Gleißner, W.; Schaller, A.; Wendland, H. (1996): Die 499 besten Checklisten für Ihr Unternehmen. Landsberg/Lech: Verlag Moderne Industrie.

Paterak, J. (1996): Insolvenzen gehören zur Marktwirtschaft. In: VDI-Nachrichten, Nr. 50 vom 13. Dezember 1996.

Peters, T.J.; Watermann, R.H. (1990): Auf der Suche nach Spitzenleistungen. München: MVG-Verlag.

Picot, A.; Dietl, H.; Franck, E. (1997): Organisation: Eine ökonomische Perspektive. Stuttgart: Schäffer-Poeschel Verlag.

Pleschak, F. (1997): Scheiterursachen von im Modellversuch TOU-NBL geförderten Unternehmen. FhG-ISI: Karlsruhe/Freiberg.

Pleschak, F.; Sabisch, H.; Wupperfeld, U. (1994): Innovationsorientierte kleine Unternehmen. Wiesbaden: Gabler Verlag.

Pleschak, F.; Sabisch, H. (1996): Innovationsmanagement. Stuttgart: Schäffer-Poeschel Verlag.

Pleschak, F.; Werner, H. (1996): Untersuchungen zum Kapitalbedarf und zur Kapitalrendite des Phoenix-Venture-Fonds. FhG-ISI Karlsruhe/Freiberg.

Pleschak, F.; Werner, H. (1998): Technologieorientierte Unternehmensgründungen in den neuen Bundesländern – Wissenschaftliche Analyse und Begleitung des BMBF-Modellversuchs. Heidelberg: Physica-Verlag.

Pleschak, F.; Kulicke, M.; Stummer, F. (1998): Beteiligungsfinanzierung in Technologieunternehmen der neuen Bundesländer. Wissenschaftliche Reihe, Heft 9. Bonn: Deutsche Ausgleichsbank.

Pleschak, F.; Werner, H. (1999): Junge Technologieunternehmen in den neuen Bundesländern. Stuttgart: Fraunhofer IRB Verlag.

Pleschak, F. (2000): Technologieorientierte Unternehmensgründungen. Der Beitrag des Business Development Center Sachsen. Stuttgart: Fraunhofer IRB Verlag.

Pleschak, F.; Stummer, F.; Ossenkopf B. (2000): Erfolgsmodell FUTOUR – Technologieorientierte Unternehmensgründungen in den neuen Ländern. Wissenschaftliche Reihe, Heft 14. Bonn: Deutsche Ausgleichsbank.

Plinke, W. (1990): Strategische Allianzen als Antwort auf veränderte Wettbewerbsstrukturen. Vortrag auf der Schmalenbach-Tagung. Düsseldorf.

Porter, M.E. (1989): Wettbewerbsvorteile: Competitive Advantage: Spitzenleitung erreichen und behaupten. Sonderausgabe. Frankfurt/Main.

Porter, M.E. (1990): Wettbewerbsstrategie: Competitive Strategy. 6. Auflage. Frankfurt/Main.

Posselt, J.-W. (1999): Die Technologie-Beteiligungs-Gesellschaft zwischen öffentlichem und privatem Risikokapital. In: Berrios Amador, M.; Lohmann, K.; Pleschak, F. (Hrsg.): Beteiligungskapital in der Unternehmensfinanzierung. Wiesbaden: Gabler Verlag.

Reinhard, M.; Schmalholz, H. (1996): Technologietransfer in Deutschland – Stand und Reformbedarf. Schriftenreihe des ifo-Instituts Nr. 40. Berlin, München: Duncker & Humblot Verlag.

Röger, M. (1993): Krisenursachen junger Technologieunternehmen. Strategien zur Krisenvermeidung. Teltow: VDI/VDE-IT (internes Material).

Sabisch, H.; Tintelnot, C. (Hrsg.) (1997a): Benchmarking – Weg zu unternehmerischen Spitzenleistungen. Stuttgart: Schäffer-Poeschel Verlag.

Sabisch, H.; Tintelnot, C. (Hrsg.) (1997b): Integriertes Benchmarking für Produkte und Produktentwicklungsprozesse. Berlin, Heidelberg: Springer Verlag.

Sabisch, H. (1998): Zur Einbindung des Marketing in die Innovationstätigkeit ostdeutscher Unternehmen. In: Fritsch, M.; Meyer-Krahmer, F.; Pleschak, F.: Innovationen in Ostdeutschland. Heidelberg: Physica-Verlag.

Sabisch, H. (1999a): Unternehmensgründung und Innovation – Gesamtüberblick, Aufganben, Probleme. In: Sabisch, H. (Hrsg.): Management technologieorientierter Unternehmensgründungen. Stuttgart: Schäffer-Poeschel Verlag.

Sabisch, H. (Hrsg.) (1999b): Management technologieorientierter Unternehmensgründungen. Stuttgart: Schäffer-Poeschel Verlag.

Sabisch, H. (1999c): Die Finanzierung der Entwicklung, Produktions- und Markteinführung von Produkten und Verfahren als Bestandteil des Innovationsmanagements. In: Koschatzky, K.; Kulicke, M.; Nellen, O.; Pleschak, F. (Hrsg.): Finanzierung von KMU im Innovationsprozess – Akteure, Strategien, Probleme. Stuttgart: Fraunhofer IRB Verlag.

Schäfer, M.; Hillenbrand, S. (1999): Auf der Suche nach Beteiligungskapital – Checkliste für Existenzgründer und Jungunternehmer. In: Berrios Amador, M.; Lohmann, K.; Pleschak, F. (Hrsg.): Beteiligungskapital in der Unternehmensfinanzierung. Wiesbaden: Gabler Verlag.

Schefczyk, M (1999): Mehr als nur Geld: Notwendigkeit und Nutzen einer Beratungsunterstützung von Portfoliounternehmen durch Venture-Capital-Gesellschaften – Eine empirische Untersuchung. In: Berrios Amador, M.; Lohmann, K.; Pleschak, F. (Hrsg.): Beteiligungskapital in der Unternehmensfinanzierung. Wiesbaden: Gabler Verlag.

Schnell, R. (2000): Infineon Ventures-Corporate-Venture Capitalist, interner Inkubator und Partner für Spin-offs. Vortrag auf dem Symposium der TU Dresden: Ausgründung von Technologieunternehmen – Strategien, Erfahrungen und Probleme. Dresden.

Schröder, C. (1992): Strategien und Management von Beteiligungsgesellschaften – ein Einblick in Organisationsstrukturen und Entscheidungsprozesse von institutionellen Eigenkapitalinvestoren. Baden-Baden.

Schween, K. (1996): Corporate Venture-Capital. Wiesbaden: Gabler Verlag.

Specht, G.; Beckmann, Ch. (1996): F&E-Management. Stuttgart: Schäffer-Poeschel Verlag.

Stadler, W. (Hrsg.) (1997): Beteiligungsfinanzierung: Neue Chancen für Risikokapital. Wien: Manz 1997.

tbg (1999): Der Geschäftsplan – Unternehmenspläne und Finanzierungsvorschläge. Ein Ratgeber für deutsche Gesellschafter, Anleger und Unternehmer. Bonn.

Tintelnot, C.; Meißner, D.; Steinmeier, I. (Hrsg.) (1999): Innovationsmanagement. Berlin, Heidelberg u. a.: Springer Verlag.

Trommsdorff, V. (Hrsg.) (1990): Innovationsmanagement in kleinen und mittleren Unternehmen: Grundzüge und Fälle. München: Verlag Vahlen.

Trommsdorff, V. (1993): Erfolgsfaktorenforschung über Produktinnovationen. In: Meyer-Krahmer, F. (Hrsg.) (1993): Innovationsökonomie und Technologiepolitik. Heidelberg: Physica-Verlag.

Trommsdorff, V.; Binsack, M. (1999): Informationsgrundlagen für das Innovationsmarketing – Erfolgsfaktorenforschung und strategische Marktforschung. In: Tintelnot, C.; Meißner, D.; Steinmeier, I. (Hrsg.): Innovationsmanagement. Berlin, Heidelberg u. a.: Springer Verlag.

Ueberreiter, B. (1999): Mut zum Risiko – Erfahrungsbericht. Internes Venture-Capital bei Siemens Nixdorf. In: Koschatzky, K.; Kulicke, M.; Nellen, O.; Pleschak, F. (Hrsg.): Finanzierung von KMU im Innovationsprozess – Akteure, Strategien, Probleme. Stuttgart: Fraunhofer IRB Verlag.

Wagner, M.; Kreuter, A.: Erfolgsfaktoren innovativer Unternehmen. In: io management, Nr. 10, 1998, S. 34-40.

Werner, H. (2000): Junge Technologieunternehmen: Entwicklungsverläufe und Erfolgsfaktoren. Wiesbaden: Gabler Verlag.

Werner, H. (1999): Erfahrungen und Schlussfolgerungen aus dem Studium des US-amerikanischen Risikokapitalmarktes. In: Berrios Amador, M.; Lohmann, K.; Pleschak, F. (Hrsg.): Beteiligungskapital in der Unternehmensfinanzierung. Wiesbaden: Gabler Verlag.

Wilke, W. u. a. (1997): Kleine Unternehmen in der Wachstumsphase – Entwicklungsbedingungen und Problemlage. Teltow: VDI/VDE-Technologiezentrum Informationstechnik GmbH.

Wupperfeld, U. (unter Mitarbeit von Kulicke, M.) (1993): Mißerfolgsursachen junger Technologieunternehmen. Karlsruhe: FhG-ISI.

Wupperfeld, U. (1996): Management und Rahmenbedingungen von Beteiligungsgesellschaften auf dem deutschen Seed-Capital-Markt. Frankfurt/Main, u. a.: Verlag Peter Lang.

Wylegalla, J.; Sabisch, H. (1999): Das Pflichtenheft für Innovationsprojekte. In: Sabisch, H. (Hrsg.): Management technologieorientierter Unternehmensgründungen. Stuttgart: Schäffer-Poeschel Verlag.

Zanger, C. (1999): Marketing als Erfolgsfaktor für innovationsorientierte Unternehmensgründungen. In: Sabisch, H. (Hrsg.): Management technologieorientierter Unternehmensgründungen. Stuttgart: Schäffer-Poeschel Verlag.

Ziegler, R.; Kiefl, W.; Preisendörfer, P. (1990): Betriebliche Neugründungen: Chancen, Risiken und Probleme – Erste Ergebnisse einer Befragung von Unternehmensgründern in München und Oberbayern. München.

Stichwortverzeichnis

Der Autor

Prof. Dr. habil. Franz Pleschak,

1940 in Teplitz-Schönau geboren. Er studierte von 1958 bis 1963 in der Fachrichtung Ingenieurökonomie/Maschinenbau an der Technischen Universität in Dresden. 1967 promovierte er und 1971 folgte die Habilitation. Nach mehrjähriger Hochschullehrertätigkeit an der Technischen Universität Dresden wechselte er 1991 zum Fraunhofer-Institut für Systemtechnik und Innovationsforschung Karlsruhe (ISI). An der gemeinsamen Forschungsstelle Innovationsökonomik des ISI und der Fakultät Wirtschaftswissenschaften der TU Bergakademie Freiberg forscht er zu folgenden Themen: Innovationsmanagement, Produkt- und Technologieinnovationen, Industrieforschung, betriebswirtschaftliche Fragen der Automatisierung, technologieorientierte Unternehmensgründungen, Beteiligungsfinanzierung, Technologie- und Gründerzentren, Technologietransfer. Auf diesen Gebieten führt er an der Fakultät Wirtschaftswissenschaften Lehrveranstaltungen durch. Prof. Pleschak ist Autor bzw. Mitautor zahlreicher Bücher im In- und Ausland. Er leitete u. a. Projekte im Auftrag des Bundesministeriums für Wirtschaft und Technologie, des Bundesforschungsministeriums, der Technologiebeteiligungsgesellschaft der Deutschen Ausgleichsbank und von Ministerien einzelner Bundesländer.

Gigabytes
für Ihren Erfolg